보로사국
후례두익대왕 7년 전사

숭실대HK+ 근대계몽기 서양영웅전기 번역총서 **12**

보로사국
후례두익대왕 7년 전사
: 프로이센 계몽 군주 프리드리히 2세 전쟁기

시부에 다모쓰 저
유길준 역
유석환 옮김

발간사

숭실대학교 한국기독교문화연구원은 1967년 설립된, 명실공히 숭실대학교를 대표하는 인문학 연구원으로 발전하여 오늘에 이르렀다. 반세기가 넘는 역사 동안 다양한 학술행사 개최, 학술지『기독교와 문화』(구『한국기독문화연구』)와 '불휘총서' 30권 발간, 한국기독교박물관 소장 자료의 연구에 주력하면서, 인문학 연구원으로서의 내실을 다져왔다. 2018년에는 한국연구재단의 인문한국플러스(HK+) 사업 수행기관으로 선정되어 또 다른 도약의 발판을 마련하였다.

본 HK+사업단은 "근대 전환공간의 인문학, 문화의 메타모포시스"라는 아젠다로 문학과 역사와 철학을 아우르는 다양한 인문학 연구자들이 학제간 연구를 진행하고 있다. 개항 이래 식민화와 분단이라는 역사적 격변 속에서 한국의 근대(성)가 형성되어온 과정을 문화의 층위에서 살펴보는 것이 본 사업단의 목표이다. '문화의 메타모포시스'란 한국의 근대(성)가 외래문화의 일방적 수용으로도, 순수한 고유문화의 내재적 발현으로도 환원되지 않는, 이문화들의 접촉과 충돌, 융합과 절합, 굴절과 변용의 역동적 상호작용을 통해 형성되었음을 강조하려는 연구 시각이다.

본 HK+사업단은 아젠다 연구 성과를 집적하고 대외적 확산과 소통을 도모하기 위해 총 네 분야의 총서를 발간하고 있다. 〈메타모포시스 인문학총서〉는 아젠다와 관련된 연구 성과를 종합한 저서나 단독 저서로 이뤄진다. 〈메타모포시스 번역총서〉는 아젠다와 관련하여 자료적 가치를 지닌 외국어 문헌이나 이론서들을 번역하여 소개한다. 〈메타모포시스 자료총서〉는 숭실대 한국기독교박물관에 소장된 한국 근대 관련 귀중 자료들을 영인하고, 해제나 현대어 번역을 덧붙여 출간한다. 〈메타모포시스 교양문고〉는 아젠다 연구 성과의 대중적 확산을 위해 기획한 것으로 대중 독자들을 위한 인문학 교양서이다.

본 사업단의 연구가 진행되는 가운데 새로운 총서 시리즈인 〈근대계몽기 서양영웅전기 번역총서〉를 기획하였다. 1907년부터 1911년까지 집중적으로 출간된 서양 영웅전기를 현대어로 번역하여 학계에 내놓음으로써 해당 분야의 연구 자료로 제공하자는 것이 기획 의도이다.

총 17권으로 간행되는 본 시리즈의 영웅전기는 알렉산더, 콜럼버스, 워싱턴, 넬슨, 표트르, 비스마르크, 빌헬름 텔, 롤랑 부인, 잔다르크, 가필드, 프리드리히, 마치니, 가리발디, 카보우르, 코슈트, 나폴레옹, 프랭클린 등 서양 각국을 대표하는 인물이다. 1900년대 출간 당시 개별 인물 전기로 출간된 것도 있고 복수의 인물들의 약전으로 출간된 것도 있다. 이 영웅전기는 국문이나 국한문으로 표기되어 있는데, 국문본이어도 출간 당시의 언어로 표기되어 있으므로 지금 독자가 읽기에는 다소 어려울 것으로 예상된다. 이에 원문을 현대어로 번역하고, 원자료를 영인하여 첨부함으로써 일반 독자는 물론 전문 연구자에게도 연구 자료로 제공하고자 했다. 현대어 번역은 해당 분야 전문가의 도움을 받았다. 본 시리즈가 많은 독자와 만날 수 있도록 애써 주신 연구자들께 감사드린다.

 동양과 서양, 전통과 근대, 아카데미즘 안팎의 장벽을 횡단하는 다채로운 자료와 연구 성과를 집약한 메타모포시스 총서가 인문학의 지평을 넓히고 사유의 폭을 확장하는 데 기여할 수 있기를 기대한다.

2025년 3월
숭실대학교 한국기독교문화연구원 HK+사업단장
장경남

차례

발간사 / 5
일러두기 / 11

서문 ··· 12

제1편 프로이센의 이전 역사

제1장 7년 전쟁의 원인 (1): 역대 프로이센 왕의 정략 ··· 20
제2장 7년 전쟁의 원인 (2): 1차 및 2차 슐레지엔 전쟁 ··· 26
제3장 7년 전쟁의 개요: 3차 슐레지엔 전쟁 ··· 28

제2편 7년 전쟁의 제1년(서력 1756년)

제1장 오스트리아 여왕이 유럽 여러 나라와 연합해
       프로이센 대왕을 토벌하고자 꾀함 ··· 34
제2장 7년 전쟁의 발단과 프리드리히 대왕이 작센에 침입함 ··· 50
제3장 로보지츠 전투 ··· 54
제4장 프로이센군이 작센 전국을 점령하고,
       작센 공작은 폴란드로 물러남 ··· 59

제3편 7년 전쟁의 제2년(서력 1757년)

제1장 프리드리히 대왕이 보헤미아에 침입함 ··· 61

제2장 프라하 전투 ⋯ 64
제3장 콜린 전투 ⋯ 67
제4장 대 프로이센 동맹군이 점점 떨쳐 일어나고,
　　　프랑스군은 하노버를 습격함 ⋯ 70
제5장 로스바흐 전투 ⋯ 75
제6장 오스트리아군이 슐레지엔에 침입함과 브레슬라우 전투 ⋯ 76
제7장 로이텐 전투 ⋯ 78

제4편 **7년 전쟁의 제3년(서력 1758년)**

제1장 러시아군이 프로이센에 다시 들어옴과 영국의 동정과
　　　페르디난트 공작이 프랑스군을 대파함 ⋯ 85
제2장 돔슈타트 전투 ⋯ 87
제3장 호크키르히 전투 ⋯ 89

제5편 **7년 전쟁의 제4년(서력 1759년)**

제1장 양쪽 군대의 경우 ⋯ 94
제2장 베르겐 전투와 민덴 전투 ⋯ 95
제3장 케이 전투 ⋯ 98
제4장 쿠너스도르프 전투 ⋯ 100
제5장 오스트리아군이 드레스덴을 함락시킴 ⋯ 105

제6편 **7년 전쟁의 제5년(서력 1760년)**

제1장 프로이센 대왕의 경우와 슐레지엔 전투 및 작센 전투 ⋯ 108

제2장 러시아군이 베를린을 함락시키고,
　　　　프로이센 대왕이 회복함　　　　　　　　　⋯ 112
제3장 토르가우 전투　　　　　　　　　　　　　⋯ 113

제7편 **7년 전쟁의 제6년 및 제7년(서력 1761년 및 62년)**

제1장 제6년의 전쟁 (1): 프로이센 대왕의 경우와 오스트리아·러시아
　　　양군이 프로이센 대왕을 분첼비츠에서 포위함　⋯ 116
제2장 제6년의 전쟁 (2): 오스트리아군은 슐레지엔의 대부분을 빼앗고,
　　　러시아군은 베를린에 다시 들어가고자 하고, 프로이센의 군주와
　　　백성은 단결함　　　　　　　　　　　　　　⋯ 118
제3장 제7년의 전쟁 (1): 유럽에 두 가지 큰 사건이 생김　⋯ 119
제4장 제7년의 전쟁 (2): 프로이센 대왕의 지략이 러시아 장군을
　　　좌우하고, 또 슐레지엔에서 오스트리아군을 몰아냄　⋯ 121

제8편 **화친과 선후책**

제1장 화친　　　　　　　　　　　　　　　　　　⋯ 124
제2장 7년 전쟁은 각국의 진상을 드러냄　　　　　⋯ 126
제3장 프리드리히 대왕의 선후책　　　　　　　　⋯ 128

해설　　　　　　　　　　　　　　　　　　　　　⋯ 132
영인자료　　　　　　　　　　　　　　　　　　　⋯ 246

일러두기

01. 번역은 현대어로 평이하게 읽힐 수 있는 것을 원칙으로 하였다.
02. 인명과 지명은 본문에서 해당 국가의 발음을 한글로 표기하고 각주에서 원문의 표기법과 원어 표기법을 아울러 밝혔다. 역사적 실존 인물인 경우 가급적 생몰연대도 함께 밝혔다.
    예) 루돌프(羅德福/ Rudolf Ⅰ, 1218~1291)
03. 한자는 꼭 필요한 경우 괄호 안에 병기하였다.
04. 단락 구분은 원본을 기준으로 삼되, 문맥과 가독성을 위해 필요한 경우 번역자가 추가로 분절하였다.
05. 문장이 지나치게 길면 필요에 따라 분절하였고, 국한문 문장의 특성상 주어나 목적어 등 필수성분이 생략되어 어색한 경우 문맥에 따라 보충하여 번역하였다.
06. 원문의 지나친 생략이나 오역 등으로 인해 그대로 번역했을 때 의미가 잘 전달되지 않는 경우 번역자가 [ ] 안에 내용을 보충하여 번역하였다.
07. 대사는 현대의 용법에 따라 " "로 표기하였고, 원문에 삽입된 인용문은 인용 단락으로 표기하였다.
08. 총서 번호는 근대계몽기 영웅 전기가 출간된 순서를 따랐다.
09. 책 제목은 근대계몽기에 출간된 원서 제목을 그대로 두되 표기 방식만 현대어로 바꾸고, 책 내용을 간결하게 풀이한 부제를 함께 붙였다.
10. 표지의 저자 정보에는 원저자, 근대계몽기 한국의 번역자, 현대어 번역자를 함께 실었다. 여러 층위의 중역을 거친 텍스트의 특성상 번역 연쇄의 어떤 지점을 원저로 정할 것인지가 문제였다. 일단 근대계몽기 한국의 번역자가 직접 참조한 판본부터 거슬러 올라가면서 번역 과정에서 많은 개작이 이뤄진 가장 근거리의 판본을 원저로 간주하고, 번역 연쇄의 상세한 내용은 각 권 말미의 해설에 보충하였다.

서문

　　나라가 작다고 위축되지 말고, 군사가 적다고 움츠러들지 말아야 한다. 은나라 탕왕의 70리와 주나라 문왕의 100리는[1] 중고[2]의 소박함이 흩어지지 않은 시대에 동족 인민의 사이에 서서 인의로써 포학을 대신했다. 이는 왕도의 자연스러움이었다. 사람의 지식이 점차 확장되고, 시세가 달라지면서 이치가 아닌 것을 탐하는 생각과 불법적인 이익을 바라는 욕심이 인류의 마음에 그 기초를 정했고, 단전[3] 속에 그 근거를 잡았다. 이로부터 우등한 자가 살아남고 열등한 자가 사멸하는 이치를 이잣돈 쟁탈하는 데에 오용하고, 강한 자가 승리하고 약한 자가 패배하는 힘을 뭇사람을 죽이는 일에 전환했다. 그러자 번성하거나 고독한 양자 사이에서 크게 무질서한 덧없는 세상이 되어버렸다. 무릇 개인(개인은 한 사람을 말함)이

---

1) 「공손추 장구 상」(公孫丑章句上), 『맹자』(孟子)의 구절을 인용한 것이다. 그 원문은 다음과 같다. "孟子曰 以力假仁者霸, 霸必有大國, 以德行仁者王, 王不待大, 湯以七十里, 文王以百里."(맹자께서 말씀하시길, 힘으로 인(仁)을 빌린 것은 패(霸)인데, 패는 반드시 대국을 가져야 하고, 덕으로 인을 행하는 것은 왕(王)인데, 왕은 대국을 필요로 하지 않는다. 탕왕은 70리로써, 문왕은 100리로써 하셨다.)
2) 중고(中古): 역사상 시대 구분 중 하나로 상고(上古)와 (近古)의 사이를 뜻한다.
3) 단전(丹田): 도가(道家)에서 밀하는 상·중·하 세 단전 중의 하나로서 일반적으로 배꼽 아래의 하단전을 이른다. 여기에 힘을 주면, 건강과 용기를 얻는다고 한다.

교제할 때는 덕과 신의로써 감화시키고, 법률로써 다스린다. 게다가 빈약한 권역이라도 그 경계를 설정해서 함부로 넘고 제멋대로 구는 것을 예방이나 한다고 한다.

그런데 나라와 나라가 교제하게 되면 강한 힘이 정의라고 하고, 권능으로 실제 덕을 삼기 때문에 평화 조약이 평소의 잡담에 지나지 않고, 만국공법[4]이 종이 위의 헛된 글에 불과하다. 이 때문에 각국의 외교 정략을 엿보면, 너그럽게 가장한 수단을 교묘하게 다루고, 평소와 다른 진면목은 숨겨서 오직 이해관계에 따라 취하거나 버리는 것의 향방을 정한다. 작은 자를 위협하고, 약한 자를 눌러 복종시키며, 세력이 걸맞고 힘이 비슷한 자를 맞서면 서로 노려보면서 빈틈을 서로 찾는다. 근세를 달관한 선비가 "공법 천 마디가 대포 1문만 못하다"고 말한 것 또한 이를 개탄한 것이었다.

이와 같은 때에 있어서 나라를 지키고 싶어 하는 자는 어떠한 방법을 사용해야 맞는가? 그 방법이 훌륭하면, 이탈리아[5]를 통일하는 과업을 이루고, 그릇되면 폴란드[6]가 분열하는 운명에 이른다. 오스트리아[7]가 점점 이탈리아의 자유를 압제한 것과 러시아[8]가 폴란드의 개혁을 저지한 까닭은 자기의 이익을 계획하고, 타국의 손해를 돌아보지 않았기 때문이다. 지금 프로이센[9]의 프리드리히 대

---

4) 만국공법(萬國公法): 국제법을 뜻하는 옛말이다.
5) 이탈리아(伊太利, Italy)
6) 폴란드(波蘭/波蘭國, Poland)
7) 오스트리아(墺地利/墺地利國/墺國, Austria)
8) 러시아(露西亞/露國, Russia)

왕[10]이 직면한 경우는 이탈리아가 통일하는 대업을 성취하지 못하는 것이자 폴란드가 분열하는 비운에 빠지는 것과 같았다. 이렇게 7년 전쟁의 부득이함으로 나라가 작고, 병사가 적은데도 불구하고 떨쳐 일어난 것이었다.

당시 프로이센은 새로 생겨난 왕국이었다. 지방은 광대하지 못했고, 인구가 많지 못했으며, 여러 강국 사이에 끼어 있었다. 평범한 임금으로 자처하면, 자립할 경영은 고사하고 강한 자에게 의지할 마음 때문에 강한 자들을 적당히 따르는 것도 알지 못할 것이다. 온화하고 어진 중간쯤 되는 임금으로 맞서도 대국의 콧김을 우러르고, 힘센 이웃의 지시대로 일하며, 전전긍긍하는 근신함으로 누구에게나 좋게 대하는 정략에 기대서 간신히 독립이나 지키고자 할 것이다. 그런데 프리드리히 대왕이 어찌 이런 사람이었겠는가. 그 빼어난 용맹의 신비함은 프랑스[11] 황제 나폴레옹[12]을 대항할 수 있었고, 침착하고 굳센 지략은 영국[13]의 장군 웰링턴[14]과 방불했다.

---

9) 프로이센(普魯士國/普國, Prussia/Preussen)
10) 프리드리히 대왕(厚禮斗益大王, Frederick the Great/Frederick II, 1712~1786)
11) 프랑스(法蘭西/法國/法, France)
12) 나폴레옹(拿破崙, Napoleon Bonaparte, 1769~1821): 프랑스령 코르시카섬의 하급 귀족 가문 출신의 군인으로, 프랑스 혁명 시기에 벌어진 전쟁에서 큰 공을 세우며 국민적 영웅이 되었고, 1804~1815년에 프랑스 제1제국의 황제였다. 1915년 워털루 전투에서 패배 후 몰락해 세인트 헬레나섬에 유배되어 최후를 맞이했다.
13) 영국(英吉利/英, United Kingdom/ Great Britain/Britain)
14) 웰링턴(越仍敦, Arthur Wellesley, 1st Duke of Wellington, 1769~1852): 아일랜드의 더블린에서 태어나, 영국군 총사령관을 거쳐 총리를 지낸 영국의 군인이자 정치인이다. 나폴레옹의 마지막 전투가 된 워털루 전투에서 영국의 연합군을 승리로 이끈 것으로 유명하다.

기상이 당당해서 사람에게 굴복하는 일을 즐겨 하지 않았고, 성품이 꼿꼿해서 사람에게 낮추는 일을 달게 여기지 않았다. 기운차게 일어나는 큰 뜻으로 그 주권 아래의 영토를 점을 찍어가며 보니까 검은 점 하나가 눈에 차지 않았다. 이내 평소의 과감하고 영리한 정욕으로 조약을 깨뜨리며, 공법을 저버리고, 오스트리아의 고아가 된 새로운 여왕을 업신여겨 개전 선포도 없이 갑자기 슐레지엔[15]을 빼앗고, 부당한 핑계로 구실을 꾸몄다. 이는 각국이 대왕을 증오·악평하는 것이었다. 대왕의 기탄없고 불타는 성격은 두려움을 갖고 거듭해서 반성하는 도를 생각하지 않았다. 돌에는 돌로 보복하는 망상이 일어나 필봉을 휘두르는 전법으로 우방의 제왕과 장군, 재상과 항전했다. 비밀스러운 일을 들춰내 지적하고, 은밀한 움직임을 찾아내서 글이나 시로 조롱하는 악평과 책망하는 추문이 하인들의 입에서 심했다. 이는 또한 각국이 대왕을 원수처럼 꺼리는 것이었다. 이 때문에 대왕은 국교상 긴밀하게 서로 의지하는 동맹국이 없었고, 친교상 친밀하게 서로 연합하는 친구도 없었다. 각 나라와 좋은 관계를 영구히 유지하고자 한들 어찌 할 수 있었겠는가. 오스트리아의 발의로 프랑스, 러시아, 폴란드, 스웨덴[16], 그리고 독일의 각 연방까지 연합해 유럽[17] 천지에 전무후무한 일대 동맹이 이루어졌다. 이 새로 생긴 매우 작은 소국 프로이센을 분할

---

15) 슐레지엔(時禮沙, Silesia/Schlesien)
16) 스웨덴(瑞典, Sweden)
17) 유럽(歐洲/歐羅巴, Europe)

하고, 사납고 용맹한 젊은 왕 프리드리히를 굴복시키기로 도모했다. 병사의 수로 논하면 20배였고, 재물 또한 100배가 넘었다. 동맹한 여러 나라가 그 전의를 공연히 드러내지 않고 불시에 습격하고, 갑자기 공격해서 그 나라를 파괴하고, 그 왕을 사로잡고자 했다. 모의가 몹시 은밀했고, 계획은 극히 비밀스러웠다.

하지만 대왕도 이 동맹이 조만간 반드시 이루어질 것을 헤아렸다. 여러 나라가 비밀 중의 비밀을 더욱 기했지만, 기회를 엿보는 혜안을 어찌 속여 넘길 수 있었겠는가. 이때 프리드리히 대왕의 임기응변한 재략을 보면, 과연 하늘이 내린 영웅이었다. 일반인은 따라잡을 수 없는 자였다. 각국의 궁정에 간첩을 배치해 그 은밀한 일을 정탐했는데, 한 번의 움직임이라도 훤히 보지 못한 자가 없었다. 그 계략이 얼마나 은밀한가. 재물의 비용을 저축하고, 전쟁 기구를 정리해 불시에 사용할 수 있게 했는데, 범사에 막힘이나 실수가 없었다. 그 방비가 얼마나 앞서 있는가. 점점 일이 일어날 것을 알고, 작센[18]에 먼저 들어가 동맹 중 한 나라를 격파하자 사람을 제압하는 지위에 서게 되었다. 그 계획이 얼마나 신속한가. 20배의 적을 맞서 적음으로써 많음을 공격했는데도 전투마다 진격하는 기세를 반드시 취했다. 그 담략이 얼마나 뛰어난가. 전쟁에서 이기고, 적의 진지를 차지한 때도 많았지만 실패한 일도 적지 않았다. 하지만 아무리 꺾여도 굴복하지 않고 반드시 패배한 수치를 설욕했다. 그 인내가 얼마나 굳센가. 진지에서 호령 나팔을 불던 가운데

---

[18] 작센/작센 선제후국(素遜尼/素遜尼國, Saxony/Sachsen/Electorate of Saxony)

병마가 분주히 움직였을 때 촌각의 여유라도 얻으면 시를 읊고 짓는 데 종사했다. 그 심지가 얼마나 여유로운가. 만약 전쟁에서 패해 국왕 되는 자가 타국의 포로가 되면 국가의 수치라 하여 위기를 당하면 깨끗이 자살할 뜻을 행하려 독약을 반드시 휴대했다. 그 견해가 얼마나 강직한가. 자신이 전쟁에서 패배해 죽은 후에 국가에 불리한 조약은 절대 맺지 않을 뜻을 갖고, 전쟁이 벌어지면 그 뒷일을 반드시 먼저 처리하고 동생에게 고했다. 그 뜻이 얼마나 원대한가. 적국의 동맹을 유인해 자기를 돕게 하고, 전쟁을 멈추고 돌아가던 때에도 장군과 병사를 농락해 본국의 명령을 어기고 적군의 공격에 따르게 했다. 그 지략이 얼마나 교묘한가. 이로 인해 7년의 힘겨운 전쟁 끝에 프로이센군의 개선가로 대국[19]의 풍운을 거두어 열국과의 옛 관계를 회복했고, 빼앗은 영토의 토지 보유권을 확정해 국위를 선양하고 국권을 신장했다. 그러므로 대왕에게는 지적할 것이 없었다.

그러나 대왕을 외교상 정략으로 평하면, 난폭하고 교활한 사람이었다. 이 때문에 7년 전쟁은 사실 대왕이 자취해서 격렬히 일어난 재앙이었다고 하지 않을 수 없을 것이다. 대왕의 공적이 그렇게 높고, 사업이 그렇게 크더라도 전쟁이 크게 일어난 죄 역시 대왕에게 돌아갈 것이다. 게다가 무릇 7년 전쟁 동안 프로이센 신민의 애국하는 정성과 왕을 섬기는 충성은 튜턴족[20](프로이센 인종)의 인

---

19) 대국(大局): 일이 벌어져 있는 대체적인 형편이나 사정 또는 큰 판국을 뜻한다. 혹은 바둑이나 장기 따위에서, 전체적인 승부의 형세를 이르는 말이다.

내·강직·용맹·성실한 특질을 출중하게 해서 천하 후세의 감동과 탄식을 환기하게 했다. 계속되는 전쟁으로 인한 재해의 결과 전국의 인구는 빗발치는 탄환이나 서릿발 같은 칼, 전염병이나 고치기 힘든 병에 쓰러져 죽은 자가 10분의 1에 이르렀다. 무거운 세금과 가혹한 수탈 때문에 민간의 저축[21]이 모두 없어지고, 항아리가 모두 비어서 전국 도처에 낡은 옷에 누르스름한 얼굴이 곳곳에 다 있었다. 곤고함이 심할수록 적개심은 날로 커졌고, 세월이 지날수록 부모와 윗사람을 섬기는 뜻은 더욱 견고해져서 대왕이 나라 안을 돌아보는 우려가 없게 했을 뿐 아니라 나라 밖을 정벌하는 공을 도와서 이루게 했다. 그렇지 않으면 대왕의 뛰어난 용맹과 지략이 비록 탁월하다고 하지만, 홀로 도움 없이 소국으로 사방 모두가 적의 땅인 곳에 서서 어떤 술수로써 20배나 절대적으로 큰 동맹 강적을 압도했겠는가.

대개 대왕은 나라 안을 다스리는 일에 정성이 지극했고 거짓이 없었는데, 외교에서 교활하게 속이는 수단과 비교하면 명백히 이중적인 사람이었다. 궁정의 경비를 절감해 남은 금액을 반드시 모아둔 일은 대왕의 검소함 때문이었고, 국고의 재물 사용을 관리해 사소한 것이라도 어긋나지 않은 일은 대왕의 청렴함 때문이었다. 가난을 구제하고, 곡식의 씨앗을 공급하며, 세금을 면하게 한 것은

---

20) 튜턴족(妬頓人種, Teutons)
21) 저축(杼軸/杼柚): 북과 바디 혹은 베틀을 말한다. 또한 문장을 구성하는 일도 뜻한다. 전자의 의미로 사용되는 경우 서민의 살림살이를 비유한다.

대왕의 인자함 때문이었고, 산업을 장려하고, 황무지를 개간하며, 공업 및 상업을 키운 것은 대왕의 근면함 때문이었다. 그 덕이 이와 같았기 때문에 백성 또한 우러러 모시고, 환난에 달려 나간 일이 아들이 아버지의 일에 달려간 것과 같았다. 그러므로 어떤 전쟁을 이기지 못하며, 어디를 쳐서 정복시키지 못했겠는가. 이 때문에 나라가 작지만 능히 여러 큰 나라와 대치했고, 병사가 적었지만 능히 여러 강한 이웃을 대적해서 국가의 위기를 구하고, 만세에도 빠지지 않는 대업을 세워 후대 자손의 부강한 혈통을 남겼다. 프로이센의 군주와 백성 같은 자는 가히 이 군주뿐이고, 이 백성뿐이라고 할 것이다.

제1편
프로이센의 이전 역사

제1장 7년 전쟁의 원인 (1): 역대 프로이센 왕의 정략

7년 전쟁은 서력 1756년으로부터 1762년(대략 250년 전)에 이르기까지 약 7년간 프로이센의 프리드리히 대왕이 오스트리아, 프랑스, 러시아, 작센, 스웨덴, 독일연방[1]의 여러 나라를 대적해 절륜한 지혜와 용기로 프로이센의 기초를 닦아 오늘날의 강대함을 이룬 것을 말한다. 대개 대왕이 이 전쟁을 일으킨 주된 뜻은 조만간 오스트리아를 압도하고 독일[2]의 패권을 장악하고자 함이었다. 그 후에 저 철혈재상 비스마르크[3] 등이 독일 통일의 대업을 성취한 일은 실로 대왕의 유지를 계승한 것이었다. 그러므로 이에 따라 보면, 대왕이 프로이센에 있던 일은 표트르 대제[4]

---

1) 독일연방(獨逸聯邦, German Confederation/Deutscher Bund)
2) 독일(獨逸, Germany)
3) 비스마르크(比思麥, Otto von Bismarck, 1815~1898): 독일을 통일하여 독일제국을 건설한 프로이센의 외교관이자 정치인이다.
4) 표트르 대제(彼得大帝, Peter I Alekseyevich/Peter the Great, 1672~1725):

가 러시아에 있었던 일과 같다. 대왕의 공은 아버지와 할아버지의 유지를 이어받은 것이었다. 독일 통일은 조상 이래 가장 큰 뜻이었다. 그러므로 이에 대해 논하면 대왕의 정략은 곧 역대 프로이센 왕의 정략이었다고 말해야 할 것이다.

대개 프로이센의 기원을 생각하면, 지금으로부터 약 500년 전에 독일의 제후 중 백작 호엔촐레른[5]이 있었다. 독일 황제 지기스문트[6]에게 작위를 하사받고 브란덴부르크[7] 제후가 되었는데, 이 사람이 바로 프로이센 왕가의 선조였다. 그 후 수 세기가 지나 브란덴부르크 제후 알브레히트[8]는 폴란드 왕 지그문트[9]에게 프로이센 땅을 받고 프로이센 공작으로 봉해졌다. 또 그 후 수 세기가 지나 제후 빌헬름[10]에 이르렀다. 영민한 자질로 큰 뜻을 일찍 품어 베스

제정 러시아의 계몽 군주로서 서유럽화 정책을 취하는 한편, 전쟁 등으로 영토를 확대하여 상트페테르부르크를 건설하고, 제정 러시아의 근대화·강국화에 힘썼다.

[5] 호엔촐레른(扈賢卒連, Frederick IX, Count of Hohenzollern, ?~1377/1379)

[6] 지기스문트(施智滿, Sigismund of Luxembourg, 1368~1437): 신성로마제국의 황제이자 헝가리, 체코, 크로아티아 왕이었다. 중앙집권적 정치체제를 강화하고, 헝가리와 체코에서 군사적 및 경제적 발전을 이루었다.

[7] 브란덴부르크(富蘭天堡, Brandenburg)

[8] 알브레히트(軋寶, Albert of Brandenburg/Albrecht von Brandenburg, 1490~1545): 브란덴부르크-안스바흐 공국의 후계자이자 마그데부르크 대주교였으며, 이후 프라이부르크 대주교 직책을 맡기도 했다. 1517년 마르틴 루터의 95개조 반박문이 발표되기 전에 루터의 비판을 촉발한 인물 중 하나로 유명하다.

[9] 지그문트(式滿, Sigismund I the Old/Zygmunt I Stary, 1467~1548): 폴란드-리투아니아 연합의 왕으로, 폴란드의 중앙집권화를 강화하고, 왕국의 국력을 증대시키는 데 중요한 역할을 했다.

[10] 빌헬름(越利嚴, Frederick William/Friedrich Wilhelm, 1620~1688)

트팔렌 조약[11]을 체결했을 때 허다한 토지를 얻었다. 그중 마그데부르크[12]는 더욱 풍요하고 또한 긴요한 지방이었다. 프로이센이 오늘날의 성대함을 이룬 일은 실로 공작의 유업이었다. 공작이 죽던 날에도 왕국이라 칭할 만한 광대한 봉토를 왕자 프리드리히 1세[13]에게 전했다. 프리드리히 1세는 왕호를 드디어 칭해 프로이센 국왕의 자리에 올라서 예로부터의 큰 뜻을 이루었다. 때는 곧 서력 1701년이었다.

프리드리히 1세의 왕자는 곧 빌헬름 1세[14]였다. 왕의 성품이 격렬하고 또 근검절약에 힘써 군비 확장에 그 뜻을 전념했다. 역사가가 왕을 보고 광인이라 부르기도 했는데, 이는 잘못된 평가였다. 당시에 프로이센이 왕호를 칭했지만, 오히려 비천하고, 그 나라는 매우 작았으며, 게다가 그 위신도 각 나라 사이에서 세우지 못했다. 독일연방 중의 약소국도 프로이센 왕국이라고 부르는 것을 인정하지 않고 멸시했다. 그때 오스트리아 황제는 원래 계통의 숭고함을

---

11) 베스트팔렌 조약(西華利亞媾和, Peace of Westphalia/Westfälischer Friede): 1648년에 독일 북부 베스트팔렌 지방의 오스나브뤼크에서 독일, 프랑스, 스웨덴 등의 여러 나라가 체결한, 30년 전쟁의 종결을 위한 평화 조약을 뜻한다.
12) 마그데부르크(漠多堞/漠多堡, Magdeburg)
13) 프리드리히 1세(厚禮斗益一世, Frederick I of Prussia/Friedrich I, 1657~1713): 프로이센 왕국의 첫 번째 왕으로, 1701년부터 1713년까지 재위했다. 그는 브란덴부르크-프로이센 공국을 왕국으로 승격시키며, 프로이센의 왕국 지위를 확립한 중요한 인물이다.
14) 빌헬름 1세(越利嚴一世, Frederick William I of Prussia, 1688~1740): 1713년부터 1740년까지 재위했다. 프리드리히 대왕의 아버지이며, 프로이센을 군사 강국으로 성장시키기 위한 기초를 마련한 군주였다.

믿고 제왕 중의 제왕으로 자처했다. 영국과 프랑스 등 강대국의 제왕까지 경멸해 동등하게 보는 것을 달갑게 여기지 않았다. 그러므로 프로이센 왕 보기를 신하만도 못하게 했다. 또한 각 나라들도 프로이센 왕을 조롱했다. 그 상태가 꼭 도시의 경박한 아이가 시골 남자를 능멸하는 듯했다. 이때 유럽의 형세를 살피면, 프랑스의 루이 대왕[15]은 천성적인 영민함과 훌륭한 신하의 조언으로써 그 위엄이 유럽에 퍼져서 다른 나라는 안중에 없었다. 오스트리아는 공공연하게 존대함을 자부해도 30년 전쟁[16]의 후유증이 남아 국력이 쇠퇴했다. 그 휘하에 부속한 독일연방도 자연히 분리되었는데, 이를 다시 통일하는 일을 능히 해내지 못했다. 빌헬름 1세 왕이 프로이센에 군림한 것이 바로 이 무렵이었다. 이때 왕은 부국강병의 열매를 거두며 시기가 찾아오기를 기다렸다. 각국을 능가하고, 프랑스와 오스트리아의 거짓된 존귀함을 좌절시키며, 다시 한 번 뛰어올라 독일의 패권을 장악해 아버지와 할아버지의 유지를 관철시키고자 했다. 이것이 사치를 금하고, 용도를 절제해서 군비 확장의 내실을 도모하고, 식산과 흥업을 장려하고 보호해 국가의 부원(富源)을 개발하는 정책을 강구한 이유였다. 프로이센의 육군은 종래 48,000에 불과했다가 83,500명으로 증가했다. 또한 선발한 장교

---

15) 루이 대왕/루이 14세(路易大王/路易十四世, Louis XIV/Louis the Great/Sun King(le Roi Soleil), 1638~1715): 태양왕이란 별명을 가진 프랑스의 왕으로 유럽에서 절대군주의 전형으로 유명하다.
16) 30년 전쟁(三十年戰, Thirty Years' War): 1618~1648년에 유럽에서 로마 가톨릭교회를 지지하는 국가들과 프로테스탄트교회를 지지하는 국가들 사이에서 벌어진 종교전쟁이다. 1648년에 베스트팔렌 조약이 체결됨으로써 종식되었다.

와 숙련된 병사는 당시 유럽 각국 중 견줄 자가 없는 데에 이르렀다. 이를 위해 재원이 고갈할 듯했지만 왕의 근검으로 인해 오히려 예로부터의 국채를 상환하고, 국고에 남은 돈이 생겼다. 그러므로 그 뜻에 있던 바를 충분히 알 수 있을 것이다.

왕이 또한 왕자 프리츠[17](곧 나중의 프리드리히 대왕)의 천성이 지나치게 온화해 유업을 계승하지 못할까 우려해 학대를 심하게 했다. 한 번은 목매어 죽이고자 한 일도 있었다. 대개 사람이 아버지가 되면 누가 그 아들을 사랑하지 않겠느냐마는 지금 프로이센 왕이 그 아들을 죽이고자 함은 왕이 아버지와 할아버지의 유지를 성취함으로써 호엔촐레른가[18]의 필요한 의무를 다하기 위해서였다. 만약 성취하지 못하면 그 의무에 모자란다고 생각했다. 또한 그 사업의 중대함으로 인해 일대(一代)에 완성하는 일도 분명 어려웠다. 이 때문에 자기가 나라를 세우는 대업의 시작을 먼저 열고, 후세의 자손을 기다려 그 일을 마치려는 바람을 가진 바가 몹시 컸다. 하지만 태자 프리츠가 유약해 큰일을 맡기기에 부족했으므로 그 바람을 크게 잃어버리게 되었다. 부자의 애정을 조상의 유지에 비교하면 본래 몹시 작은 것이었다. 그러므로 작은 일을 참지 못하다가 불초자가 큰일을 그르치게 하는 일은 결단코 영웅이 취할 바가 아니라고 하며, 이내 그 사랑하는 아들의 생명을 빼앗고자 하는

---

17) 프리츠(厚利周, Fritz)
18) 호엔촐레른가(扈賢卒連家, House of Hohenzollern): 독일의 왕족이자 귀족 가문으로, 12세기부터 20세기 초까지 독일의 주요 정치적 세력 중 하나였다. 이 가문은 프로이센 왕국과 독일 제국의 왕조로 유명하다.

데에 이른 것이었다. 누군가가 말했다.

"그 아들의 생명을 정말로 끊고자 했던 것이 아니라 이처럼 위협해 그 심령을 굳세게 하려는 것이었다."

이렇게 보면 왕은 비록 과격했다고 하지만 그러나 아버지와 할아버지의 유업을 계승하는 데 일 점의 사욕도 없는 지극한 효자였다고 한다.

빌헬름 1세가 왕자를 그처럼 학대한 일은 그 유약함으로 인해 큰일을 맡기가 부족해 정말로 증오해서였는가, 아니면 문학을 지나치게 좋아하는 버릇을 고쳐서 영웅다움을 도야시키고자 함이었는가? 이는 자세히 알기 어렵다. 애당초 온화한 듯해 부왕의 마음을 그처럼 번뇌하게 하던 왕자 프리즈는 평범하고 변변치 못한 임금은커녕 부왕보다도 용기와 기상이 몇 배나 더 뛰어난 불세출의 큰 인물이었다. 부왕이 살아 있었을 동안 온화한 얼굴빛으로 우아하고 너그럽던 왕자는 하루아침에 부왕이 세상을 떠난 뒤부터 근엄하고 씩씩해져 존귀한 위엄을 지켰고, 지난날 태자궁에 종사하던 용렬한 무리를 물리쳤다. 관직의 길에 넘쳐나던 폐해를 없애던 중에도 재물을 근검절약하고, 무사의 기상을 숭상하며, 비할 데 없이 커다란 바람을 품고 있었다. 마치 빌헬름 1세가 죽지 않은 것 같았다. 풍운의 기회를 타고 유럽에 웅비할 것을 도모했을 때 그 계획은 오스트리아의 빈틈을 엿보며 슐레지엔의 토지를 빼앗고, 또다시 7년 전쟁으로 유럽을 벌벌 떨게 하며, 연방의 동맹을 정할 때 오스트리아의 패권을 멸살해 백 년의 대계를 확정한 것이었다. 대왕은 부왕의 뜻을 잇고 부왕의 사업을 크게 한 자였다고 할 것이다.

제2장 7년 전쟁의 원인 (2): 1차 및 2차 슐레지엔 전쟁[19]

서력 1740년에 프로이센 왕 빌헬름 1세가 세상을 떠나고 왕자 프리츠가 즉위했다. 이 사람이 바로 프리드리히 대왕이었다. 이때 오스트리아에서도 독일 황제 카를 6세[20]도 세상을 떠났다. 이에 앞서 독일에 봉건법이 있었는데, 남자가 아니면 봉토를 계승해 황제의 자리에 즉위하는 일을 할 수 없었다. 카를 황제는 태자가 없고 딸만 2명 있었다. 그래서 황제가 죽은 뒤에 황제의 자리가 그 가문의 것이 되지 못한다는 것을 우려해 한 조목의 칙령을 내렸다. 자기가 죽은 뒤에 만약 태자가 없으면 장녀로 하여금 봉토를 계승하게 하는 것이었다. 이렇게 카를 황제가 세상을 떠나자 황제의 장녀 마리아 테레지아[21]는 그 봉토 헝가리[22]와 보헤미아 왕국[23]과 오스트

---

19) 슐레지엔 전쟁(時禮沙戰, Silesian Wars): 슐레지엔의 영유권 문제를 두고 오스트리아와 프로이센 사이에 벌어진 전쟁으로 1차는 1740~1742년에, 2차는 1744~1745년에, 3차는 1756~1763년에 일어났다. 그중 1차와 2차 전쟁은 오스트리아 왕위 계승 전쟁(War of the Austrian Succession)이라고도 한다. 슐레지엔 전쟁은 후베르투스부르크 조약(Treaty of Hubertusburg)으로 종결되었고, 프로이센이 슐레지엔을 확보했다.
20) 카를 6세(察士六世, Karl VI/Charles VI, Holy Roman Emperor, 1685~1740): 하프스부르크 왕가의 일원이자 신성로마제국의 황제이다. 오스트리아 왕위 계승법(Pragmatic Sanction)을 제정하여 자신의 딸인 마리아 테레지아가 후계자가 될 수 있도록 법적 근거를 마련했으나, 그의 사망 후 오스트리아 왕위 계승 전쟁이 발발했다.
21) 마리아 테레지아(馬利亞多禮士, Maria Theresa/Maria Theresia Walburga Amalia Christina, 1717~1780): 오스트리아 대공국과 신성로마제국의 여황제로 재위했다. 강력한 통치자로서 군사적, 행정적 개혁을 통해 오스트리아 제국의 근대화에 중요한 기여를 했다. 특히 오스트리아 왕위 계승 전쟁 동안 왕국을 방어하며,

리아 대공국[24] 등의 땅을 모두 계승하고 헝가리 여왕이라 불렸다. 이때 바이에른[25] 선제후[26] 알브레히트[27]와 작센 선제후 겸 폴란드 국왕 아우구스트 3세[28]가 여왕의 봉토 전부 혹은 일부를 얻고자 전쟁을 벌였다. 프리드리히 대왕은 여왕이 즉위한 지 수개월 후에 개전 선포도 없이 갑자기 오스트리아의 영지 슐레지엔을 습격했다. 41년과 다음 해인 42년의 전쟁에서 두 차례의 승리를 얻어 슐레지엔을 영토에 더했다. 이는 제1차 슐레지엔 전쟁이라 이름하는 것이었다. 대개 프로이센 왕이 습격한 구실은 슐레지엔 지방이 본래 프로이센 왕의 선대가 독일 황제로서 수령할 땅이라는 것이었다. 하지만 이는 근거 없이 꾸며낸 말에 불과했다.

1744년에 오스트리아 여왕은 프랑스와 전쟁해 승리를 얻어 그

교육과 법률 개혁, 상업 및 산업 발전에도 힘썼다. 그녀의 통치 기간 동안 오스트리아는 유럽의 강국으로 자리 잡았다.
[22] 헝가리(匈牙利王國, Kingdom of Hungary)
[23] 보헤미아(甫惠美亞王國, Kingdom of Bohemia)
[24] 오스트리아 대공국(墺地利公國, Archduchy of Austria)
[25] 바이에른(巴威里, Bavaria/Bayern)
[26] 선제후(選皇公, Prince-elector)
[27] 알브레히트/카를 7세(軋寶, Karl VII/Charles VII, Holy Roman Emperor/Charles Albert/Karl Albrecht, 1697~1745): 신성 로마 제국의 황제이다. 브란덴부르크-바이에른의 출신으로, 호엔촐레른 가문과의 경쟁에서 황제 자리를 차지했으며, 30년 전쟁 이후 오스트리아 왕국과의 갈등이 컸다.
[28] 아우구스트 3세(悟佳三世, Augustus III of Poland/Frederick Augustus II, 1696~1763): 폴란드-리투아니아 연합의 왕이다. 외교적으로 오스트리아와 러시아와 동맹을 맺으며, 폴란드의 왕권을 강화하려 했지만, 그의 통치 기간 동안 폴란드는 정치적 혼란과 외세의 개입에 시달렸다. 그의 약한 지도력과 내부의 분열은 폴란드의 제3차 분할(1795)로 이어지는 쇠퇴를 가속한 원인 중 하나였다.

위세가 점점 왕성해졌다. 프로이센 왕이 슐레지엔을 빼앗길까 두려워해 곧 하나의 구실을 만들었다. 독일의 새로운 황제 카를 7세, 곧 바이에른 선제후 알브레히트를 돕는다고 밝히고 오스트리아와 전쟁을 다시 시작했다. 그다음 해에 카를 7세가 세상을 떠났지만, 전쟁은 전과 다름없이 계속되었다. 프로이센 왕은 세 차례의 전투에서 승리했고, 드레스덴(작센의 수도) 조약[29]으로 슐레지엔을 보유하는 권리를 확고히 했다. 이는 제2차 슐레지엔 전쟁이라 불렸다.

이후 8년 동안 유럽 각국은 평화를 서로 지켜서 사방에 먼지 하나 날리지 않았다. 프로이센 왕은 이때부터 나라의 이익과 백성의 복지를 증진시켰고, 각지의 석학·박사 등을 후한 예물로 고용해 문학에 힘썼다. 그러나 각국의 창과 방패가 조만간 반드시 움직일 것을 살피고, 군비에 대해서도 부지런히 애썼다.

제3장 7년 전쟁의 개요: 3차 슐레지엔 전쟁

오스트리아 여왕은 프리드리히 대왕이 슐레지엔을 침탈한 일을 마음에 깊이 품어 수년이 지났는데도 잊지 못했다. 또한 슐레지엔 인민은 프로이센 왕의 선정 아래에서 그 번영이 점점 나아졌다. 오스트리아 여왕은 분노의 불길이 더욱 불타올라 다시 빼앗고 싶은

---

[29] 드레스덴 조약(道禮壽墪/道禮壽墩의 和約, Treaty of Dresden): 1745년 12월 25일에 오스트리아, 작센, 프로이센이 작센 수도 드레스덴에서 서명해 제2차 슐레지엔 전쟁을 종식시켰다. 이 조약을 통해 프로이센은 슐제지엔 통제권을 유지했다.

마음이 타오르던 중 유럽의 여러 대국 역시 프로이센이 새로 생겨난 소국으로 훌륭한 왕의 통치 아래에서 장족의 진보를 보이는 모습을 질투했다. 프로이센 왕의 혜안은 이미 이들의 정황을 알아채고 전쟁 준비를 엄격히 수행하며 각국에 저항할 계책을 강구했는데, 프랑스는 믿을 수 없다고 해 호의를 영국에 구했다. 영국 역시 국경을 넘은 일에 대한 혐오와 원망을 풀었다. 게다가 프로이센의 움직임이 자연히 진실한 동맹에 있음을 헤아렸다. 서력 1756년에 두 나라는 동맹을 체결했다. 그러자 오스트리아는 프랑스와 원수였지만 이내 동맹국이 되었고, 또 러시아, 작센 두 나라도 맹약에 합의해 프로이센을 멸하고자 했다. 오래지 않아 유럽 일대가 유혈장으로 바뀐 7년 전쟁은 여기에서 비롯되었다. 그 전쟁의 전말을 하편에 자세히 서술하겠지만, 먼저 그 대강을 간추려 기록하면 다음과 같다.

〔1〕첫 번째 전쟁(7년 전쟁의 제1년, 서력 1756년)

프리드리히 대왕은 동맹한 여러 나라가 프로이센을 멸하고자 하는 음모를 알았다. 70,000의 병사를 이끌고 작센을 공격해 드레스덴을 점령했다. 또한 오스트리아군을 로보지츠[30]에서 격파하고 공문서 여러 통을 빼앗았다. 여러 나라가 프로이센을 분할하려는 은밀한 음모가 이 공문서 때문에 다 드러났다. 곧 그 공문서를 각국에 공포해 창과 방패를 사용한 일이 어쩔 수

---

30) 로보지츠(老施州, Lobosits)

없었음을 해명했다.

[2] 두 번째 전쟁(7년 전쟁의 제2년, 서력 1757년)
두 번째 전쟁은 7년 중 가장 컸다. 프리드리히 대왕은 보헤미아에 침입해 오스트리아군을 대파했지만 콜린[31] 전투에서 패했다. 또한 이때 러시아군은 프로이센의 동편을 공격했고, 스웨덴군은 포메라니아[32]를 따라 프로이센의 수도 베를린[33]으로 나아갔다. 그 동맹국 영국은 하노버[34]에서 프랑스군에게 쫓겨났고, 프랑스군도 작센에 진입했다. 프로이센 대왕은 또다시 패배한 나머지 사방으로 적의 공격을 받아 패잔병과 함께 진퇴양난의 사지에 빠졌다. 누군가는 당시에 프로이센 대왕이 번민을 이기지 못해 자살하려고 했다고 하지만 얼마 못 되어 형세가 바뀌어져 동편에 침입했던 러시아군은 본국 여왕의 병이 위독함으로 인해 정부에 의해 소환되었다. 그러자 프로이센 대왕은 곧 프랑스와 오스트리아 양쪽 군대를 방어하는 데 온 힘을 기울였다. 병사 20,000을 데리고 작센에 돌입해 3배 되던 프랑스와 오스트리아의 양쪽 군대를 격파했다. 또한 그 후 1월에는 로이텐[35]에서 오스트리아군을 격파해 슐레지엔 지방을 회복했고, 그 무용

---

31) 콜린(高隣, Kolin)
32) 포메라니아(布米羅尼亞, Pomerania/Pommern)
33) 베를린(伯林, Berlin)
34) 하노버(河老堡, Hanover/Hannover)
35) 로이텐(老遊壑, Leuthen)

은 전 유럽에 진동했다. 영국의 수도 런던[36]에서는 프로이센 대왕의 승전을 축하했다. 또한 영국 국회는 7백만 원[37]의 돈을 프로이센 대왕에게 주었다.

〔3〕 세 번째 및 네 번째 전쟁(7년 전쟁의 제3년 및 제4년, 서력 1758년 및 59년)

제3년에는 프로이센 대왕이 대체로 승리를 얻어 슐레지엔 지방을 지켰고, 프랑스군을 독일 밖으로 몰아냈다. 그러나 제4년에는 연전연패하던 가운데 러시아군이 다시 출정해 프로이센 대왕의 군대를 브란덴부르크에서 대파했고, 오스트리아군 또한 드레스덴을 빼앗았다. 프로이센 장군 푸케[38]는 보헤미아에서 오스트리아군에게 포위되어 항복했다.

〔4〕 다섯 번째 전쟁(7년 전쟁의 제5년, 서력 1760년)

프로이센 대왕은 이처럼 절박한 곤경에 빠져 200,000 적군이 사방에서 공격해 왔어도 기개가 침착했다. 태연스럽고 흔들리지 않은 채 연안에 진을 쳤고, 토르가우[39]의 격전에서 승리를

---

36) 런던(倫敦, London)
37) 7백만 원: 유길준이 번역 저본으로 참고한 시부에 다모츠(澁江保)의 『프리드리히 대왕 7년 전사』(フレデリック大王七年戰史)에서는 "七十萬磅"(70만 파운드)라고 기술했다. 이하 각주에서 시부에 다모츠의 책을 인용할 때는 '저본'이라고만 표현했다.
38) 푸케(輩仍求/侯桂, Heinrich August de la Motte Fouqué, 1698~1774)
39) 토르가우(突古, Torgau)

얻었다. 하지만 여전히 슐레지엔 중앙에서 굳게 지키며 적군을 상대하는 위치에 섰을 뿐이었다. 위기일발의 때가 점점 다가와 코앞에 이르렀다. 그러자 프로이센 대왕도 희망을 크게 잃어 굴욕을 당할 바에는 차라리 자살하기로 마음을 정했다고 한다.

〔5〕여섯 번째 및 일곱 번째 전쟁(7년 전쟁의 제6년 및 제7년, 서력 1761년 및 62년)

이 무렵에 프로이센 대왕은 만사일생[40]을 얻었다. 1761년에 러시아 여왕이 세상을 떠나고 그 조카 표트르 3세[41]가 제위를 하사받았다. 본래 프리드리히 대왕을 열심히 본받았고, 또 우의도 친밀했다. 프로이센에 출정한 대군을 거둬들여 평화 조약을 맺었을뿐더러 곧이어 지원군도 보내 도왔다. 스웨덴 또한 러시아의 사례를 본받고 병사를 물렸다. 62년에 영국과 프랑스는 파리[42]에서 평화 조약을 맺었다. 그러자 프로이센과 오스트리아 양국은 홀로 상대하게 되었다. 또 얼마 있지 않아 양국은 후베르투스부르크[43]에서 평화 조약을 맺었다. 7년 전쟁이 마침내 끝

---

40) 만사일생(萬死一生): 만 번 죽을 고비를 넘겨 한 번 살아난다는 뜻으로, 목숨이 매우 위태로운 처지에서 겨우 살아남을 이른다.
41) 표트르 3세(彼得三世, Peter III of Russia/Peter III Fyodorovich, 1728~1762): 독일의 호엔촐레른 가문 출신으로, 예카테리나 대제와 결혼한 후 러시아 황제가 되었다. 예카테리나는 그의 사후 러시아 제국의 황후로서 강력한 통치를 시작했다.
42) 파리(巴里, Paris)
43) 후베르투스부르크(休發堡/休菲堡, Hubertusburg)

났는데, 그 조약 덕분에 독일은 예전의 정치체제를 바꾸지 않았고, 슐레지엔 지방은 전과 다름없이 프로이센에 돌아갔다.

이는 7년 전쟁의 개요다. 이 전쟁에서의 명성으로 고금에 더할 나위 없이 뛰어난 프리드리히 대왕의 무용은 전 유럽에 진동했고, 각국의 제왕과 인민은 존경하고 사모하게 되었다.

제2편

7년 전쟁의 제1년(서력 1756년)

제1장 오스트리아 여왕이 유럽 여러 나라와 연합해 프로이센 대왕을 토벌하고자 꾀함

전편에 대강 기술한 것과 같이 오스트리아 여왕은 프로이센 대왕의 우롱과 침해를 깨달은 때부터 마음이 분노하고 몹시 시기했다. 잠시도 잊지 못하고 슐레지엔 지방을 탈환할 일과 프로이센 왕실을 굴복시킬 계획을 가장 큰 목적으로 삼아 마음과 뜻을 다해 관철시키고자 했다. 10년을 하루처럼 경영해 유럽 고금에 비할 데 없는 일대 동맹을 체결했다. 북으로는 백해[1]로부터 남으로는 아드리아해[2]에 이르고, 서로는 비스케이만[3]으로부터 동으로는 돈강[4]에 이르기까지 진정 문명국이라 자칭하고, 백인종이라 자부하던 국민이 모두 연합해 새로 생긴 작은 왕국을 토벌하고자 했다. 이때 오스

---

1) 백해(白海, White Sea)
2) 아드리아해(亞得亞海, Adriatic Sea)
3) 비스케이만(菲西桂灣, Bay of Biscay)
4) 돈강(東河, Don River)

트리아 여왕은 온갖 계책으로 러시아 여왕을 꾀었다. 또한 폴란드 왕에게 후한 이익을 안겨주어 응원의 승낙을 얻었다. 다만 흔쾌히 동맹을 맺기가 가장 어려운 곳은 프랑스였다. 대개 독일 황제 카를 5세[5]가 프랑스 왕 프랑수아 1세[6]와 중원의 패권을 놓고 싸운 후로 약 240년간 양국은 서로 적으로 여겨 전투가 끊이지 않았다. 그러던 중 리슐리외[7]는 프랑스 정권을 차지한 후부터 매사에 오스트리아 조정을 방해했다. 그러자 이제 프랑스 재상이 전수한 정략과 그 운용의 방책은 오스트리아와 친하기보다 프로이센과 화친하는 것이 맞는 듯했다. 또한 프로이센이 오스트리아와 원수 된 일로 논해도 프로이센과 프랑스가 화친하는 원인이 많았을뿐더러 프리드리히 대왕이 프랑스에 대해 다툼의 실마리를 줄 일도 없었다. 게다가 프로이센의 위치도 프랑스에 방해를 줄 일이 없었다. 그러던 중 프로이센 대왕은 프랑스 글 읽는 것을 좋아했고, 글 쓰는 것을 즐겨 프랑스어를 잘했으며, 프랑스인과 교유하는 일도 좋아했다. 또한 프랑스인에게 칭찬받는 일을 더할 수 없는 명예로 여겨 크게 기뻐했다. 따라서 프랑스 정부가 아무리 경솔하고 감각이 없

---

[5] 카를 5세(察士五世, Charles V, Holy Roman Emperor, 1500~1558): 신성로마제국의 황제이자 스페인, 네덜란드, 이탈리아, 아메리카 등의 광범위한 영토를 다스린 군주이다.
[6] 프랑수아 1세(厚蘭昭亞一世, Francis I of France, 1494~1547): 프랑스 르네상스의 중요한 후원자로, 예술, 문화, 학문 발전을 적극적으로 지원한 군주이다. 카를 5세와의 경쟁 속에서 여러 전쟁을 치렀다.
[7] 리슐리외(李世琉, Armand Jean du Plessis, 1st Duke of Richelieu/Cardinal Richelieu, 1585~1642); 루이 13세의 주요 정치 고문이자 프랑스의 수상으로 잘 알려져 있다. 프랑스 절대 왕정의 기틀을 확립하는 데 큰 영향을 미쳤다.

다 한들 이렇게 적절한 동맹을 물리치지 않을 듯한 일은 상식 있는 자라면 여간해서 생각할 수 있었다.

그러나 영리한 오스트리아 여왕은 백방으로 술수를 다해 프랑스에 동맹하려는 것을 선전했다. 또한 오스트리아의 외교관도 새로운 정략으로 권유하며 말했다.

"유럽의 여러 대국은 그 형세가 자연히 동맹인데도 종래 일종의 환상에 좌우된 바 되어 서로를 대함이 천생의 원수같이 하고, 서로 용납하지 못함은 얼음과 숯처럼[8] 심했다. 200년간 포연과 빗발치는 탄환이 사라진 날이 없어 유럽의 토지는 황폐해졌고, 인구는 줄어들었으며, 국가의 근본은 쇠퇴했다. 정부는 재물이 궁핍해져 부채의 늪에 침몰했다. 얻은 것을 묻는다면, 다만 번성함을 서로 해치는 일에 불과했다. 과거 30년 전쟁(30년 전쟁은 곧 유럽 종교상 30년간의 큰 전쟁)과 슐레지엔 전쟁의 이익을 거둔 자는 프랑스 왕도 아니고, 독일 황제도 아니었다. 저 여우와 쥐 같은 소국이 사자와 호랑이가 서로 싸우는 기회를 틈타 응원한다는 구실 아래 몰래 그 이익을 훔쳤다. 그러므로 30년 전쟁에서 이익을 차지한 자는 오스트리아도 아니고, 프랑스도 아니었다. 바로 스웨덴이었다. 슐레지엔 전쟁으로 인해 이익을 획득한 자 또한 프랑스도 아니고, 오스트리아도 아니었다.

---

[8] 빙탄지간(氷炭之間)을 말한다. 빙탄지간이란 '얼음과 숯 사이'란 뜻으로, 둘이 서로 어긋나 맞지 않는 사이, 또는 서로 화합할 수 없는 사이를 비유한다.

브란덴부르크에서 갑자기 발흥한 자, 바로 저 프리드리히였다. 무릇 슐레지엔 전쟁이 일어났을 때 프랑스가 고군분투해 무훈을 보이고, 본국의 공채(公債)가 산처럼 쌓이게 된 일은 과연 무엇을 위함인가. 프리드리히가 슐레지엔을 통치하는 일에 그칠 뿐이었다. 프랑스군이 탄환에 엎어지고, 칼에 쓰러져 시체가 보헤미아의 들판을 덮었다. 귀중한 유혈로 빈껍데기의 명예만 사들인 것과 같았다. 저 프리드리히가 과연 프랑스군의 이러한 고생을 위로하고, 프랑스의 이러한 은혜에 감사해 성심성의껏 프랑스를 향해 둘도 없는 동맹으로 처신하고 있는가. 결단코 그렇지 않다. 저 프리드리히가 파리 궁정을 불신하는 일은 빈[9] 궁정을 불신하는 일과 같지 않은가. 또한 그가 조개와 도요새를 서로 싸우게 하고, 그 틈을 타 어부지리[10]를 취한 것이 아니겠는가. 이 때문에 조개와 도요새를 위해 계획하건대 상부상조해 이 어부를 토벌하는 일만 못한데, 오스트리아의 주된 뜻은 슐레지엔을 회복하는 데 있고, 프랑스의 목적은 플랑드르[11] 지방의 영토를 확장하는 데 있기 때문이다. 이제 양국이 서로 원수로 여겨 수년간 전쟁으로 인한 피해가 계속되었다. 전란이 그 뒤를

---

9) 빈(維也納, Vienna/Wien)
10) 방휼지쟁(蚌鷸之爭)과 어부지리(漁父之利)를 말한다. 방휼지쟁과 어부지리 모두 두 사람이 이해관계로 서로 싸우는 사이에 엉뚱한 사람이 애쓰지 않고 가로챈 이익을 이르는 말이다. 도요새가 조개의 속살을 먹으려고 부리를 조가비 안에 넣는 순간 조개가 껍데기를 꼭 다물고 부리를 안 놔주자, 서로 다투는 틈을 타서 어부가 둘 다 잡아 이익을 얻었다는 데서 유래한다.
11) 플랑드르(厚蘭道士, Flandre/Flanders)

이으면, 밖으로는 장군과 병사가 사망해 엎드러진 시체가 들판을 덮을 것이고, 안으로는 국고가 궁핍해 부채가 산처럼 쌓일 것이다. 그 얻는 바는 돌아보면 조금의 이익도 없는 데 그칠 것이다. 반면에 양국이 화목·협동해 서로 제휴하면 오스트리아는 기꺼이 벨기에[12]의 땅을 프랑스에 줄 것이다. 또한 슐레지엔은 자연히 오스트리아의 수중에 돌아올 것이다. 정말로 이럴 텐데, 저 프리드리히는 전전긍긍하고 두려워해 한쪽 구석에 숨어 있을 것이다. 만약 그가 스스로 헤아리지 못하고 일생의 만용을 부려 저항하고자 하면 일격에 굴복시켜 공손함을 빌게 될 것이다. 양국이 바야흐로 이익을 공유해 서로 시기하지 말고, 서로 다투지 말며, 권위를 서로 높이고, 평형을 서로 지켜야 할 것이다. 손해와 수치를 초래하는 자는 오직 저 간악한 좀도둑 프리드리히일 뿐이다. 이것이 일거양득의 계책이 아닌가."[13]

프랑스의 외교관은 이 이야기의 신기함에 혹했고, 묘안이라고 칭찬하는 자가 한둘에 그치지 않았다. 그러므로 드디어 얼음과 숯은 서로 용납해 동맹을 체결하게 되었다. 대개 양국이 묵은 원한을 버리고 이 동맹을 체결한 까닭은 그 진정이 정략에서 비롯된 것이 아니었다. 프로이센 대왕 한 사람을 향한 혐오의 뜻 때문임이 많았

---

[12] 벨기에(白耳義, Belgium)
[13] 원문에는 해당 내용이 단락 안에 삽입되어 있다. 하지만 직접 인용문이 너무 길어 가독성을 위해 한 단락으로 독립시켰다.

다. 이는 프로이센 대왕이 자초한 일이었다. 오스트리아 여왕이 프로이센 대왕을 증오·시기하는 마음이 깊고 컸던 것은 이제 더 이상의 말이 필요 없을 것이다. 게다가 그 증오·시기하는 일이 이 여왕만 그럴 뿐만 아니라 나머지 각국의 제왕 또한 모두 그러했다. 이는 무슨 까닭으로 그런 것인가. 저 프리드리히 대왕을 대체로 평가하면, 선량한 군주라고 할 것이다. 이웃 나라의 적 군왕으로는 무례하고 불량한 인물이라고도 할 수 있었다. 그 공명심의 과대함과 정략의 강경함이며, 이익을 향한 예민함은 각국 궁정의 눈앞에서 설령 너그럽게 용서하려고 해도 풍자하는 시와 조롱하는 글로 각 우방의 제왕을 욕보여 그 명예를 더럽히고, 낯가죽을 벗기게 한 일은 결단코 용납하기 어려웠다. 그 시문과 이야기로 각국의 군주와 재상을 몰래 가리켜 모욕하고 헐뜯는 악한 일은 제왕의 말을 닮지 않고 차라리 천한 노비의 말씨에 방불했다. 특히 그 부인 사회를 몹시 매도한 일은 비록 선량하고 공손한 부인이라도 참지 못할 것이었다. 당시 유럽 대륙의 여러 나라의 정권을 가진 자 중 한 나라도 부인 아닌 자가 없었고, 또한 부인 중 공손하다고 할 만한 자도 없었다. 오스트리아 여왕은 프로이센 대왕의 무례하고 실속 없는 조롱을 자주 들었고, 러시아 여왕의 다정함 또한 프로이센 대왕의 추한 이야기와 헐뜯는 말의 빌미를 제공했다. 게다가 프랑스 정부의 실권을 장악한 퐁파두르 부인[14]이 조롱과 치욕을 받은

---

14) 퐁파두르 부인(品巴斗夫人, Madame de Pompadour/Jeanne Antoinette Poisson, Marquise de Pompadour, 1721~1764): 루이 15세의 애첩으로서 프랑스 궁정에서 큰 영향력을 행사했다. 외교 정책에도 참여했고, 그림, 건축, 음악 등 다양

일은 앞의 두 사람에 비할 바가 아니었다. 퐁파두르 부인은 프로이센 대왕에게 의심을 거두고 아첨을 바치며 힘써 환심을 구했다. 프로이센 대왕은 오히려 차갑고 건조한 조롱의 말로 답했다. 오스트리아 여왕은 평소에 고귀한 여성 중 지엄하고 오만한 인물이었다. 그 복수심의 간절함으로 인해 가문의 존귀함과 품행의 단정함을 까맣게 잊고, 타고난 성품이 비천한 첩(퐁파두르 부인)의 환심을 얻고자 해 친서로 교분을 나누었다. 퐁파두르 부인은 크게 기뻐해 자기의 주머니 속 물건 같은 프랑스 왕 루이 15세[15]를 종용했다. 루이 왕의 집안 또한 프로이센 대왕에게 아둔하고 나약하며 비굴하다고 여러 번 모욕을 당해 그 마음에 불평을 품은 중이었다. 프랑스와 오스트리아 양국은 의외로 손쉽게 동맹을 체결했다. 스웨덴도 프랑스의 사례를 따랐다.

이때 유럽 전체가 모두 프리드리히 대왕의 적이었다. 만약 한 차례 결의해 나아오면 홍수가 범람하는 것 같이 프로이센의 산하를 덮어서 능히 막지 못할 터였다. 그러므로 그들 모두가 공공연하게 프로이센을 격파하는 일은 흙손으로 흙을 바르는 것과 같았다. 하지만 불시에 공격하는 일이 통쾌하다고 여겨 비밀회의가 아주 은밀했다. 그러나 프로이센 대왕은 본래 간첩을 많이 파견해 각국 궁중의 동정을 엿봤다. 파리와 빈, 드레스덴 등지의 상세한 사정을 정

한 예술 분야에서 중요한 후원자이기도 했다.
15) 루이 15세(路易十五世, Louis XV, 1710~1774): 프랑스의 왕으로, 여러 차례 전쟁에 참여했으며, 특히 7년 전쟁에서 패배하여 프랑스의 영토와 국제적 지위가 크게 약화되었다.

탐해 위험이 눈앞에 닥쳐온 것을 알았다. 〔1〕 프랑스와 오스트리아, 러시아, 작센, 스웨덴, 독일연방의 여러 나라가 한꺼번에 일어나 프로이센에 침입할 일, 〔2〕 프로이센의 영토가 대부분 적국에 분할될 일, 〔3〕 프랑스가 지리적으로 이 분할에 직접 간섭하지 않아도 니더란트[16] 지방 중에서 분할한 영토를 수령할 일, 〔4〕 오스트리아가 슐레지엔을 탈환할 일, 〔5〕 러시아가 프로이센의 동부를 점령할 일, 〔6〕 작센이 마그데부르크를 탐욕하는 일, 〔7〕 스웨덴은 포메라니아의 일부를 요구하는 일이었다. 대개 이 동맹은 유럽에서 이전에도 없었고 앞으로도 없을 대연합이었다. 이에 앞서 베네치아[17]가 부강함이 극에 달하자 캉브레동맹군[18]이 정복했다. 프랑스 왕 루이 14세는 오만하고 사치스러워서 각국을 업신여겼고, 영국, 독일, 프로이센, 네덜란드[19] 여러 나라의 동맹군이 토벌해서 굴복시켰다. 그 후 또한 나폴레옹이 필생의 용기를 발휘해 죽음을 각오하고 맹렬히 싸웠을 무렵에 각국의 동맹군 또한 공격한 일이 있었다. 하지만 오늘날 이 동맹군처럼 큰 것은 진정 지금까지 있어 본 적이 없었다. 당시 프리드리히 대왕의 통치 아래 인민은 그 수가

---

16) 니더란트(尼多蘭, Niederland/Low Countries): 스헬더강, 라인강, 뫼즈강의 저지대 삼각주 주변에 위치한 지역 일대를 일컫는 말이다. 이 지역에는 오늘날의 벨기에, 네덜란드, 룩셈부르크, 프랑스 북부 지역 일부, 독일 서부 지역 일부가 포함된다.
17) 베네치아(威尼斯, Venice/Venezia)
18) 캉브레동맹(甘富禮同盟, League of Cambrai): 1508년 12월 8일 베네치아 공화국에 대항하여 주요 유럽 강대국, 곧 신성로마제국, 스페인, 프랑스가 이탈리아반도에 대한 헤게모니를 유지하기 위해 결성한 군사 연합을 말한다.
19) 네덜란드(和蘭, Netherlands/Holland)

5백만이 되지 않았다. 동맹국 인민의 20분의 1에도 미치지 못했다. 또 빈부의 차이는 더욱 심했다. 이를테면, 프로이센의 인민이 모두 다 애국하는 진심에 감화를 받고, 왕에게 충성하는 정신에 고무되었더라면, 민심이 떠나고 쇠퇴한, 저 오래된 여러 대국을 대적할 수 있었을 것이다. 그러나 프로이센은 비좁던 데다가 국내의 불평하는 무리는 적국보다 훨씬 더 많았다. 게다가 전국의 4분의 1이 되는 슐레지엔의 인민은 원래 오스트리아 여왕의 통치를 받아 성장했으므로 프로이센의 전쟁을 바라보는 일은 월나라 사람이 진나라 사람이 살찌거나 여윈 것을 보듯[20] 할 뿐이었고, 재앙과 난리를 즐기는 무리가 봉기하거나 난동을 부릴 우려도 없지 않았다. 또한 나라가 작아도 그 지리의 형편 때문에 능히 대적을 방어하기에 충분한데, 이를테면 영국은 사면이 모두 바다여서 유럽 전체를 상대해 승리를 얻은 일이 있었다. 베네치아 정부는 육상에서 쫓겨나도 호수 가운데의 무기고를 근거로 캉브레동맹군을 물리친 일이 있었다. 스웨덴의 목축업자들이 자주 적국의 대군을 알프스산맥[21] 계곡 속으로 유인해 격파한 일도 있었다. 군사상 지리를 어찌 가볍게 볼 수 있겠냐마는 프로이센의 지형은 이름난 산과 큰 하천이 한이

---

[20] 한유(韓愈)의 『쟁신록』(諍臣錄) 중 "若越人之視秦人之肥瘠 忽焉不加喜戚於其心"(마치 월나라 사람이 진나라 사람이 살찌거나 여윈 것을 보듯 그 마음에는 기쁨이나 슬픔이 일어나지 않고 있다)을 인용했다. 월나라는 지금의 절강성(浙江省)에 있었고, 진나라는 지금의 섬서성(陝西省)에 있었는데, 월나라 사람이 멀리 떨어져 있는 진나라 사람이 살찌거나 여윈 것을 봐도 아무런 관심이 없다는 것, 즉 자기와 관계가 없는 것은 아무래도 생각이 덜 간다는 것을 뜻한다.
[21] 알프스산맥(軋布山, Alps)

없을 뿐 아니라 그 영토가 가늘고 길어 적군의 침입이 7일의 여정을 넘길 리가 없었다. 수도 베를린도 일단 전쟁이 시작되면 위험한 지경에서 벗어나지 못했다. 지금 프로이센 대왕은 지리의 이점과 사람의 단결이 모두 없다고 할 수 있었다. 이 때문에 유럽의 문관과 무관은 모두 이구동성으로 전쟁이 일어나면 호엔촐레른 왕실의 멸망이 며칠을 넘기지 못할 것이라고 했다.

프리드리히 대왕 또한 가문의 멸망을 예상했다. 하지만 평안하게 그 멸망을 기다리기보다는 요새를 등지고 일전을 치를 계책을 행하는 것이 옳다고 결정했다. 또한 그 시세가 프로이센 대왕을 멸망에서 구할 만한 기회도 없지는 않았다. [1] 프로이센이 적국의 중앙에 거하고 있어 여러 나라가 각각 멀리서부터 대군을 똑같은 땅에 일시에 집중하는 일이 불가능했다. [2] 각국의 기후가 서로 달랐기 때문에 갑의 나라가 창과 방패를 사용하기에 편한 때는 을의 나라가 편하지 않았다. [3] 프로이센은 저 여러 나라처럼 공고하지 않을 우려가 없었다. [4] 병사의 강약은 단지 강토의 크고 작음과 인구의 많고 적음으로 헤아릴 수 없으므로 프로이센군이 비록 적어도 그 기세가 용맹하고 날카로워서 전진은 알고 후퇴는 몰랐다. [5] 프로이센에는 상환할 국채가 없고, 방어할 원거리의 식민지도 없었다. 또 거금을 소비하는 환관과 시녀도 없었다(당시 프랑스 궁정의 환관과 시녀가 몹시 많아서 그 비용이 50개 대대의 군사를 양성할 자금에 달했음). [6] 프로이센군이 수는 적군보다 적어도 날쌔고 용맹함은 몇 배나 되었다. 병사는 훈련에 익숙하고, 장교는 지휘에 능숙한 가운데 프로이센 대왕이 죽음을 각오한 병사의 마음을 얻은 일은 고금에 비할 데 없었다. [7] 프로이센은 국채가 쌓여 있지 않았기 때문에 세입의 사용은 상환하는 데 그치지 않고 평소에도 항상 약간의 여유가 있었다. 유럽 각국 제왕 중에 재화를 모아 비상시의 재난에 대비할 자는 오직 프로이센 대왕 한 사람밖에 없었다. [8] 프로이센군은 한 사람의 원수를 받들고, 적군은 여러 사람의 원수를 받들었다. 이 때문에 적진에서는 규율이 일정하지 못해 시기하거나 불화했다. 또 의견이 많아 만사가 느렸다. 프로이센군은 위아래가 같은 마음이었고, 계책을 은밀히 세웠으며, 호령이 한 번 나면 만사가 민첩했다. 프로이센 대왕은 이 8가지의 장점이 있던 중 지략과 과감한 결단으로써 시세의 운수가 움직이는 기회를 붙잡아 도움을 얻으려 했다. 그래서 한두 번의 전투를 방어하거나 한두 달을 버티려 했다. 만약 이렇게 된다면, 그 사이에 동맹군은 전쟁 공로의 크고 작음과 약탈품 분배의 많고 적음에 의견 차이가 서로 생겨날 일도 있을 것이었다. 혹은 튀르크족[22]이 그 틈을 타 다뉴브강[23] 근처로 침범할 일도 있을 것이었다. 또한 프랑스의 정치가가 기존 규정을 버리고 오스트리아와 동맹한 것을 후회하는 일도 있을 듯했다. 이 모두가 프로이센에 이로운 것이었고, 만일의 요행을 바라는 일이었다.

    이제 이 유럽 사방이 모두 프로이센의 적이 아닌 자가 없던 가운데 프리드리히 대왕은 유력한 동맹 하나를 얻었다. 이는 대왕을

---

22) 튀르크족(土耳其人, Turkic peoples)
23) 다뉴브강(多惱河/惱河, Danube River/Donau River)

위해 경하할 일이었다. 대개 서력 1748년에 영국과 프랑스 양국이 강화한 이후 수년간 이름은 강화라 했지만, 실은 휴전과 다름없었다. 그 상황도 유럽에서만 그렇고, 다른 대륙에서도 그렇다고 말하기가 어려웠다. 이 무렵 아시아 대륙[24] 인도[25] 지방에서 안와루딘 칸[26]과 챈다 사히브[27] 두 사람은 카르나티크[28]의 주권을 다투었다.[29] 인도에 있던 영국 식민지 첸나이[30]는 안와루딘 칸을 도왔고, 프랑스 식민지 퐁디셰리[31]는 챈다 사히브를 지원했다. 영국 장군 클라이브[32]와 프랑스 장군 뒤플렉스[33]는 여러 번의 전투에서 아주 격렬

---

[24] 아시아 대륙(亞細亞州, Asia Continent)
[25] 인도(印度, India)
[26] 안아루딘 칸(阿那巴多汗, Anwaruddin Khan, 1672~1749): 무하마드 안와루딘으로도 알려져 있다. 동인도 회사와 우호적인 관계를 유지하던 안와루딘은 프랑스보다는 영국을 지지했다. 1749년 8월에 암부르에서 프랑스군과 싸우다 전사했다.
[27] 챈다 사히브(燦多士俠, Chanda Sahib, ?~1752): 1749~1752년에 카르나티크 술탄국의 신민이었다. 카르나티크 전쟁 동안 프랑스 동맹국으로서 조셉 프랑수아 뒤플렉스의 지원을 받았다. 하지만 영국의 로버트 클라이브와 마라타 제국에 패배한 후 탄조르 군대의 반란 중에 참수당했다.
[28] 카르나티크(佳那特, Carnatic)
[29] 카르나티크 전쟁(Carnatic wars): 제1차(1746~1748), 제2차(1749~1754), 제3차(1757~1763)에 걸쳐 인도의 여러 세력들이 각기 영국의 동인도 회사와 프랑스의 동인도 회사와 연합해 치른 전쟁을 말한다. 전쟁 결과 인도 제국에 대한 프랑스의 야망이 종식되고, 영국은 인도에서 지배적인 외국 세력이 되었다.
[30] 첸나이(仙造州, Chennai/Madras)
[31] 퐁디셰리(芬多水里, Pondicherry)
[32] 클라이브(屈理夫, Robert Clive, 1725~1774): '인도의 클라이브'라고도 알려져 있다. 18세기 영국 동인도 회사의 군인으로, 1757년 플라시 전투에서 승리하여 인도의 벵골 지역을 영국의 지배 아래 두는 데 중요한 역할을 했다. 그는 인도에서의 군사적 성공으로 영국 제국의 확장에 기여했지만, 그의 재정적 부와 행동은 논란을 일으켰다.

하게 싸웠기 때문에 각기 본국의 인심을 충동시켰다. 아프리카[34]의 서안 기니[35] 지방에서 영국과 프랑스의 상인이 노예를 꾀어내고, 사금을 채굴하는 사이에 서로 갈등이 생겼다. 그 일이 비록 사소했어도 양국의 감정을 불화하게 하는 결말이 인도에서 더욱 심했다. 그러나 전란이 가장 격렬하고, 감정이 가장 크게 상한 일은 북아메리카[36]에 있던 영국과 프랑스 식민지의 사건이었다. 이때 프랑스군은 북미의 대호수 지방에서부터 미시시피강[37] 어귀에 이르기까지 전선을 넓혀서 영국 식민지를 포위하고자 했다. 영국 식민지도 방어할 수 없게 되자 전투 참여를 독려했다. 그러자 아메리카[38] 본토의 야만족들이 영국인과 연합하거나 프랑스인에 붙었다. 물고기 머리나 귀신 모양 같은 은가면, 청동가면이 서로의 진지에서 한데 섞여 들락날락하며 요새를 부수고 토지를 빼앗았다. 불태우거나 베거나 가죽을 벗기는 잔인하고 참혹한 형벌을 서로 시행했다. 이 소식이 각기 본국에 전해졌다. 본국의 인민 사이에서 예전의 원한과 평소의 증오심이 이 때문에 갑자기 환기·자극되는 일이 배나 커졌다. 이제 이 프로이센의 푸른 하늘에 두루 두껍게 낀 구름이

33) 뒤플렉스(杜布禮, Joseph Fran ois Dupleix, 1697(?)~1763): 프랑스의 외교관이자 군인으로, 인도에서 프랑스의 식민지 확장을 시도했다. 하지만 영국과의 경쟁에서 실패하여 결국 프랑스의 영향력 축소를 가져왔다.
34) 아프리카(亞非利加州, Africa)
35) 기니(貴尼, Guinea)
36) 북아메리카(北阿美利加州, North America)
37) 미시시피강(米施什被河, Mississippi River)
38) 아메리카(美州, America)

장차 영국과 프랑스의 운명을 향해 우레를 크게 발할 터였다. 대개 프리드리히 대왕은 본래 프랑스를 열성적으로 좋아하는 인물이었다. 만약 동맹을 자유롭게 선택하게 한다면, 반드시 프랑스 편을 들 것이었다. 그러나 프랑스 궁정과 정부가 이미 오스트리아의 감언이설에 속아 농락당한 바 되어 맹약상 조종받는 도구가 되는 데서 벗어나지 못했다. 프리드리히 대왕은 결국 본심이 아니었지만 형세가 자유롭지 못했기 때문에 동맹을 영국과 체결했다. 프로이센 대왕이 말했다.

"지금 영국이 함대로 해상을 덮어 북아메리카의 오하이오강[39]과 인도의 갠지스강[40] 두 곳의 가파른 연안에서 동시에 개전할 날이 다가왔다. 프로이센과 오스트리아의 전장을 향해 대군을 파견할 여유가 없을까 두렵다."

하지만 당시에 영국의 부유함은 유럽 여러 나라 중에서 가장 뛰어났다. 또한 수상 피트[41]는 웅대한 정략과 민첩한 수완으로 정무를 처리하는 것이 극히 재빠르고 활발했다. 정예를 독일 지방에 파송하고, 수년 동안 군자금을 지불하는 일에도 내색하지 않고 휘장 안에서 차분히 헤아렸다.

이제 이 전쟁에 중대하게 관계된 각국 제왕, 장수, 재상의 성명,

---

39) 오하이오강(烏下澆河, Ohio River)
40) 갠지스강(干多土河, Ganges River)
41) 피트(老皮道/皮道, William Pitt, 1st Earl of Chatham/Pitt the Elder, 1708~1778): 영국의 정치가로 영국의 총리로 재임하며 프랑스와의 7년 전쟁에서 영국의 승리를 이끌었다. 강력한 군사 정책과 제국주의적 비전을 통해 영국의 글로벌 영향력을 확장하는 데 중요한 역할을 했다.

연령 등을 기록해 독자가 열람하는 데 제공한다.

프로이센 프리드리히 대왕 45

오스트리아 여왕 마리아 테레지아 40

프랑스 왕 루이 15세 47

러시아 여왕 엘리자베타[42] 31

러시아 여왕 예카테리나 2세[43] 29

영국 왕 조지 2세[44] 74

영국 왕 조지 3세[45] 19

폴란드 왕 겸 작센 선제후국[46] 선제후 아우구스트 3세[47] 61

---

42) 엘리자베타(乙禮紫啡/乙禮, Elizabeth of Russia/Elizaveta Petrovna, 1709~1762); 러시아의 황후로, 1741년부터 1762년까지 재위하며 러시아 제국의 정치적 안정과 군사력을 강화했다. 러시아의 문화와 예술을 지원하고, 외교적으로는 오스트리아와의 동맹을 강화한 중요한 지도자였다.

43) 예카테리나 2세(佳太隣二世, Catherine the Great/Catherine II, 1729~1796): 러시아의 황후로 러시아 제국을 확장하고 현대화하는 데 중요한 역할을 했다. 그녀는 교육, 법률 개혁, 예술을 장려하며 러시아를 유럽 강국으로 성장시킨 지도자로 평가받는다.

44) 조지 2세(肇智二世, George II/George Augustus, 1683~1760): 영국의 왕으로, 영국의 군사적, 정치적 안정에 기여했다. 7년 전쟁 동안 영국의 승리를 이끌었으며, 그의 재위 동안 영국 제국은 세계적으로 중요한 세력을 유지했다.

45) 조지 3세(肇智三世, George III/George William Frederick, 1738~1820): 영국의 왕으로, 그의 통치 기간 동안 미국 독립전쟁과 프랑스 혁명 등이 일어나며, 영국은 큰 정치적 변화를 겪었다.

46) 작센 선제후국(索遜尼國, Electorate of Saxony/Electoral Saxony)

47) 아우구스트 3세(悟佳斯多三世, Augustus III of Poland, 1696~1763): 폴란드-리투아니아 연합의 왕으로, 그의 통치 기간 동안 폴란드는 정치적 혼란과 외세의 영향으로 약화되었으며, 그는 주로 외교적 영향력과 문화적 후원에 집중한 군주였다.

　　　　스웨덴 왕 겸 홀슈타인[48] 공작 아돌프[49]　47
　　　　프로이센 장군 슈베린[50]　73
　　　　　　　키스[51]　61
　　　　　　　치텐[52]　58
　　　　프로이센 왕 동생 윌리엄[53]　35
　　　　프랑스 왕 아내 퐁파두르 부인　36
　　　　오스트리아 재상 카우니츠[54]　47
　　　　오스트리아 장군 브라운[55]　52
　　　　　　　다운[56]　52

---

[48] 홀슈타인(忽斯太仁, Holstein)

[49] 아돌프(阿突華士, Adolf Frederick, 1710~1771): 스웨덴의 왕으로, 그의 통치 기간 동안 스웨덴은 정치적 안정이 부족했고, 왕은 주로 상류층의 영향을 받으며 왕권이 약화된 상태에서 재위했다.

[50] 슈베린(壽庄麟, Kurt Christoph Graf von Schwerin, 1684~1757): 프로이센의 군인으로, 프로이센 왕국의 프리드리히 대왕 아래에서 중요한 역할을 했다. 뛰어난 전략적 능력을 발휘하여 프로이센의 군사적 승리를 이끌었다.

[51] 키스(賈伊周/賈伊朱, James Francis Edward Keith, 1696~1758): 스코틀랜드 출신의 군인으로, 프리드리히 대왕의 신뢰를 받으며, 프로이센의 여러 전투에서 전략적 기여를 했다.

[52] 치텐(支遁, Hans Joachim von Zieten, 1699~1786): 프로이센의 유명한 군인이다. 기병대의 지휘관으로서 뛰어난 전략적 능력을 발휘하며, 여러 전투에서 프로이센의 승리에 기여했다.

[53] 윌리엄(越利嚴, Augustus William, 1722~1758): 프로이센의 왕자이자 프리드리히 대왕의 동생이다. 군사 및 행정 분야에서 중요한 역할을 맡았다.

[54] 카우니츠(高尼周, Wenzel Anton, Prince of Kaunitz-Rietberg, 1711~1794): 오스트리아의 외교관이자 정치가로, 마리아 테레지아와 요제프 2세의 중요한 고문이었다. 7년 전쟁 동안 오스트리아의 전략적 동맹을 주도했다.

[55] 브라운(富羅雲, Maximilian Ulysses Browne, 1705~1757): 오스트리아의 군인으로, 주로 7년 전쟁에서 두각을 나타냈다.

영국 수상 피트 48
　　　　뉴캐슬[57] 46
　　영국 장군 컴벌랜드[58] 공작 36

제2장 7년 전쟁의 발단과 프리드리히 대왕이 작센에 침입함

프리드리히 대왕은 위기가 눈앞에 닥쳐오는 것을 깨달았다. 또한 벗어날 기회가 한순간에 멀어져간 것도 알았다. 하지만 영민하고 굳세서 좌절한 기색이 추호도 없었고, 방어할 자세로 군비를 정돈했다. 위기가 찾아오는 것을 앉아서 기다리는 것은 지혜로운 자의 일이 아니라고 하며 이내 적군의 군비가 정돈되지 않은 틈을 타 선수를 치기로 결정했다. 오스트리아 여왕을 향해 화친과 전쟁 중의 확답을 요구하며 말했다.

---

56) 다운(茶雲, Leopold Joseph von Daun, 1705~1766): 오스트리아의 군인으로, 7년 전쟁 동안 오스트리아 군을 이끌며 중요한 전투에서 승리를 거두었다. 특히 프리드리히 대왕의 프로이센군에 맞서 뛰어난 전략을 구사하여 오스트리아의 군사적 입지를 강화했다.
57) 뉴캐슬(柳佳泄, Thomas Pelham-Holles, 1st Duke of Newcastle, 1693~1768): 영국의 정치가로, 영국의 총리를 두 차례 역임했다. 7년 전쟁 중 영국의 전쟁 노력과 외교적 동맹을 강화하는 데 기여했다.
58) 컴벌랜드(甘波蘭, William Augustus, Duke of Cumberland, 1721~1765): 영국의 군인으로, 1745년 자코바이트 반란을 진압한 것으로 유명하다. 7년 전쟁에서 영국군을 이끌었지만, 그의 군사적 전략은 논란을 일으켰고, 특히 프랑스와의 전투에서 실패를 겪기도 했다.

"짐은 애매모호한 회답을 원하지 않는다. 폐하가 만일 분명히 뜻한 바를 명시하지 않으면 짐은 즉시 개전 선포로 간주하겠다."

오스트리아 여왕은 오만무례하게 답변했고, 일을 좌우에 맡긴 채 은연중에 전쟁 준비를 마치고자 했다. 프로이센 대왕의 혜안은 이 뜻을 일찍 간파했기 때문에 곧바로 진격하기로 결정했다. 이때 프로이센군은 120,000이었고, 무기가 모두 준비되었다. 오스트리아군은 이탈리아, 플랑드르, 튀르키예[59] 경계에 있던 자를 빈에 소집했지만, 아직 도착하지는 못했다. 러시아군은 드비나강[60] 밖과 국내 각처에 산재했다. 프로이센 대왕이 만약 이 틈을 타 모라비아[61]와 보헤미아에 공격을 시작했다면, 그 약한 군대를 압도했고, 눈 깜짝할 사이에 빈을 함락시켰으며, 다뉴브강까지 이르는 노선을 점령했을 것이다. 그 계책이 여기서 나오지 않았다고 후세의 군사학자 중 비판해 마지않는 자도 있다. 그러나 대왕은 지혜와 민첩함이 고금에 탁월했다. 또한 가장 신임하는 신하 슈베린은 지혜와 용기를 겸비한 훌륭한 장군이었다. 그 이익과 손해를 숙고하고, 얻음과 잃음을 강구해 이 방략을 버리고, 작센에 진격하는 계책을 선정한 까닭은, 〔1〕 작센을 먼저 공격하면 다량의 군자금을 얻는 편이 있고, 〔2〕 엘베강[62]의 한쪽으로서 자국 중 가장 약한 요

---

[59] 튀르키예(土耳其/土耳基, Türkiye/Turkey/Ottoman Empire): 1922년에 현재의 튀르키예 공화국이 건국되기 전까지 '토이기(土耳其)'는 1299년에 세워진 오스만 제국을 가리킨다.
[60] 드비나강(杜威那河, Dvina River)
[61] 모라비아(沒多比亞, Moravia/Morava)

처를 방어하는 편이 있고, [3] 작센 선제후가 적의 동맹에 가담했다면 그 봉토 안으로 진격할 정당한 이유가 있기 때문이었다.

이로 인해 70개의 보병 대대와 80개의 기병 대대로 군대를 편제해 8월 29일에 작센에 돌입했다. 그 우익은 브라운슈바이크 공작 페르디난트[63]가 이끌고 마그데부르크 등지를 거쳐 드레스덴으로 나아갔다. 그 중군은 프로이센 대왕이 친히 장군이 되어 엘베강 좌안으로 토르가우 등지를 거쳐 역시 드레스덴으로 나아갔다. 그 좌익은 베베른 공작[64]이 이끌고 오데르강[65] 부근으로 로멘[66] 등지를 거쳐 엘베강 우안 피르나[67] 앞쪽으로 나아가 진을 쳤다. 9월 6일에 여러 부대가 서로 만나 공격에 착수했다. 당시 작센에는 겨우 15,000의 병사가 전국 각지에 산재했다. 그 군대를 종합해도 프로이센군의 일부를 맞서기에도 충분치 않았다. 선제후가 매우 급히 수도 드레스덴을 버리고 피르나에 주둔한 진영으로 후퇴했다. 14,000의 병사가 집결한 피르나는 본래 요충지여서 침략하기가 어려웠다. 또한 보헤미아와 교통이 매우 편해 지원군이 도우러 오기

---

62) 엘베강(驀坡河, Elbe River)
63) 브라운슈바이크 공작 페르디난트(富蘭士旭公 好德蘭, Duke Ferdinand of Brunswick-Wolfenbüttel, 1721~1792): 브런즈윅-볼펜뷔텔 공국의 공작으로, 뛰어난 전략가이자 군사 지휘관이었다.
64) 베베른 공작(帝藩公/斐寶論, August Wilhelm, Duke of Brunswick-Bevern, 1715~1781): 브런즈윅-베버른 공국의 공작으로, 7년 전쟁에서 프로이센군의 중요한 지휘관으로 활약했다.
65) 오데르강(烏達河, Oder River)
66) 로멘(老緬, Lohmen)
67) 피르나(芯那, Pirna)

를 기다렸다. 프로이센 대왕은 항복을 권했는데, 선제후가 불응했다. 이때 폴란드 왕후는 드레스덴에 머물렀다. 프로이센 대왕이 수도를 공격해 빼앗고 작센 공문서를 수색했을 때 부하 장교에게 엄명했다. 폴란드 왕후도 공문서가 중요함을 알고 침실에 은밀히 숨겼다. 하지만 장교가 대왕의 명을 받고 왕후의 침실까지 수색하고자 했다. 왕후가 공문서를 숨겨둔 가죽 상자 위에 앉아 몸으로 가려서 지키고, 장교를 꾸짖으며 말했다.

"짐은 폴란드의 왕후며, 독일의 황녀며, 프랑스 황태자의 고모다. 군인이 비록 용맹하다고 한들 어찌 감히 짐의 신상에 모욕을 가하겠는가."

하지만 프로이센 장교는 본래 대왕의 명을 받들어 공문서를 탈취할 임무가 있었다. 왕후의 존엄함과 황녀, 황태자 고모의 귀중함으로 인해 그 명을 이행하지 않거나 그 임무를 중지하지 못했다. 비록 공손한 말로 무례를 행하지 않았어도 공문서는 탈취해야 했다. 곧 그 상자를 취해 프로이센 대왕에게 드렸다. 자세히 점검하자 과연 프로이센 분할에 관한 밀서 여러 통이 그 안에 있었다. 프로이센 대왕은 드디어 중요한 부분을 천하에 공포해 사리의 옳고 그름이 있는 바를 보였고, 자신이 창과 방패를 선동한 일이 정당방위로 어쩔 수 없는 데서 비롯된 것임을 해명했다.

처음에 프로이센 대왕은 선제후가 두려워해 반드시 바로 항복하리라 여겼기 때문에 작센은 안중에도 없었다. 보헤미아를 곧장 공격하고자 해 33개의 보병 대대와 55개의 기병 대대를 대장 슈베린에게 주어 나고도(那古道)[68]에서 그 나라에 들어가게 하려고 했다. 작센은 오히려 외부의 지원을 믿고 항복하지 않았다. 다시금 프로이센 대왕은 작센군을 엘베강 부근에 놔두고 보헤미아에 들어가는 것이 극히 위험하다고 해 먼저 작센을 정복하기로 정했다. 페르디난트 공작이 정병을 이끌고 오스트리아군이 도우러 오는 길과 보헤미아가 교통하는 요충지를 지키게 했다. 또 슈베린이 쾨니히그래츠[69]의 앞쪽에 진을 쳐 오스트리아군을 유인해 나아오게 함으로써 작센의 외부 지원을 끊게 했다.

제3장 로보지츠 전투

이때 오스트리아 여왕이 여러 동맹국이 군비를 정돈하기를 기다리며 프로이센 대왕에게 적의를 보이고자 했다. 또 그 궁정 신하의 방침이 일정하지 못했기 때문에 보헤미아에 대군을 진주시키지 않았는데, 프로이센군이 그곳에 침입했다는 것을 듣고 근처 여러 지역에 주둔한 병사를 모아 대군과 소군 두 부대로 편제했다. 대군은 피콜로미니[70] 공작이 이끌고 쾨니히그래츠에 머물러 프로이센의 대장 슈베린을 맞서게 했고, 소군은 대장 브라운이 이

---

68) 나고도(那古道): 현대어 표기를 확인하지 못했다.
69) 쾨니히그래츠(桂盆羅州, Königgrätz/Hradec Králové)
70) 피콜로미니(皮老古美尼, Octavian II Piccolomini, 1698~1757): 피콜로미니 가문 출신의 귀족이자 군인, 정치인이다. 오스트리아 제국의 군사 및 외교 활동에 관여하며, 특히 18세기 초반의 유럽 전쟁에서 중요한 역할을 했다.

끌고 콜린에 모여서 질주해 작센군을 응원하게 했다. 프로이센 대왕은 피르나 부근에 진을 쳤지만 오스트리아군을 공격해서 공을 충분히 세우는 일이 어려움을 알았다. 그래서 단지 그 병사를 정찰하며 적을 포위했다. 오스트리아 여왕은 작센군이 위급함을 듣자마자 말했다.

"작센이 만약 적 프로이센에게 항복하면 전쟁의 칼끝이 보헤미아로 옮겨질 것이다. 그렇게 되기 전에 방어해야만 한다."

대장 브라운을 명해 위험을 무릅쓰고 나아가 작센군을 구원하라고 했다. 브라운은 명을 듣고 콜린에 주둔한 진영에서 바로 출발했다. 9월 23일에 에게르강[71] 부근에 나아가 같은 달 30일까지 머무르며 포병과 거룻배가 도착하기를 기다렸다. 이는 작센군 근처에 있으면서 명성과 위세가 서로 이어지고, 기회와 계책이 서로 맞아떨어지기를 위함이었다. 게다가 포병과 거룻배 두 가지도 아직 빈에 있어서 준비가 안 되었기 때문이었다.

프로이센 대왕은 지형을 택해 한편으로는 작센군이 퇴각하는 길을 차단했고, 다른 한편으로는 오스트리아군이 도우러 오는 길을 끊고자 했다. 29일에 아우시히[72] 지방에 도달했다. 그다음 날 보병 8개 대대와 기병 15개 대대로 선봉을 삼아 직접 튀르미츠[73]를 향하며, 한 부대를 로보지츠에 보내 오스트리아 장군 브라운의 거

---

71) 에게르강(芮結河, Eger River/Ohře River)
72) 아우시히(五施希, Aussig)
73) 튀르미츠(漆美州, Türmitz)

처를 정찰했다. 부하가 돌아와 보고했는데, 오스트리아군이 강 위에 다리를 가설해 건너려고 한다고 했다. 대왕은 곧장 그 다리를 부수라고 명령했다. 보병 2개 대대를 보내 아우시히의 마을을 점령했다. 또한 본대는 2개의 세로줄 형태로 배열해 선봉을 계속 전진시켰다. 30일에 선봉 부대가 튀르미츠에 도달했다. 프리드리히 대왕은 오전 3시에 선봉을 이끌고 스타디츠[74]를 따라 벨미나[75]를 향하고, 본대는 오른쪽으로 나아갔다. 좌익은 보병 60개 대대, 기병 30개 대대, 대포 30문이었고, 우익은 보병 12개 대대, 기병 20개 대대, 대포 20문이었다.

또한 프로이센 대왕은 오스트리아 장군 비트[76]가 로보지츠에 있다는 것을 듣고, 반드시 로스바흐[77]와 라도시츠[78], 위니츠[79]의 여러 언덕을 점령할 것이라고 추측해 벨미나 부근의 땅에 진을 치기로 결정했다. 이는 그 땅이 파스코폴[80]과 클레첸[81]의 여러 산 사이에 있어서 아우시히와 트레비니츠[82]의 도로를 방어하기 위해서였다. 이때 대왕의 우익군은 미타주보(美陀柱堡)[83]에 있었고, 좌익군은 엘

---

74) 스타디츠(湏茶州, Staditz)
75) 벨미나(越美那, Welmina)
76) 비트(韋道, Friedrich Georg zu Wied-Runkel, 1712~1779): 비트-룬켈 가문 출신의 귀족이자 군인이다.
77) 로스바흐(老壽朴, Rossbach/Roßbach)
78) 라도시츠(羅道施州, Radositz)
79) 위니츠(幾尼州, Wchinitz)
80) 파스코폴(巴湏古希, Pascopol)
81) 클레첸(舊禮紫, Kletschen)
82) 트레비니츠(道富利州, Trebnitz)

베강 부근에 있었다. 오스트리아 장군 브라운은 에게르강을 몰래 건너 나아갔다. 프로이센 대왕은 알지 못했고, 레즈니 우예스트[84] 언덕에 이르러서야 비로소 오스트리아군의 동정을 정찰했다. 로보지츠와 술로비츠[85] 사이의 평지에 진을 치고, 몰렌바흐라는 실개울[86]에 기대 전방을 방어했다. 라도시츠의 여러 언덕과 로스바흐의 여러 산은 점령하지 않았다. 프로이센 대왕이 서둘러 선봉을 이끌고 그곳에 나아갔지만, 시기가 이미 늦었고, 본대가 뒤에 있었기 때문에 이전의 계책을 바꾸어 평탄한 골짜기 사이에 진을 쳤다. 그날 밤 본대가 도착했다. 보병 4개 대대로 레즈니 우예스트의 여러 산을 점령하게 했다. 나머지 부대는 벨미나를 지나 그 마을 앞에서 야영했다. 10월 1일에 프로이센 대왕은 휘하의 여러 장군을 소집해 동행하면서 적의 동정을 엿봤다. 프로이센 대왕이 말에 올라탔을 때 부하 한 명이 보고하여 말했다.

"적의 기병 진지 하나가 평지에 펼쳐져 있습니다."

대왕은 베베른 공작을 명해 좌익군을 이끌고 로스바흐 산 위로 나아가게 했고, 페르디난트 공작을 명해 우익군을 인솔해 라도시츠 언덕으로 나아가게 했다. 목적지에 다다르자 베베른 공작에게 명해 진지를 철저히 지키며 떨어지지 말라고 했다. 또한 여러 부대에 명령을 내려 말했다.

---

83) 미타주보(美陀柱堡): 현대어 표기를 확인하지 못했다.
84) 레즈니 우예스트(悟堤士道/禮具尼及悟提士道, Režný Újezd)
85) 술로비츠(壽老威州, Sullowitz)
86) 몰렌바흐(毛烈小河, Morellenbach Stream)

"좌익군으로 중심축을 삼아 전 부대가 선회하며 진군해 로스바흐의 마을과 호몰카 언덕[87]을 점령하라."

이 때문에 제1선이 차지한 땅이 매우 넓었으므로 제2선에 명해 빈 곳을 메우게 했다. 보병은 한 줄로 늘어섰고, 기병은 세 줄로 그 뒤에 늘어섰다.

이날 양쪽 군대가 로보지츠 부근에서 서로 싸웠다. 프로이센군은 겨우 24,000명이었고, 오스트리아군은 70,000여 명이었다. 그러나 오스트리아군의 진형은 겹겹이 이어진 산들 및 고개 사이에 들어가서 전군을 전선 안에 배열할 수 없었다. 또한 기병은 나란히 설 수 없었으므로 전쟁에 참여하지 못했다. 프로이센군은 크고 작은 탄환을 빗발치듯 쏴 오스트리아군을 공격했다. 약 6시간이 지난 후 탄환이 떨어졌고, 사기도 잃어버렸다. 베베른 공작이 크게 소리쳐 말했다.

"너희는 창칼로 적을 공격하는 것을 알지 못하는가."

이 소리가 나자 사기가 다시 치솟았다. 폭풍이 일고 번개가 치는 기세로 이리저리 분투해 향하는 곳마다 무적이었다. 오스트리아군은 능히 버티지 못하고 대패하여 도망쳐 달아났고, 프로이센군은 로보지츠를 얻었다. 이 전투는 프로이센군이 오스트리아군에 대해 첫 번째로 승리를 얻은 것이었다. 하지만 오스트리아 장군 브라운 또한 당시 적수가 없던 명장이었다. 군대를 배치한 진법이 한순간에 무너져 패배를 초래했지만, 엄정한 대오를 갖추고 퇴각

---

87) 호몰카 언덕(寶沒佳山麓, Homolka Hills)

해 엘베강을 건넜다. 프리드리히 대왕은 오스트리아군의 강함이 과거 슐레지엔 전쟁 때와 비교할 바가 아님을 알고, 우려하는 빛을 띠며 엄히 경계시켰다. 또한 휘하 장수와 병사의 충성과 용맹을 깊이 느꼈다. 이후의 희망을 바라고 권면하며 말했다.

"짐은 지금 너희 무사들이 큰일을 해내기에 충분하다는 것을 알고, 막대한 공적을 마음에 새겨 잊지 않을 것이다. 너희는 노력해야 할 것이다."

제4장 프로이센군이 작센 전국을 점령하고, 작센 공작은 폴란드로 물러남

이 무렵 피르나는 아직 함락되지 않았고, 작센군의 식량은 날로 부족해져 죽음이 가까이 닥쳐왔다. 그러나 오스트리아 장군 브라운의 대군이 도우러 온다는 것을 듣고, 프로이센군을 몰아내는 일이 멀지 않았다고 믿고 굳게 지키며 항복하지 않았다. 프리드리히 대왕이 말했다.

"작센군을 서둘러 항복시키지 않으면 프로이센군이 전진하는 데 방해될 것이다."

때마침 프로이센군이 브라운을 대파해 환호성이 멀고 가까운 곳에서 울렸다. 작센군은 이 뜻밖의 소식을 접하고 희망이 대부분 사라졌다. 겹겹의 포위를 뚫고 보헤미아로 달아나는 것밖에 다른 길이 없었다. 폴란드 왕 아우구스트(즉 작센 선제후)가 뜻을 결단하고 이 방책을 실행했다. 단신으로 도망쳐 달아나는 일은 성공했다. 하지만 폭풍우의 방해와 프로이센군의 추격으로 3일 밤낮 동안 한 덩이의 밥도 먹지 못했다. 잠시도 자지 못해 피로도 심했다. 휘하 병사 14,000명은 탈출하지 못하자 장군 루토프스키[88]가 인솔해 10월 14일에 프로이센군 진영 앞으로 나아가 항복했다.

전쟁 전후에 프리드리히 대왕은 작센이 자기 영토의 일부처럼 대우했다. 무릇 병사를 징집하고, 세금을 부과하는 일을 본국보다 엄하게 했다. 피르나에 있던 작센군의 장교가 자유 포로가 되는 것도 허락하지 않았다. 또한 병사 14,000명 중 대부분을 권유해 프로이센군 소속으로 편입시켰다. 개전 이래 14일간 적의 동맹 중 한 나라를 정복했다. 프리드리히 대왕은 장차 창과 방패를 돌려 다른 곳으로 향할 터였다. 그러나 겨울이 점점 다가와 추위가 몹시 심해 병사를 운용하기가 매우 어려웠다. 그 칼끝을 잠시 거두고 따뜻한 봄을 기다렸다.

---

[88] 루토프스키(厲土斯著, Frederick Augustus Rutowsky, 1702~1764)

제3편
7년 전쟁의 제2년(서력 1757년)

제1장 프리드리히 대왕이 보헤미아에 침입함

　이제 유럽 여러 대국은 프리드리히 대왕의 격렬한 저항에 분노해 토벌하고자 하는 마음이 점점 굳어졌다. 오스트리아는 나라의 재산과 국민이 가진 분수를 다해 병사를 출정시켰다. 러시아는 100,000 이상의 병사를 제공했고, 프랑스는 전과 비교가 안 될 만큼 많은 병사를 준비했으며, 스웨덴은 20,000 이상의 병사를 파견했다. 또한 독일연방은 프로이센이 작센을 습격함으로써 연방의 평화를 어지럽혔다고 하며 60,000의 병사로 오스트리아 궁정을 돕기로 결정했다. 그 동맹군을 합치면 500,000명에 이르렀다. 프로이센군은 자신의 동맹군까지 합해도 200,000명이 되지 않았다. 그러던 가운데 영국 왕과 헤센 공작[1], 페르디난트 공작, 고타 공작[2]은

---
[1] 헤센 공작(惠壽公, Louis VIII, Landgrave of Hesse-Darmstadt, 1691~1768): 1739~1768년 동안 헤센-다름슈타트를 다스렸다.
[2] 고타 공작(高多公, Frederick III, Duke of Saxe-Gotha-Altenburg, 1699~1772): 1732년에 부친이 사망한 후 작센-고타-알텐부르크 공국을 이어받았다. 7년

단지 프랑스군을 대적하는 데 급급해 다른 것을 돌아볼 여유가 없었다. 프랑스군 외 다른 여러 나라의 군대는 프로이센 대왕이 홀로 감당하지 않으면 안 되었다. 프로이센 대왕이 비록 지략이 있다고 하고, 프로이센 장교가 비록 노련하다 하기로 도저히 승산은 없는 듯했다. 그러나 굳세고 강직한 저 프로이센의 프리드리히 대왕이 이 위급한 처지를 만나도 두려워하거나 의심하는 기색이 어찌 있었겠는가. 심사숙고한 후 하나의 책략을 내며 말했다.

"적 가운데서 주인공 되는 오스트리아군은 짐이 직접 맞서 전력을 기울이고, 노대장 레발트[3]에게 14,000의 병사를 주어 본국을 호위시켜 러시아군의 습격을 대비시키고, 또한 4,000의 병사를 베를린으로 보내 스웨덴군의 습격을 대비해야만 할 것이다."

그러면서 그 책략을 단행했다. 당시에 스웨덴군은 전투에 열심히 종사하지 않았기 때문에 프리드리히 대왕은 긴장을 조금 늦췄다.

오스트리아 여왕은 숙부 로렌 공작[4]을 편애했다. 그 무렵 프로이센 대왕에게 연패한 일을 불평하지 않고, 오스트리아군 총사령관의 임무를 다시 맡겼다. 재능과 경험을 겸비한 대장 브라운을 그 휘하에 속하게 했다. 브라운은 사람 됨됨이가 신중해 선견지명

전쟁 동안에는 많은 어려움을 겪었다.
3) 레발트(禮越道, Hans von Lehwaldt, 1685~1768)
4) 로렌/찰스(露羅伊那/察士, Prince Charles Alexander of Lorraine, 1712~1780): 오스트리아의 왕족이자 군인이며, 마리아 테레지아의 남편인 프란츠 1세의 아버지이기도 하다. 오스트리아 군대에서 중요한 군사적 역할을 하였으며, 여러 전투에서 활약했다.

이 있어서 총사령관에게 간하여 말했다.

"프로이센군이 민첩해 항상 우리 앞을 제압하는 일은 전하께서 잘 아시고 계십니다. 청컨대 우리 또한 그의 앞을 제압해 서둘러 작센과 슐레지엔에 진입해 전쟁 국면을 오스트리아 영토 밖으로 옮겨야만 합니다."

로렌 공작은 아둔해 브라운의 뜻을 이해하지 못했다. 평소 성급한 자가 오히려 완만한 기세로 방어하는 책략을 취하며, 프로이센군이 오는 것을 앉아서 기다렸다. 이는 프로이센 대왕이 고대하던 절호의 기회로서 바라던 바가 적중한 것이었다. 대왕은 곧 궤계를 사용했다. 오스트리아의 대군을 두려워해 방어하는 책략을 취한 것처럼 보였다가 오스트리아군이 긴장을 풀고 나태해지는 것을 보고 갑자기 진군 명령을 내렸다. 군대를 네 부대로 나누었는데, 제1군은 작센 공작 모리츠[5]가 이끌었고, 제2군은 프리드리히 대왕이 직접 이끌었으며, 제3군은 베베른 공작과 제4군은 대장 슈베린이 각각 이끌었다. 서둘러 여러 산을 넘어 보헤미아에 침입했다. 그 기세의 맹렬함이 마치 천둥과 같아서 향하는 곳마다 무적이었다. 수개월 치 식량을 약탈한 후 다시 나아가 프라하[6] 근처에 진을 쳤다. 대개 프라하는 프로이센 대왕의 첫 번째 목적지였고, 빈은 최

---

[5] 모리츠(毛利壽, Maurice of Anhalt-Dessau/Moritz of Anhalt-Dessau, 1712~1760): 안할트-데사우 가문 출신의 군인 겸 정치인이다. 프로이센 왕국의 군대에서 중요한 역할을 했으며, 특히 프리드리히 2세의 주요 지휘관 중 한 명으로 알려져 있다. 그의 군사적 능력과 전략은 18세기 유럽 전쟁에서 두각을 나타냈다.
[6] 프라하(布禮口, Prague/Praha)

후 목적지였다. 때는 서력 1757년 5월 6일이었다.

제2장 프라하 전투

오스트리아군 총사령관 로렌 공작은 프로이센군이 갑자기 공격해 온다는 것을 듣고 크게 놀랐다. 급히 여러 부대를 모아 프라하 부근 산간의 험난함을 의지해 방어하며 말했다.

"프로이센군이 비록 오고 있으나 두려워하는 자는 없다."

프리드리히 대왕은 시일이 늦어질까 두려워 적을 보면 즉시 습격을 행하기로 결정했다. 육군 중장 빈터펠트[7] 또한 대왕의 책략을 좋다고 했다. 중장은 용맹스러워서 사람들이 모두 피하는 자였다. 또한 대왕이 신임하고 총애하는 신하였다. 대왕은 곧 빈터펠트에게 명해 적진의 형세를 정찰하라고 했다. 빈터펠트가 명을 받고 말했다.

"좌익군이 광활한 초원을 앞에 두고 주둔하고 있으므로 진격하기가 매우 편합니다."

초원이라고 말했는데, 그러나 실은 초원이 아니라 여러 개의 진흙탕 연못이었다. 정찰을 잘못한 것이었다. 이때 대장 슈베린이 피로한 병사를 이끌고 프로이센 대왕의 본영에 도착했다. 전쟁터로

---

[7] 빈터펠트(隱陀歇/厚陀護, Hans Karl von Winterfeldt, 1707~1757): 프로이센의 군인으로, 프리드리히 2세가 신뢰한 지휘관이었다. 7년 전쟁 동안 중요한 전투에서 활약하며, 프로이센군의 전략적 성공에 기여했다.

정해진 곳도 알지 못한 채 대왕에게 간하여 내일로 전투 시기를 늦출 것을 청했다. 대왕은 싸우고 싶은 마음이 솟구치는 것을 억누르지 못했다. 또한 승리가 눈앞에 있다고 믿었다. 노장의 간청을 듣지 않았으므로 슈베린은 정정한 얼굴과 늠름한 기개로 크게 소리질러 말했다.

"폐하가 신의 간청을 듣지 않으시므로 신이 어찌 감히 다시 아뢰겠습니까. 돌격해서 기운이 떨어지고 있는 적병을 남김없이 섬멸하겠습니다."

때는 서력 1757년 5월 6일이었다. 프로이센군은 해가 뜰 때부터 진격할 준비에 착수했다. 그러나 도로가 울퉁불퉁한 데다가 진흙탕이 몹시 심해 필요한 준비에 시간을 소비했다. 오전 10시가 되어서야 창과 방패를 비로소 주고받을 수 있었다. 프로이센군이 적진에 접근하자 포성이 몹시 맹렬했고, 사상자가 극히 많았다. 전군이 두려워해 잠시 평지에 엎드렸기 때문에 전진할 수가 없었다. 또한 병사 수의 차이가 매우 심해 프로이센군이 아무리 용맹을 떨치며 죽기를 각오하고 싸워도 도저히 승산이 없을 듯했다. 전투마다 불리했을뿐더러 전군이 동요해 패색이 짙어졌다. 이 위급한 때 강직한 대장 슈베린이 부하 병사가 뒷걸음질 치는 것에 노했다. 군기를 직접 잡고, 병사 앞에 나섰다. 적의 칼끝을 무시하고, 포연과 빗발같이 쏟아지는 탄환 가운데에서 종횡무진했다. 사기가 다시 일어났지만, 슈베린은 몸의 네 군데에 창상을 입었다. 전쟁터에서 한 걸음도 물러나지 않고, 하늘이 맑게 갠 대낮에 명예를 지킨 죽음으로써 대왕의 정중한 대우와 국가의 영화로운 복록을 갚았다. 병사 중

애도하지 않은 자가 없었다. 게다가 이로 인해 사기가 더욱 맹렬해졌다. 육군 소장 만토이펠[8]은 노장의 수중에서 선혈이 낭자한 군기를 가지고 뜨거운 불길 같은 노기로써 적의 칼끝에 돌진했다. 또한 왕의 동생 헨리[9] 공작은 말에서 뛰어내려 많은 병사의 용맹을 고무시켜 적의 포대를 무너뜨렸다. 페르디난트 공작은 적의 좌익을 맹렬히 공격했다. 죽을힘을 다해 달리며 끝까지 쫓아가 이 산을 넘고 저 산을 다시 넘으며 7개의 연못을 빼앗았다. 오스트리아군 역시 대장 다운과 브라운이 용기를 고무시키며 힘을 다해 싸우던 동안에는 승패를 알 수 없었다. 하지만 브라운이 중상을 입고 전장에서 죽자 사기가 갑자기 떨어져서 다시 일어나지 못했다. 프로이센 대왕은 전황을 시찰하다가 오스트리아군의 사기가 점점 떨어지던 중 그 중심이 매우 허약한 것을 간파했다. 정병을 친히 이끌고 신속히 돌진해 머리와 꼬리가 서로 돕지 못하도록 차단했다. 오스트리아군이 능히 견디지 못하고 대패해 도망쳐 흩어졌다. 프로이센군은 승리를 얻었지만, 병사의 사상자가 12,500명이었다. 또 국가의 원로이자 기둥을 잃어버렸다. 얻은 것이 결단코 잃은 것을 보상하지 못했기 때문에 군주와 신하 모두가 그 죽음을 애석히 여길 뿐이었다. 오스트리아군 역시 브라운 대장의 죽음을 몹시 슬퍼했다.

---

[8] 만토이펠(滿妬歇, Heinrich von Manteuffel, 1696~1778); 프로이센의 군인으로, 18세기 동안 활약한 인물이다. 7년 전쟁에서 뛰어난 군사 전략과 지도력으로 명성을 얻었다.
[9] 헨리(顯利, Frederick Henry Ludwig of Prussia, 1726~1802); 프로이센 왕국의 왕자이자 군인으로, 프리드리히 대왕의 동생이다. 프로이센군에서 활약했지만, 군사 전략보다는 궁정에서의 역할이 더 부각되었다.

제3장 콜린 전투

프라하 전투에서 프로이센군은 승리를 이미 얻었지만, 보헤미아의 전쟁은 아직 끝나지 않았다. 이때 오스트리아군 총사령관 로렌 공작은 46,000의 병사를 이끌었다. 프로이센군에게 포위되어 마치 새장 속의 새처럼 절박했다. 식량은 이미 부족했고, 탄약은 대부분 고갈되어 오래 버틸 수가 없었다. 밤낮으로 대장 다운이 도우러 오기를 기다리는 것 외에 다른 방법이 없었다. 다운은 대군을 이끌고 그때 프라하 부근에 있었다. 다운이 만약 또다시 프로이센 대왕에게 격파되면 프라하를 수비하던 오스트리아군은 모두 사망하는 재앙을 피할 수 없었다. 로렌 공작의 명운이 다운의 승패 여부에 달려 있었다. 대개 프리드리히 대왕의 단기 목표는 슐레지엔의 소유를 견고하게 하는 데 있었다. 그러므로 다운이 만약 패하면 이른바 7년 전쟁은 2년이 되어 그 끝을 알리는 것이었다. 하늘의 뜻은 이 전쟁을 끝내지 않게 하는 것이었을까. 또다시 프로이센 대왕의 심신을 힘들게 해 그 명성을 크게 높이고자 하는 것이었을까. 연전연승하던 프로이센군은 갑자기 승패의 처지가 바뀌게 되었다. 실로 기괴했다. 프로이센 대왕은 프라하 앞에서 주둔한 지 약 35일 후에 20,000의 병사를 이끌고 나아가 베베른 공작과 연합하여 6월 18일에 다운을 공격하기 위해 콜린 부근으로 향했다.

프로이센 대왕이 이 무렵에 사용한 진법은 옛적 테베[10](그리스[11]

---

10) 테베(齊武, Thebes)

나라들 중의 하나)의 영웅 에파미논다스[12]가 강적 스파르타[13]를 압도하던 사선대형 진법이었다. 그 진법은 민첩하게 움직여서 적은 수로 많은 무리를 능히 제압하는 것이었다. 지금 프로이센 대왕도 만약 시종일관 그 진법을 고수해 방책을 바꾸지 않았다면, 반드시 승전의 공을 온전히 얻었을 것이다. 하지만 애석하게도 프로이센 대왕은 그렇지 않았다. 처음에 프로이센 육군 중장 치텐과 소장 휼센[14]은 오스트리아군의 우익을 쳐서 모두 격파했다. 프로이센의 중군과 우익 또한 오스트리아군의 좌익을 공격해 연파했다. 오스트리아군의 패배는 경각에 달했다. 하지만 갑자기 프로이센 대왕의 마음속에서 변화의 풍운이 평생의 총명을 가렸다. 분발해 공격하며 전진하던 장수와 병사에게 후퇴하라는 명을 내렸던 것이다. 총사령관 모리츠 공작이 온 힘을 다해 간하여 말했다.

"이는 패망을 자초하는 것입니다. 치솟는 사기를 떨어지게 하는 일은 단연코 불가합니다."

프로이센 대왕은 벌컥 성을 내었다. 칼을 차고 모리츠 공작을 향해 큰 소리로 말했다.

---

11) 그리스(希臘, Greece)
12) 에파미논다스(芮巴美, Epaminondas, BC 419/411~BC 362): 고대 그리스의 테바 군인 및 정치 지도자로, 특히 그의 군사적 재능과 혁신적인 전술로 유명하다. 테바의 군대를 이끌며, 스파르타를 크게 물리쳤고, 테바의 패권을 확립했다. 전투에서 전통적인 전략을 뒤집는 방식으로 스파르타군을 꺾었다.
13) 스파르타(斯巴陀, Sparta)
14) 휼센(轄仙, Johann Dietrich von Hülsen, 1693~1767): 프로이센의 군인으로, 주로 18세기 초반에 활약했다. 특히 프리드리히 대왕의 지휘 아래에서 군사적 능력을 선보였다.

"경이 과연 짐의 명령에 저항하는가."

만약 다시 간하면 바로 목을 벨 기세를 보였으므로 모리츠 공작은 대왕에게 간하는 일이 무익함을 알고, 물러나 서서 감히 다시 간하지 않았다. 오스트리아군은 이 기회를 붙잡고, 프로이센군을 아주 격렬하게 포격했다. 대오가 어지럽게 흩어졌고, 사상자가 많았다. 장교가 아무리 병사를 북돋워도 기세를 회복하지 못했다. 이에 앞서 오스트리아 장군 다운은 개전하던 처음부터 이로움이 없다고 생각하고 퇴각하는 명령을 내렸다. 작센 기병대의 대령은 프로이센군의 진법이 변환된 것을 엿보고, 그 군령서를 품속에 넣어 부하에게 보이지 않은 채 프로이센군을 공격하라고 명령해 대파하는 공을 세웠다. 그때 프로이센군은 또 다른 곳에서 오스트리아군에게 격파되어 사상자가 14,000명에 이르렀고, 대포 45문을 잃어버렸다. 프로이센 대왕은 이때 전사하기로 마음을 정했다. 전장에 포환이 교차했지만, 굳게 서서 물러나지 않았다. 여러 장군이 온 힘을 다해 간하자 비로소 말 머리를 돌렸다. 프로이센군은 작년에 개전한 후부터 이때까지 거의 8개월 동안 싸우면 반드시 승리했고, 공격하면 반드시 빼앗았다. 파죽지세로 보헤미아 전국을 다니며 장차 집어삼키려고 했다. 지금 이 콜린 전투 한 번으로 아홉 길의 공이 무너져[15] 프라하의 포위를 풀었고, 또 보헤미아의 땅도 완전히 포기하게 되었다. 대개 프로이센 대왕이 능히 적은 수로써 많은

---

15) 아홉 길의 공이 무너져: 구인공유일궤(九仞功虧一簣), 곧 아홉 길의 산을 쌓아 올리는데 한 삼태기의 흙을 게을리하여 완성을 보지 못함을 뜻한다. 거의 이루어진 일을 중지해 오랜 노력이 아무 보람도 없게 됨을 비유적으로 이르는 말이다.

무리를 제압하고, 작은 것으로써 큰 것을 대적한 까닭은 병사를 사용하는 것이 사람의 의표를 찔렀기 때문이었다. 그러나 필승하던 영예가 유럽 전체에 진동하지 않았던 것은 아니었다. 다만 이렇게 하루아침에 전쟁에서 패배한 수치를 당하자 과거에 대왕이 깔보고 조롱했던 각국의 군주와 신하가 이제 반대로 대왕을 깔보고 조롱함으로써 옛 원한을 갚고자 했다. 휘하의 장수와 병사 역시 대왕의 운명을 의심하게 되었다. 진영 곳곳에서 비방하는 소리가 시끄러웠고, 실내에서도 비난하는 자가 없지 않았다. 그러던 중 왕의 동생 윌리엄은 프로이센 대왕의 왕세자로 임시로 정한 자였다. 아버지와 할아버지의 유업이 땅에 떨어지려는 것을 슬퍼했다. 형인 왕의 조급한 공명심에 그 허물을 돌렸다. 프리드리히 대왕은 한편으로 그 불경함에 분노했고, 다른 한편으로는 보헤미아로 퇴각하던 때 실수와 착오가 있었다는 것에 화를 냈다. 윌리엄은 부끄럽고 원통해 집으로 돌아갔다. 군과 관련된 일에 참여하지 않고, 불만에 가득 차 울적해하다가 오래지 않아 병사했다.

제4장 대 프로이센 동맹군이 점점 떨쳐 일어나고, 프랑스군은
    하노버를 습격함

　　대 프로이센 동맹군이 의외로 승전 소식을 접하자 기세가 점점 올랐다. 러시아군은 프로이센 왕국을 침략하는 계책을 행했고, 스웨덴군은 진격할 준비를 갖췄다. 프랑스군도 두 개의 길로 나누어

헤센[16]과 하노버로 진격함으로써 프로이센의 본국까지 진군하고자 했다. 그 1군은 수비즈 공작[17]이 이끌고 튀링겐[18]으로 나아가 오스트리아 장군 힐트부르크하우젠 공작[19]과 연합했다. 또 다른 1군은 에스트레 공작[20]이 이끌고 하노버에 들어갔다. 7월 26일에 영국군 총사령관 컴벌랜드 공작과 모젤강[21] 부근에서 만나 일격에 대파했다. 이때 컴벌랜드 공작의 군사 수는 프랑스군에 미치지 못했다. 프로이센 장군 페르디난트 공작처럼 노련하고 능숙한 장수와 연합했으면, 프랑스군을 쫓아내고 큰 공을 세우는 일이 손안에 있었을 것이다. 아! 저 컴벌랜드 공작이 우둔·나약하고, 전투 기회를 붙잡는 데 미숙해 승전하는 법을 알지 못했다. 한 차례의 전투에서 갑작스럽게 패하자 낙담하고 기운이 떨어져 엘베강을 건너 멀리 도망쳤다. 9월 9일에 프랑스군과 조약을 맺어 병사를 철수시키고, 하노버와 헤센, 브라운슈바이크 공국, 그리고 모젤강과 엘베강 사이의 모

---

16) 헤센(惠壽, Hesse/Hessen)
17) 수비즈 공작(蘇比壽公/昭比壽, Charles de Rohan, 4th Prince of Soubise, 1715~1787): 프랑스의 군인 겸 귀족으로, 프랑스 왕실과 밀접한 관계를 맺고 있었다. 7년 전쟁 동안 군사적으로 활약했다.
18) 튀링겐(朱隣池亞, Thüringen)
19) 힐트부르크하우젠 공작(詰堡仙公, Joseph Maria Frederick Wilhelm of Saxe-Hildburghausen, Duke in Saxony, 1702~1787): 작센-힐트부르크하우젠 공작 가문 출신의 귀족이자 군인이다. 18세기 초반, 특히 오스트리아 왕위 계승 전쟁과 7년 전쟁에서 군사적 역할을 했다.
20) 에스트레 공작(多壽道禮公, Louis Charles César Le Tellier, Duke of Estrées, 1695~1771): 프랑스의 귀족 겸 군인이다. 프랑스 왕실에 충성을 다하며, 여러 전투에서 중요한 역할을 했고, 군사적 경력과 전략적 능력으로 명성을 얻었다.
21) 모젤강(透雪河, Moselle River)

든 땅을 전부 프랑스군에게 내어주었다. 이 무렵 프리드리히 대왕은 패전 소식을 알리는 급전을 계속 접하던 가운데 황태후의 승하 소식을 들었다. 대왕의 됨됨이가 모질고 각박한 데에 가까웠기 때문에 사람들은 모자의 정이 매우 박하다고 말했다. 하지만 실은 나라의 일로 인해 단단히 붙잡혀 말 위에서 시간을 보내어 기꺼이 봉양할 겨를이 없었다. 왕은 그 부음을 접하자 엎드려 통곡했다. 몸가짐을 돌아보지 않고, 음식의 맛을 알지 못한 지가 며칠이 되어 안색이 초췌했다. 게다가 국가의 사정도 날로 위태로워 앞날의 희망이 거의 끊어졌다. 차라리 죽어서 이러한 치욕과 고생에서 벗어나는 것이 맞다고 결심해 독약을 가지고 다녔다. 그러자 가슴속에 평안하고 한가로운 별천지가 절로 생겼다. 비록 크나큰 어려움이 겹친 때였는데도 시 짓는 것을 멈추지 않았다. 평소 사이좋게 지내던 문인이나 화가와 왕복 우편으로 서로 멀리서 주고받았다.

오래지 않아 프랑스군 총사령관 에스트레가 프랑스에 돌아갔고, 리슐리외[22]가 그 후임을 이어받았다. 리슐리외의 성격은 게으르고 사치를 좋아해 근검절약과 근면의 도리를 알지 못했다. 또한 부녀자를 유혹하는 일을 능사로 삼아 방탕하기가 극에 달했고, 도처에서 인민의 고혈을 짜내 자랑과 사치에 충당하는 일을 방편으로 삼았다. 그 폐해 많은 풍습이 자연스럽게 전군 가운데 전염되어 인민은 증오하는 일을 뱀과 전갈보다 더 심하게 했다. 당시 프로이

---

[22] 리슐리외(李世旒, Louis Franois Armand de Vignerot du Plessis, 3rd Duke of Richelieu, 1696~1788): 프랑스의 정치가이자 군인이다. 외교와 군사 전략에서 두각을 나타내며, 프랑스 왕실의 중요한 정치적 인물로 자리매김했다.

센에 침입한 코카서스[23] 병사와 칼미크[24] 병사는 사납기는 사나웠지만 간사하지는 않았기 때문에 그 해로움이 오히려 적었다. 하지만 프랑스군은 사나운 데다 간사함까지 겸해 그 잔학함이 앞의 두 군대보다 훨씬 더했다. 이 때문에 독일 인민은 맹우인 프랑스군은 사랑하지 않고, 반대로 원수인 프로이센군을 사랑했다. 프로이센군이 승전한 것을 들으면 서로 축하했고, 프랑스군이 승전한 것을 들으면 서로 조의를 표했다. 대체로 이는 서쪽에서 온 프랑스군이 인심을 모으던 도리가 적국의 위인 프리드리히 대왕에게 미치지 못했고, 동쪽에서 온 러시아군 또한 규율이 이 위인에 비해 삼사[25]나 뒤처졌기 때문이었다. 또한 오스트리아군도 독일 인민과 서로 다른 종족이어서 언어, 풍속, 습관이 모두 달랐고, 또 동맹군들의 일치단결도 프로이센군 같지 못했기 때문이었다. 이 한 가지 일만 보더라도 이해득실은 분명했다. 프로이센 왕이 오스트리아군과만 창과 방패를 주고받았을지라도 애국심의 많고 적음과 적개심의 강하고 약함이 똑같다고 논할 수 없는데, 하물며 러시아와 프랑스 양쪽 군대는 외국인이었고, 특히 독일 인민이 가장 증오하고, 가장 두려워하던 자였다. 독일 북부의 인민이 마음을 프리드리히 대왕에게 돌린 것은 한층 더 심해졌다. 기쁨과 슬픔을 프로이센과 똑같이 했으므로 프로이센 대왕의 승패가 독일의 흥망이라고 했다.

---

[23] 코카서스(高加索, Caucasus/Kavkaz)
[24] 칼미크(韃漢, Kalmyk)
[25] 삼사(三舍): 보병의 3일 행군 거리를 말한다. 일사(一舍)는 보통 30리이다.

올해 11월 초가 되어 프로이센 대왕은 적군에게 포위되었다. 러시아군은 프로이센[26]의 동부를 침략했고, 오스트리아군은 슐레지엔에 들어왔으며, 프랑스군의 대장 수비즈는 서쪽으로 나아갔다. 수도 베를린은 적군에게 점령되었다.

프로이센 대왕이 이 무렵에 사방으로 적과 맞서던 가운데 스웨덴군은 포메라니아와 우커마르크[27] 두 곳에 침입해 한 번에 베를린을 진압하고자 했다. 러시아 장군 아프락신[28]은 100,000 대군을 이끌고 프로이센에 들어갔다. 대장 레발트[29]는 24,000명의 병사를 이끌고 프로이센 대왕의 칙령을 받들어 러시아군을 쫓아내고자 했다. 러시아군과 만나 날쌔고 용감하게 분투했지만, 중과부적으로 수천 명을 잃은 후에 도망쳐 달아났다. 10일 후에 러시아 장군은 본국 여왕의 병이 점점 심해지기 때문에 내각의 명령을 따라 돌아갔다. 이 때문에 프로이센 장군 레발트는 병사를 이끌고 스웨덴군을 대적하고자 했다. 스웨덴군은 러시아군이 물러나고, 프로이센 장군이 나아오는 것을 듣고, 싸우지 않고 스스로 물러났다.

---

26) 프로이센: 원문의 "壽國"을 저본에서는 "普國"이라고 기술했다. "壽國"을 "普國"의 오기로 추정해 본문에서는 '프로이센'으로 수정했다.
27) 우커마르크(宇結漠, Uckermark)
28) 아프락신(阿布洛信, Stepan Fyodorovich Apraksin, 1702~1758): 7년 전쟁에서 러시아군을 지휘한 군인이다.
29) 레발트(芮越道, Hans von Lehwaldt, 1685~1768): 독일 출신의 군인으로, 주로 프로이센군에서 활동했다. 프로이센 왕국의 군사적 확장과 전투에서 중요한 역할을 했으며, 특히 7년 전쟁에서 두각을 나타냈다.

제5장 로스바흐 전투

프리드리히 대왕은 오스트리아군과 루사티아[30]에서 싸우고자 해 그 기회를 기다린 지가 오래되었다. 오스트리아군이 응하지 않았기 때문에 방향을 돌렸다. 8월에 잘레강[31]을 거슬러 가 작센으로 나아감으로써 프랑스군을 불시에 쫓아내고자 했다. 나아가거나 물러나거나 하면서 그 뒤를 밟다가 11월 5일에 프랑스와 오스트리아 연합군과 잘레 강가 로스바흐의 마을에서 만났다. 프로이센군은 겨우 22,000명이었고, 적군은 60,000명이었다. 프랑스·오스트리아군이 말했다.

"프로이센 대왕이 사지에 스스로 빠져 항아리 속의 자라처럼 사로잡게 될 것이다."

조롱하면서 북과 나팔을 울리고 프로이센 진영을 향해 빠르게 나아갔다. 그 기세에 프로이센 병사는 이미 안중에도 없었다. 프로이센 대왕은 높은 언덕 위에 진을 쳤었다. 적군이 다가오는 것을 모르는 듯 한 발의 포성도 쏘지 않았다. 모든 아궁이에 불 피는 연기가 자욱해 전쟁 준비가 나태한 척 보이게 했다. 유유히 장교를 술자리에 불러 성대한 연회를 베풀던 가운데 마음은 편안하고 한가로웠고, 아무 일도 없는 듯 담소가 태연스러웠다. 그러다 오후 2시가 되어 싸울 기회가 점점 무르익었다. 갑자기 군령을 내려 곧바로

---

30) 루사티아(道老壽亞, Lusatia)
31) 잘레강(薩河, Saale River)

막사를 펼쳤고, 병사는 대오를 정돈하며 차례로 늘어섰으며, 포병은 포환을 빗발치듯 급격하게 쏘아댔다. 이때 기병대장 자이들리츠[32]가 휘하의 용감한 기병을 이끌고 돌진해 적의 예봉을 공격했다. 프랑스군이 비록 백전의 용사였지만, 이렇게 예상치 못한 신묘한 공격을 당한 것은 처음 있는 일이었다. 전열을 가다듬을 여유도 없이 또다시 격렬한 공격을 받아 넋이 나갔고, 기가 죽었다. 반 시간 만에 전군이 패해 달아났다. 프랑스군에서 사망한 자와 포로된 자가 7,000명이었다. 장군이 9명이었고, 장교는 320명이었다. 대포는 63문이었고, 군기는 22개였다. 프로이센군은 사망자가 겨우 165명이었고, 부상자는 350명이었다. 프로이센 대왕이 이 전투에서 큰 승리를 얻은 것은 전군이 훈련에 익숙했고, 규율을 지켜 날쌔고 용감하게 싸운 까닭이었다. 또한 자이들리츠의 기병은 폭풍이 일고 번개가 치듯 해 그 용감함이 전군을 압도한 공이 컸다.

제6장 오스트리아군이 슐레지엔에 침입함과 브레슬라우[33] 전투

이제 작센은 적군의 침략을 벗어나 안전한 처지에 있게 되었다. 또 로스바흐 대첩에는 프로이센 대왕의 이익이 극히 많았다. 그러

---

[32] 자이들리츠(謝道利, Friedrich Wilhelm von Seydlitz, 1721~1773): 프로이센의 군인으로, 프리드리히 대왕의 중요한 군사 지도자였다. 특히 7년 전쟁 중 뛰어난 기병 지휘관으로 유명하며, 여러 전투에서 중요한 승리를 이끌었다.
[33] 브레슬라우(富禮壽路, Wrocław/Breslau)

나 왕은 여전히 그해의 액운을 완전히 배제할 수가 없었다. 왕이 부재한 사이에 신임하던 장군 빈터펠트가 모이스 전투[34]에서 전사했다. 또한 장군 베베른은 슐레지엔의 수도 브레슬라우로 후퇴했다. 오스트리아 장군 찰스와 다운의 연합군을 대적하지 못했기 때문에 11월 11일에 슈바이트니츠[35]의 견고한 요새가 오스트리아 장군 나더스디[36]에게 함락되었다. 같은 달 26일에 오스트리아군은 또 다시 크게 일어나 프로이센군을 브레슬라우에서 공격했다. 프로이센군은 비록 굳게 지켰지만, 능히 저항하지 못했다. 베베른은 프로이센 왕의 분노를 받을까 두려워해 요새를 버리고 오스트리아군에 항복했다. 식량과 무기가 모두 적군의 수중에 들어갔다. 이는 사실 장군 레스트비츠[37]가 겁내고 두려워했기 때문이었다. 이때 프로이센 대왕의 군대는 패잔병이 30,000명에 불과했기 때문에 슐레지엔을 회복할 희망이 거의 끊어졌다.

---

[34] 모이스 전투(毛伊訥의役, battle of Moys): 1757년 9월 7일에 루사티아의 모이스에서 13,000명의 프로이센 군대가 그보다 2배 더 많았던 오스트리아군과 전투를 벌였다. 이 전투에서 프로이센군은 패배했고, 사령관 빈터펠트는 전사했다.
[35] 슈바이트니츠(時臥伊道/壽臥道, Schweidnitz/Świdnica)
[36] 나더스디(那多壽太, Franz Leopold von N dasdy auf Fogaras, 1708~1783): 오스트리아 제국의 군인으로, 주로 18세기 중반에 활약했다. 오스트리아군에서 중요한 군사적 역할을 했으며, 특히 7년 전쟁 동안 뛰어난 전술적 능력을 발휘했다.
[37] 레스트비츠(禮壽威朱, Johann Georg von Lestwitz, 1688~1767): 독일의 군인으로, 프로이센 왕국에서 군사적 경력을 쌓았다. 특히 프리드리히 대왕 아래에서 군사적 역할을 수행했다.

제7장 로이텐 전투

프리드리히 대왕은 평소에 병사를 도구로 봐서 규율로 다스리며 사정을 거의 봐주지 않았다. 그러나 이제 존망이 위급한 때를 당했다. 일종의 방법으로 사기를 고무시키고자 하여 장교 회의를 열고, 장군들의 감정을 환기하고자 했다. 대왕이 곧 말했다.

"지금 국가의 위급함이 누란지세[38]에 있다. 이 위급함을 구하려면 모든 경들의 충성과 용맹을 의지해야 한다. 짐은 경들이 모두 프로이센인다운 감정이 있음을 안다. 그러나 만약 한 사람이라도 짐과 환난을 함께하기를 저어하는 자가 있으면 각자의 뜻을 따라 짐을 떠나도 짐은 조금도 비난하지 않을 것이다."

눈을 들어 장군들의 안색을 주시하자 장군들 모두 열정을 드러냈고, 감격한 모습으로 생명을 폐하와 국가에 바치겠다고 했다. 대왕이 곧 그 말에 다시 이어서 말했다.

"짐은 진실로 경들이 이 위급에 임하여 짐을 버리지 않을 것을 믿는다. 이렇게 충성스럽고 용맹한 굳센 마음을 의지해 승리를, 만일에 희박할지라도 바랄 것이다.[39] 짐이 만약 전사하더라도 국가는 경들의 수고에 보답하는 일에 반드시 게으르지 않을 것이다. 이에

---

[38] 누란지세(累卵之勢): 층층이 쌓아 놓은 알의 형세를 뜻한다. 몹시 위태로운 형세를 비유적으로 이르는 말이다.

[39] 만일에 희박할지라도 바랄 것이다: 저본에는 원문의 "萬一에 望홀지라"라는 구절에 '희박할지라도'라는 단어가 삽입되어 있다. 저본에 근거해 '희박할지라도'를 삽입해 번역했다.

결별을 고한다. 짐의 친우며, 짐의 전우여, 우리는 오래지 않아 전쟁에서 승리하든가, 아니면 전쟁에서 죽든가, 두 가지 중 하나에 놓이지 않을 수가 없을 것이다."

대왕은 또 장군들에게 명령해 이 칙어를 부하 병사에게 두루 알리게 했다. 전군이 모두 감격해 목숨을 다하기를 원했고, 진격할 시각을 목 빠지게 기다렸다.

오스트리아군은 노혜하(老惠河)[40] 부근에 견고한 위치를 차지했다. 사려 깊은 대장 다운은 프로이센 대왕의 급격한 공격을 막기에 좋은 위치가 필요하다는 것을 콜린 전투에서 경험했다. 그 위치를 지켜 움직이지 않고자 했다. 그러나 루케시[41] 이하 여러 장군이 말했다.

"저들은 적고 우리는 많은데, 진지에 앉아서 지키기만 하면 다른 사람의 비웃음을 면치 못합니다."

총사령관 찰스 공작을 권해 진격을 곧장 시행하라고 하며 또 말했다.

"프로이센의 약한 병사는 결단코 우리를 대항하지 못할 것입니다."

찰스 공작은 용감했지만, 생각이 깊지 못했고, 교만하여 적을 무시했기 때문에 여러 장군의 말을 이용해 진격하기로 결정했다. 12월 5일에 양쪽 군대가 로이텐 부근의 큰 평야에 모여 싸웠다.

---

40) 노혜하(老惠河): 현대어 표기를 확인하지 못했다.
41) 루케시(婁棣施, Joseph Count Lucchesi, ?~1757)

정확히 로스바흐 전투 후 1개월 후였다. 오스트리아군은 전선을 5리[42] 사이에 연장했다. 프로이센 대왕은 병사의 대오를 교묘히 회전시켜 병력을 2배 되게 하는 형세로 사선대형 진법을 채용했다. 우익을 공격하는 척했다가 좌익을 공격해 적을 불시에 습격했다. 오스트리아의 전군은 허둥지둥 대응했다. 패색이 점점 짙어져 그 형세를 만회하지 못했다. 겨우 3시간 만에 프로이센 대왕은 완전한 승리를 얻었다. 이 전투에서 죽이거나 사로잡은 자가 아주 많았다. 엎드러진 시체는 전쟁터를 뒤덮었다. 21,000명이 항복했고, 기타 대포 130문과 식량 및 무기를 실은 수레 3,000대를 거두었다. 이때 프로이센 대왕과 프로이센군은 여러 번의 격전에 심신이 피로했다. 하지만 지체했다가 싸울 기회를 잃을까 두려워해 승리를 버리고, 오스트리아군을 곧장 추격했다. 보헤미아 산괴[43] 밖으로 몰아내서 슐레지엔의 모든 땅을 탈환하지 않으면 멈추지 않기로 결심했다. 굳세고 용감한 장군 치텐이 적의 후미를 공격했다. 사로잡거나 빼앗은 것이 아주 많았다. 프로이센 대왕은 또다시 브레슬라우를 친히 공격해 수비군 17,000명을 사로잡았다. 대왕의 명예가 유럽 전체에 진동했다. 오스트리아군은 처음에 80,000명이었지만, 이제 패잔병이 17,000명에 불과해 프로이센 영지 내에 그림자도 머무르지 못했다.

    프리드리히 대왕은 올해 4번의 큰 전투를 모두 승리해 상대방과

---

42) 5리: 저본에는 "五哩"(5마일)라고 기술했다.
43) 보헤미아 산괴(甫惠米亞山, Bohemian Massif)

자신들의 우열을 세계에 나타내며 그 뜻을 말했다.

"승전 후 평화 회담은 반드시 성공한다. 필요 없는 전쟁으로 전쟁과 피해가 끊이지 않아 세상 사람들을 힘들여 수고하게 함은 옳지 않다."

곧이어 오스트리아를 향해 강화 담판을 시작했다. 그러나 오스트리아 여왕은 첫째, 여성의 상태로 감정이 좌우하는 바 되어 프리드리히 대왕을 깊이 증오했다. 평화 조약 체결을 옳게 여기지 않았다. 둘째, 오스트리아 궁정의 장군과 재상이 로이텐 전투의 막대한 손실과 또 수년간의 전쟁으로 국가가 쇠약해진 사실을 숨기고 여왕에게 알리지 않았다. 여왕은 이런 사정들을 조금도 알지 못했기 때문에 전쟁을 영원히 계속하고자 했다. 셋째, 프랑스는 독일 전쟁이 끝나면 혼자 힘으로 영국과 창과 방패를 주고받지 않을 수가 없었기 때문에 강화를 몰래 막았다. 오스트리아 여왕은 이런 여러 가지 이유로 인해 프로이센 대왕의 강화 권유를 거절하고, 개전할 준비를 다시 갖춰서 한층 더 큰 군대로써 프로이센 대왕을 좌절시키기로 결정했다. 곧 찰스 공작을 총사령관직에서 해임하고, 대장 다운으로 그 후임을 대신했다. 프랑스 또한 병사를 크게 증원했고, 리슐리외의 총사령관직을 빼앗아 클레르몽[44]으로 대신했다.

이제 프로이센 대왕의 널리 알려진 이름이 천하를 진동시켰다. 대왕은 1년 만에 세 대국을 대적해 털끝도 굴복하지 않고, 대군과

---

44) 클레르몽(瞿禮文, Louis, Count of Clermont, 1709~1771): 프랑스의 귀족 겸 군인으로, 프랑스 왕실과 밀접한 관계를 맺고 있었다. 프랑스군에서 활동하며, 특히 18세기 중반에 군사적 경력을 쌓았다.

4번의 격전에 3번의 승리를 얻었다. 단지 1번의 콜린 전투에서 실패했다. 하지만 그다음 번의 승리가 이전의 패배를 갚고도 남았기 때문에 군사상 명예는 이로 인해 줄어들지 않고 오히려 높아졌다고 할 것이다. 그중 로이텐 전투는 후세에 이르기까지 프로이센 사람이 항상 자랑하는 바였다. 대개 로스바흐의 승리라 하더라도 그 명예는 로이텐의 승리에 대해 양보하지 않을 수 없었다. 그러나 로스바흐의 승리가 인심을 고무시키는 데에는 결단코 적지 않았다. 왜냐하면, 프리드리히 대왕의 수년 전부터의 승리는 대왕의 승리가 되는 데 그치지 않고 독일 인민 사이에서 국민의 자존 감정을 환기하기에는 부족했기 때문이다. 하지만 로스바흐의 승리에 이르러서는 그 승리 소식이 독일 국내에 한 번 다다르자 남쪽은 알프스 산맥으로부터 북쪽은 발트해[45]까지였고, 서쪽은 로렌[46] 경계로부터 동쪽으로는 쿠를란트[47] 경계에 이르기까지 진실로 독일인이라 불리는 자 중 기뻐 뛰지 않는 자가 없었다. 이에 앞서 베스트팔렌[48]과 니더작센[49] 경계 내에 언어가 통하지 않던 외국 병사가 홍수가 범람하듯 큰 기세로 침입해 모든 곳에 가득 차 넘쳤다. 그 교만과 사치가 극에 달한 일과 쉽게 화를 내던 일로 독일인은 혐오의 감정과 증오의 마음을 견딜 수 없었다. 이때 순연한 독일 군주가 약간의

---

45) 발트해(發特海, Baltic Sea)
46) 로렌(老羅伊那, Lorraine)
47) 쿠를란트(泊蘭島, Kurland/Courland)
48) 베스트팔렌(西華利亞, Westphalia/Westfalen)
49) 니더작센(下索遜尼/下部索遜尼, Lower Saxony/Niedersachsen)

독일 용사를 이끌고 이 혐오스럽고 증오스러운 외국의 대군을 몰아냈다. 그러자 튜턴족(독일인)의 환희의 감정과 자부심이 일시에 폭발했다. 프리드리히 대왕을 앙망한 일은 마치 뭇별이 북극성을 에워싼 것처럼 독일인의 참된 애국심을 발휘시켰다.

각국의 젊은 귀족 무리가 천하의 제일 되는 대원수(大元帥) 아래에서 전술을 배우고자 했고, 휘하의 의용병 되기를 앞다투어 바랐다. 흠모하는 감정을 프리드리히 대왕에게 내비쳤다. 그러나 프로이센군의 진영은 군사학 연구생을 가용할 여유가 없었다. 또한 프로이센군의 규율은 극히 엄해 가혹에 가까웠다. 장교가 전쟁터에서 음식을 절제하고, 정욕을 제어해 품행을 바르고 조심스럽게 하는 일이 수도승 중 가장 엄정한 자보다도 더했다. 문벌이 아무리 귀하고, 관직이 아무리 높아도 주석으로 만든 제품 이상의 음식 그릇을 사용하는 일을 허락하지 않았다. 한 개의 은수저라도 행장 속에 숨기면, 비록 대장이라도 중죄에 처하기로 정했다. 1년 10만 원[50] 이상의 수입을 가지고 자유롭고 호화롭게 사치하는 일에 너그러운 영국의 젊은 귀족 남자 중 어찌 감당할 자가 있었겠는가. 프로이센 대왕은 프로이센 군인을 규율하는 법으로써 저 호화로운 젊은 무리를 규율하는 데 참을 수 없었다. 동시에, 대왕의 당시 경우가 영국을 존중할 처지에 있었기 때문에 고집스럽고 자부심 강한 귀공자 무리를 감옥에 집어넣거나 총살에 처하는 일은 원하지 않았다. 다른 한편으로 논하면, 나가면 마차의 호위를 따르게 하고, 들어오

---

50) 10만 원: 저본에는 "二萬磅"(2만 파운드)라고 기술했다.

면 맛 좋은 술을 마시고 금은 그릇에 먹는, 사치스럽고 호화로운 귀족 남자는 가령 그 수가 적더라도 부패한 나쁜 사례를 전군 가운데 퍼뜨릴 터였다. 이 때문에 프로이센 대왕은 처음부터 이 무리가 들어오는 것을 허락하지 않는 것이 방책이라고 여겼다. 그래서 은근하고 간절한 좋은 말로 물리치고 사절했다.

제4편
7년 전쟁의 제3년(서력 1758년)

제1장 러시아군이 프로이센에 다시 들어옴과 영국의 동정과 페르디난트 공작이 프랑스군을 대파함

프리드리히 대왕은 드레스덴의 진영에서 겨울을 보냈다. 조용히 책을 읽고, 시를 지으며 편안하고 한가로운 여유가 있음을 보이면서 다음번 전쟁 준비를 힘쓰던 가운데 그해를 넘겼다. 이 무렵 러시아는 교전주의(交戰主義)를 다시 붙잡았다. 지난번에 프로이센 출정군을 불러들였던 총리대신의 직책을 파하고, 장군 퍼머[1]로 총사령관을 삼아 곧장 출발을 명했다. 퍼머가 명을 받들고 즉시 움직였다. 서력 1758년 1월에 프로이센을 향했다. 마침 프로이센 장군 레발트가 포메라니아 지방에서 스웨덴군과 창과 방패를 주고받고 있었다. 프로이센의 국경이 비었기 때문에 러시아군이 향하던 곳

---

[1] 퍼머(扈謨, William Fermor/Wilhelm Graf von Fermor, 1702~1771): 러시아 제국의 군인으로, 특히 18세기 중반에 활약한 인물이다. 러시아–스웨덴 전쟁과 7년 전쟁에서 중요한 군사적 역할을 했으며, 뛰어난 전략과 전술로 러시아군의 성공에 기여했다.

에는 적이 없었다. 먼 곳까지라도 쫓아가려는 기세로 나라 안으로 곧장 진군했다. 프로이센 대왕은 급히 병사를 모집하고, 재물을 모아 북쪽에서 오는 강적과 맞서고자 했다. 하지만 금은이 너무 부족해 병사 봉급이 항상 부족함을 알려왔다. 대개 이때 프로이센이 믿고 의지하던 동맹은 영국과 독일 북부의 여러 작은 나라였다.

그러나 독일 북부의 작은 나라들은 본래 병사가 부족하고, 재산도 적었으므로 충분히 의지할 수가 없었다. 또한 영국은 컴벌랜드가 패한 후 맹약이 비록 있어도 실상은 없는 것과 똑같았다. 그러다 작년 로이텐 전투 후로부터 영국의 기대가 모두 프로이센 대왕을 보호하는 일에 모였다. 영국 의회는 군사비로 매년 약 7백만 원[2]의 돈을 프로이센 대왕에게 보냈고, 50,000 이상의 병사를 프로이센에 파견해 돕기로 정했다. 때마침 웅대한 정략과 민첩한 수완으로 유명한 피트가 정무의 요직을 담당했다. 프로이센과 영국의 군사 동맹을 확실히 체결해 전쟁을 계속하기로 결정하자마자 즉시 지원군의 수를 늘렸다. 사령관으로 임명할 장수는 프로이센 대왕이 직접 선택하게 했다. 프로이센 대왕은 페르디난트 공작을 명해 그 임무를 담당하게 했다. 공작은 원래 프로이센의 동량[3]이자 주춧돌이었다. 나중에 혁혁한 공을 세워 프로이센 대왕의 선택이 틀리지 않았음을 증명하며, 대우가 특별함을 알렸다.

---

2) 7백만 원: 저본에는 "七十萬磅"(70만 파운드)라고 기술했다.
3) 동량(棟樑): 기둥과 들보를 아울러 이르는 말이다. 곧 기둥과 들보로 쓸 만한 재목이라는 뜻으로, 집안이나 나라를 떠받치는 중대한 일을 맡을 만한 인재를 말한다.

제2장 돔슈타트[4] 전투

페르디난트 공작은 프랑스군을 공격해 대파했다. 프리드리히 대왕 또한 이 무렵에 시일을 낭비하지 않았다. 4월 18일에 슈바이트니츠를 공략해 오스트리아군을 몰아냈다. 이때 오스트리아 육군대장 다운은 보헤미아에서 병사를 멈춰 움직이지 않았다. 대왕은 반드시 공격해 올 것이라고 헤아렸기 때문에 온갖 수단을 운용해 그 진군을 막고자 했다. 그러나 다운이 자기 처지가 안전하다고 확신하던 사이에 대왕이 갑자기 침입했다. 보헤미아를 향하지 않고 길을 크게 바꿔 모라비아[5] 지방으로 나아가 올뮈츠[6]를 포위했다. 올뮈츠는 오스트리아령의 목구멍이었기 때문에 대왕이 말했다.

"이곳을 얻으면 순식간에 오스트리아의 수도 빈을 포위할 수 있다."

그 책략이 정말 신묘했다. 하지만 이 비상한 대계는 도저히 성취하기가 몹시 어려웠다. 그 지방 인민이 쇠와 돌 같은 애국심으로 홀로 고립된 요새를 사수해 심히 견고했다. 또한 프로이센군의 동정을 전부 오스트리아군에 보고하자 다운은 병거 3,000대를 보내 도로를 차단해 통행을 방해했다. 프로이센 대왕은 그 책략을 행하지 못한다는 것을 알고 병사를 물러나게 했다. 다운은 이미 병거로

---

4) 돔슈타트(土淪道, Domstadtl/Domstadt)
5) 모라비아(沒多比亞, Moravia/Morava)
6) 올뮈츠(兀茂州, Olomouc/Olmütz)

대왕의 퇴로를 막고, 마음속으로 몰래 기뻐하며 말했다.

"프로이센 대왕은 반드시 내 수중에 떨어질 것이다."

그러나 프로이센 대왕이 어찌 저 졸렬한 계책에 빠질 자였겠는가. 갑자기 길을 돌려 산과 산을 넘어 보헤미아로 돌아가 병거 1대도 남기지 않았다. 프로이센 장군은 모두 신비하고 예측할 수 없는 계책에 경탄했다.

이때 프로이센 대왕은 보헤미아에 머무르며 오스트리아군을 공격하고자 했다. 마침 포메라니아와 노이마르크[7]에 침입한 러시아군의 기세가 점점 창궐하고 있다는 것을 듣고, 보헤미아를 출발해 많은 산과 시내를 밟고 건너 슐레지엔으로 돌아갔다. 대장 키스를 보헤미아에 보내 굳게 지키게 했고, 병사 14,000명을 직접 이끌고 길을 재촉해 러시아군을 공격하기로 정했다. 이에 앞서 러시아군은 프로이센 국경에 들어와 지나는 곳마다 잔멸하지 않는 곳이 없었다. 노인, 어린이, 부녀자라도 만나기만 하면 마구 죽였다. 슬퍼하거나 불쌍히 여기는 마음이 조금도 없었다. 천 리에 걸쳐 사람을 태우는 연기가 끊이지 않았다. 눈에 뜨이는 모든 것이 시름겨웠다. 참혹한 광경은 누런 모래와 뿌연 풀로 한없이 아득한 사막과 같았다. 프로이센군은 이제 본국에 들어와 곳곳마다 적막한 슬픈 지경을 목격하고 이를 갈며 맹렬히 노했고, 팔을 움켜잡고 크게 흥분했다. 이 야만족을 무찔러 죽이기로 맹세했다. 오래지 않아 오데르강을 건너 돔슈타트 지방에 도달했고, 러시아군과 서로 바라볼 수 있는 시야 내에서

---

7) 노이마르크(魯袖漢, Neumark)

대립했다. 양쪽 군대가 창과 방패를 곧장 주고받았다. 7년 전쟁 중 지극히 참혹한 전쟁이 오전 9시에 시작해 오후 10시에 끝났다. 프로이센군은 37,000명이었고, 러시아군은 60,000명이었다. 대포가 날벼락이 내리치는 듯 천지를 진동시키던 가운데 용이 날고, 호랑이가 뛰어오르는 기세와 바람이 불고, 번개가 치는 모습으로 치고받으며 싸웠다. 유혈이 다섯 걸음 내에 서로 흩뿌려졌다. 이는 프로이센군이 러시아군의 지난날 잔혹함을 보복하려고 한 걸음도 양보하지 않았고, 러시아군은 겹겹이 포위되어 사지에 빠져서 탈출할 길이 없었으므로 그냥 죽기보다는 차라리 힘껏 싸워 죽기 전에 적을 한 명이라도 더 죽이기로 결심했기 때문이다. 이 전투의 잔인함은 고금에 드문 일이었다. 프로이센군은 원래 그 수가 적었기 때문에 만약 효장 자이들리츠 휘하의 용맹한 기병이 유격대가 되어 프로이센군의 약점을 보호하고 지원하지 않았다면, 프로이센군은 필승을 꾀할 수 없었을 것이다. 얼마 후 러시아군은 완전히 패했고, 퍼머는 폴란드로 도망갔다. 프로이센 대왕은 자이들리츠의 공을 칭찬하며 상을 내렸다.

제3장 호크키르히[8] 전투

이때 왕의 동생 헨리 공작의 군대가 작센에 주둔했는데, 오스트

---

[8] 호크키르히(滬結縣, Hochkirch)

리아의 대군이 공격해 왔다. 프로이센 대왕은 이 보고를 듣고, 군대를 인솔해 작센으로 향했다. 오스트리아군의 대장은 신중하고 조심스러운 다운이었고, 부대장은 라우돈[9]이었다. 서로 활발했고, 전략에 있어서 두 장군은 의기투합했으며, 장단점을 보조해 계략이 능히 적중했으므로 가히 당하지 못할 기세였다. 프로이센 대왕이 공격해 올 것이 멀지 않았음을 듣고, 선정했던 요충지로 물러나 주둔함으로써 프로이센 대왕의 슐레지엔 통행로를 차단했다. 오스트리아 장군 하쉬[10]에게는 나이세 요새[11]를 공략하게 했다. 대왕은 이 계책을 간파하고, 서둘러 바우첸[12]과 괴를리츠[13]에서 슐레지엔으로 다니는 길을 점령하길 원했다. 또한 호크키르히와 코티츠[14] 두 마을 사이의 넓은 들판에 진을 치기 위해 오스트리아군의 전선에 가까이 나아갔다. 대왕이 총애하던 보급관 마르비츠[15]는 그 책

---

9) 라우돈(婁敦/魯敦, Ernst Gideon von Laudon/Freiherr von Laudon, 1717~1790): 오스트리아 제국의 군인으로, 18세기 중반에 활약한 중요한 군사 지도자였다. 7년 전쟁과 오스트리아-튀르크 전쟁에서 중요한 역할을 했으며, 특히 그의 전술적 능력과 전략으로 잘 알려져 있다.

10) 하쉬(河修/河脩, Ferdinand Philipp von Harsch, 1704~1792): 오스트리아 제국의 군인으로, 주로 18세기 중반에 활약한 인물이다. 7년 전쟁에서 중요한 군사적 역할을 했으며, 오스트리아군의 전략적 성공에 기여했다.

11) 나이세 요새(那伊洗城, Fort of Neisse/Fort of Nyssa)

12) 바우첸(保朱沿, Bautzen)

13) 괴를리츠(結利州, Görlitz)

14) 코티츠(高利州, Kotitz)

15) 마르비츠(馬威周, Johann Friedrich Adolf von der Marwitz, 1723~1781): 프로이센의 군인으로, 주로 18세기 중반에 활동했다. 프리드리히 대왕 아래에서 군사적 경력을 쌓았으며, 특히 7년 전쟁에서 중요한 역할을 했다.

략이 극히 위험하다는 것을 간했지만, 대왕이 듣지 않았다. 마르비츠는 혼자 생각했다. '대왕의 명을 받들지 않으면 신상에 엄벌이 반드시 미칠 것이다. 받들면, 대왕의 옥체에 위험이 반드시 이를 것이다. 어떻게 하는 것이 좋을까?' 한참 동안 주저하다가 결연히 그 뜻을 결정했다. 대왕의 명을 거부하고 목적지에 진영 준비하는 것을 기꺼워하지 않았다. 대왕이 크게 분노해 마르비츠를 부대 안에 가두고, 다른 사람에게 다시 명해 그 후임을 이어받게 했다. 이로 인해 적은 병사로 지극히 위험한 곳에 진을 친 지 3일 동안 여러 장군이 간절히 간하는 일이 계속되었다. 하지만 받아들이지 않으며 말했다.

"오스트리아 장군은 지나치게 신중하고 과감히 결단하는 게 부족하므로 분명 공격해 오지 못할 것이다."

하지만 오스트리아군의 간첩이 프로이센군 안에 있어서 크고 작은 동정을 모두 다운에게 보고했다.

10월 14일 새벽에 오스트리아군은 막대기를 물고[16] 호크키르히의 마을에 몰래 나아갔다. 수도원의 종이 5시를 알렸을 때 프로이센의 선봉을 습격했다. 프로이센군은 울려 퍼지는 포성에 깜짝 놀라 새벽잠에서 깨어났다. 하지만 사방이 캄캄하게 어두워 빗발처럼 쏟아지는 탄환 때문에 서 있던 곳에서 쓰러지는 자가 그 수를 헤아릴 수 없었다. 장교들은 용맹을 떨쳐 방어전을 펼치고자 했지

---

16) 막대기를 물고: 함매(銜枚), 곧 군사가 행진할 때 떠들지 못하도록 병사의 입에 나무 막대기를 물리던 일을 뜻한다. 다만 원문에서는 "銜"(재갈 함) 대신 "含"(머금을 함)이 쓰였다.

만, 지척을 분간할 수 없어 어디를 향해야 할지 종잡을 수가 없었다. 그때 페르디난트 공작은 언덕 지대를 따라서 적병을 공격하고자 했다가 갑자기 머리 부분이 날아오던 탄환에 맞아 깨졌다. 대장 키스는 지혜와 용맹을 겸비한 기둥으로서 그 또한 이 전투에서 죽었다. 모리츠 공작은 중상을 입고 전장에서 쓰러졌다. 효장 자이들리츠와 치텐은 각자 휘하의 기병을 이끌고, 하늘이 무너지고 땅이 갈라지는 기세로 넓은 들판으로 달려 나가서 사납게 공격하고, 용감히 싸워 적병을 도망가게 했다. 하지만 그 일부의 승리로 전체의 패배를 보상하기에는 부족했다. 병영이 모두 무너졌고, 병기와 군수품이 전부 다 적의 손에 떨어졌다. 하늘이 점점 밝아지자 프로이센 대왕은 대세를 만회하고자 꾀했다. 하지만 짙은 안개가 사방을 가려 적병의 위치를 식별하기가 매우 어려웠다. 신묘한 계책이 있어도 따를 길이 없었다. 대왕의 담략과 군사의 용맹 덕분에 패배한 후 질서를 회복했다. 한층 더한 용기로써 적병을 맞서고자 했다. 9시가 되어 태양이 보이기 시작할 무렵에 사방을 멀리 바라보니까 오스트리아군이 홍수가 범람하듯 달무리 모양으로 프로이센군의 주위를 포위했다. 프로이센 대왕은 도저히 승산이 없다는 것을 알고, 대오를 엄격히 유지한 채 전장에서 퇴각했다. 오스트리아 장군들은 뜻밖의 행동에 경악했다. 멍하니 응시하며 감히 공격하지 못한 채 각자의 진지로 돌아갔다. 하지만 프로이센 대왕은 훌륭한 장군 여러 명과 정예병 9,000명과 대포 100여 문을 잃었다. 또한 식량과 무기는 모두 적의 수중에 돌아갔다. 겨울철이 점점 다가와도 군대에 배급할 옷가지가 없었다. 그 곤란함은 말로 표현할 수 없을 것이다.

　프로이센 대왕은 이런 곤경을 당했어도 굴복하지 않았다. 휘하 장수 또한 대왕에게 감화되어 생사를 고려하는 자가 없었다. 오스트리아 장군 다운은 승리의 여세를 이용하는 좋은 계책을 알지 못했다. 그래서 프로이센군은 며칠 후 용감한 기세로 패전 이전과 다름없이 우회하는 샛길을 따라서 슐레지엔에서 나왔다. 그러자 오스트리아 장군 하쉬는 나이세의 포위를 풀고 달아났다. 슐레지엔의 모든 땅이 대왕의 관할 아래로 돌아왔다. 게다가 프랑스군도 페르디난트 공작에게 패해 라인강[17]을 건너 멀리 달아났다.

---

17) 라인강(萊茵河, Rhine River)

제5편
7년 전쟁의 제4년(서력 1759년)

제1장 양쪽 군대의 경우

 이제 7년 전쟁의 제4년은 프리드리히 대왕이 지극히 괴롭고 곤란해 절망의 지경에 빠진 때였다. 대개 오스트리아군은 작년의 전투에서 사상자가 매우 많았고, 패배 또한 여러 번이었다. 하지만 새해가 되어 전쟁 준비를 정리하고, 병력의 결원을 보충했다. 신병은 모두 훈련이 능숙한 농병[1]과 전장 경험이 있던 노병이었다. 이전보다 배나 더 많은 병력과 이전보다 더 날카로운 기세로 출진했다. 프로이센 대왕은 과소한 병사로 오스트리아, 러시아, 프랑스, 스웨덴 등의 나라와 연방의 여러 소국에 저항하지 않으면 안 되었다. 그러던 중 기존 병사는 병기에 다친 상처와 질병으로 사상자가 상당히 많았다. 또한 보충한 신병은 훈련이 무엇인지도 몰랐을뿐더러 적국의 탈주병 응모에 참여한 자도 상당히 많아서 충분히 의

---

[1] 농병(農兵): 평상시에는 농사짓고, 유사시에는 무장하여 군사가 되는 사람 혹은 농민들로 조직된 군대나 군인을 뜻한다.

지할 수가 없었다. 이 때문에 프로이센군이 겉으로는 오스트리아 군처럼 그 빈 곳을 메꾸었지만, 실력에 있어서는 똑같지가 않았다. 또한 프로이센은 교전 이래 무거운 세금과 잦은 징발로 남자의 수가 크게 줄었고, 민간의 생업은 쇠약함이 극에 달했다. 곳곳마다 탄식하고, 괴로워하는 소리가 들렸다.

제2장 베르겐[2] 전투와 민덴[3] 전투

오스트리아 여왕은 프로이센을 속히 토벌하고자 프랑스와 러시아 양국의 군주에게 개전을 재촉했다. 러시아 여왕 또한 이전에 돔슈타트에서 패한 것에 분노해 그 치욕을 설욕하고자 하는 뜻이 몹시 간절했다. 용장 살티코프[4]에게 정예병을 주어 정벌에 종사하게 했다. 프랑스 수도의 정부에서는 오스트리아 수도의 주재공사 슈이젤[5]이 총리대신에 새로 임명되었다. 이 사람은 원래 프로이센 정벌 전쟁에 열심이어서 베스트팔렌과 하노버와 헤센 세 곳을 다시

---

2) 베르겐(別堅, Bergen)
3) 민덴(敏墊, Minden)
4) 살티코프(卒太高, Pyotr Semyonovich Saltykov, 1698~1773): 러시아 정치가이자 군 장교로서 1759년 8월에 원수로 진급했다. 러시아 역사상 가장 뛰어난 지휘관 중 한 명이다.
5) 슈이젤(施渦茁, Étienne François de Choiseul, Duke of Choiseul, 1719~1785): 프랑스의 군인 겸 정치인으로, 18세기 중반 프랑스에서 중요한 인물이었다. 프랑스 왕 루이 15세의 주요 고문이자 외교장관으로서, 프랑스의 외교 정책과 군사 전략에 큰 영향을 미쳤다.

공격하기로 결정했다. 프랑스군은 두 길로 나누어졌다. 한 군대는 브로이[6] 공작이 이끌고 본영을 프랑크푸르트[7]로 정했고, 마인강[8] 방향에서 진격했다. 또 하나의 군대는 대장 콩타드[9]가 인솔해 니더라인[10] 방향에서 파죽지세로 하노버를 공격하고자 했다. 페르디난트 공작은 적은 병사로 이 두 대적을 맞서지 않으면 안 되었다. 아! 역시 매우 어려웠다. 이 때문에 공작은 프리드리히 대왕의 진법을 흉내 내 대오를 교묘히 회전시켜 만일의 승리를 기대했다. 브로이 공작을 먼저 맞서고자 해 4월 12일에 프랑크푸르트 부근의 베르겐에 진격했다. 용감한 헤센군을 지휘해 돌진하여 맹렬히 공격했다. 그러나 프랑스군은 요충지에서 굳게 버텼다. 또한 기존 병사와 신병이 교대하면서 전투했다. 헤센군이 비록 용감하다고 하나 교체한 신예 부대를 대적하지는 못했다. 세 번째 전투에서 패색이 점점 짙어졌다. 페르디난트 공작은 완전히 패배할 위기가 눈앞에 있다는 것을 헤아리고, 대오를 정돈해 퇴각했다. 프랑스 장군 콩타드가 라인강을 건너서 베저강[11] 부근의 숲에서 기센[12] 지방의

---

6) 브로이(富祿利悟, Victor Fran ois de Broglie, 2nd Duke of Broglie, 1718~1804): 프랑스의 군인 겸 귀족으로, 18세기 중반 프랑스 군에서 중요한 역할을 했다. 7년 전쟁 동안 프랑스군을 이끌며 여러 전투에서 활약했으며, 뛰어난 군사 전략과 지휘 능력으로 잘 알려져 있다.
7) 프랑크푸르트(厚朗湢, Frankfurt/Frankfurt am Main)
8) 마인강(馬茵河, Main River)
9) 콩타드(昆多大, Louis Georges rasme de Contades/Marquis de Contades, 1704~1795): 프랑스의 군인으로, 18세기 중반에 활동했다. 7년 전쟁 동안 프랑스군을 이끌며 중요한 역할을 했고, 특히 여러 전투에서 지휘관으로 활약했다.
10) 니더라인(下萊茵河, Lower Rhine/Niederrhein)

방면으로 나아가 브로이의 군대와 연합했고, 강가의 여러 마을을 빼앗았다. 그 기세가 몹시 커서 하노버의 위급함이 하루아침에 달려 있었다. 페르디난트 공작은 니더작센을 지켜내지 못하고, 베저강 어귀의 브레멘[13] 지방으로 물러나 방어했다.

  프랑스 장군들은 승전 서한을 날려 파리 정부에 승전한 공을 보고했다. 관리와 백성 모두가 축하연을 열고 서로 치하했다. 그러나 페르디난트 공작은 백전노장으로 한 차례 패배로 기세가 떨어질 자가 아니었다. 병사를 격려해 용기를 회복하고, 싸울 수 있다는 것을 믿고 프랑스군과 승패를 겨루고자 했다. 프랑스군의 뒤를 밟아 8월 1일에 민덴에서 조우했다. 이때 프랑스군의 위치는 좋지 않았고, 프로이센과 영국 동맹군은 진격하기에 매우 편했다. 프랑스 장군 콩타드가 모르지는 않았지만, 보급로가 끊어져 급습하지 않으면 안 되었고, 게다가 병사의 수도 아주 많았기 때문에 이를 의지해 필승을 기대했다. 그러나 재간과 경험이 모두 부족했다. 기병을 중군에 배치하는 계책으로 자신만만했지만, 그것이 패배의 장본인이 될 것을 알지 못했다. 페르디난트 공작 휘하에 속한 영국군과 하노버군은 모두 백전의 용사였다. 공작이 명을 내려 적의 기병에 진격하라고 했다. 프랑스의 기사는 모두 용감해 천하에 적이 없기로 자신하던 자였다. 프로이센의 보병이 돌진하는 것을 보

---

11) 베저강(越雪河, Weser River)
12) 기센(耆仙, Giessen/Gießen)
13) 브레멘(富禮緬, Bremen)

고 일격에 부수고자 용맹을 떨치며 전진했다. 하지만 프로이센군이 산처럼 우뚝 서서 흔들리지 않자 프랑스의 기병은 맞서지 못하고 완전히 패하게 되었다. 페르디난트 공작은 영국 장군 색빌[14]에게 명하여 말했다.

"적진의 중앙이 비었으므로 그대는 휘하의 기병을 이끌고 그곳을 찔러 돌입해서 패배해 달아나는 자를 추격하라."

영국 장군이 이 계책을 따랐으면 프랑스군의 우익과 좌익을 분리시켜 전군을 궤멸하게 하는 일이 훨씬 쉬웠을 것이다. 하지만 색빌은 페르디난트 공작의 공을 시기해 그 명령을 준행하지 않았다. 프랑스군은 이 틈을 타 대오를 정돈하고 퇴각할 수 있었다. 그러나 이후부터 프랑스군은 진지를 방어하지 못하고 베저강 연안으로 물러났다가 또다시 남쪽으로 퇴각해 기센 지방에 다다랐다. 페르디난트 공작은 베스트팔렌과 기타 지역을 도로 차지했다.

제3장 케이[15] 전투

프로이센 대왕은 지난해처럼 전쟁을 서두르지 않고, 올해는 오스트리아와 러시아 양군의 연합을 방해하는 것으로 그 계책을 정했

---

14) 색빌(朔華, George Germain, 1st Viscount Sackville, 1716~1785): 영국의 군인 겸 정치인으로, 18세기 중반에 활동했다. 7년 전쟁 동안 영국군의 고위 지휘관으로 복무했다.
15) 케이(桂苡, Kay)

다. 란츠후트[16] 부근의 요충지에 진을 치고, 폴란드에 주둔한 러시아군과 보헤미아에 주둔한 오스트리아군을 일시에 돌격해 무기고의 식량과 무기를 빼앗았다. 이 때문에 양쪽 군대가 궁핍해져 어떻게 행할지를 알지 못했다. 얼마 후 러시아군 40,000명이 오데르강을 건너자 오스트리아 장군 라우돈은 병사 20,000명을 이끌고 연합하기를 꾀했다. 대왕은 이 위급한 지경에 빠져 비상한 수단을 행하고자 했다. 위임할 장수를 선택할 때 휘하의 여러 장수 중 베델[17]은 나이는 비록 어렸지만, 담략이 여러 장수 중 뛰어나 이 곤란한 때 뽑아서 쓰기에 알맞았다. 그러므로 대왕은 지금 러시아군의 칼과 총을 당해낼 자는 베델보다 뛰어난 자가 없다고 여겼다. 다만 그 연소함으로 노련한 장교들이 명을 따르지 않을까 두려워했다. 심사숙고하다가 로마[18]의 옛 법을 따라 위기가 눈앞에 닥쳐오자 베델을 총재관(總裁官)에 임명하고, 어디에서든지 러시아군과 맞서 싸워도 좋다는 칙령을 내렸다. 이 나이 어린 장군은 칙령을 삼가 받들었지만, 그 진의가 무엇인지는 자세히 알지 못했다. 6월 23일에 러시아군을 쥴리하우[19]에서 공격했을 때 그 계책이 너무 동떨어졌다. 적을 공격하기 전에 강의 다리를 건넜는데, 대오를 갖춰서

---

16) 란츠후트(蘭道沙/蘭道水, Kamienna Góra/Landeshut)
17) 베델(韋達, Carl Heinrich von Wedel, 1712~1782): 프로이센의 군인으로, 18세기 중반에 활약했다. 프리드리히 대왕 아래에서 군사적 경력을 쌓았으며, 7년 전쟁 동안 중요한 역할을 했다.
18) 로마(羅馬, Rome)
19) 쥴리하우(朱里古, Sulechów/Züllichau)

나아가지 못하고 기다란 길을 통과할 수밖에 없었다. 여러 대대가 있었지만, 한 번에 전장에 나갈 수 없었다. 러시아군은 이미 모두 전투 진지에서 포도탄[20]을 연사했다. 그러자 5,000명 이상의 프로이센군이 순식간에 사망했다. 러시아군은 마침내 라우돈의 군대와 연합했다.

제4장 쿠너스도르프[21] 전투

프로이센 대왕은 43,000의 병사를 직접 이끌고 서둘러 적의 연합군을 공격해 위기를 없애고자 했다. 왕의 동생 헨리 공작을 불러 오스트리아 장군 다운의 동정을 주의하라고 엄명했다. 그러고는 타이르며 말했다.

"짐이 만약 불행히도 이 전쟁에서 패망하거나 혹은 적군의 포로가 되면 경이 프로이센의 정권을 잡으시오."

또한 헨리 공작에게 명해 정말로 이러한 불행을 만나도 프로이센 궁정에 치욕스러운 조약은 일절 맺지 않기로 굳게 맹세하게 했다. 프로이센 대왕은 본래 왕 되는 자가 죽게 되었을 때 살아날 수 없다는 것을 알고 나서 마음속으로 생각했다. '적의 포로가 되기

---

[20] 포도탄(葡萄彈): 포도탄(grapeshot)은 단일 포환이 아닌 캔버스 주머니 속에 여러 개의 작은 금속구를 포장해 넣은 것으로서 산탄의 일종이다. 포장해 놓은 모습이 마치 포도송이처럼 생겨서 포도탄이라는 이름이 붙었다.
[21] 쿠너스도르프(規列斯道, Kunersdorf/Kunowice)

보다는 차라리 생명을 깨끗이 버리는 것이 국가가 씻을 수 없는 치욕을 당하고, 막대한 배상을 물게 하지 않아 체면을 지킬 수 있다.' 이때 오스트리아와 러시아 연합군 60,000명이 오데르강 상류 쿠너스도르프의 고지에 진을 쳤다. 8월 12일에 프로이센 대왕은 적의 위치와 인원을 정찰한 후 비상한 전략을 운용해 적병을 일거에 소탕하고자 했다. 사람들은 이렇게 말했다.

"대왕의 이번 전략은 망령되고 잔혹했다."

그러나 이 전략이 사실은 대왕이 영웅이라는 증거였다. 대개 대왕의 뜻은 조금씩 여러 번의 작은 전투에 시간을 낭비하기보다는 차라리 일격을 통해 전쟁의 국면을 끝내는 것이 더 나은 데다가 더구나 여러 해 동안 전투마다 약간의 인명을 잃는 것이 그저 한 차례의 전투에서 많은 무리를 죽이는 것보다 오히려 더 많다는 것이었다. 지금 이 전략에 대해 여러 가지의 다른 의견이 분분했다. 하지만 반드시 대패할 것이라는 걱정에서 벗어나지 못한 자에게 그 전략은 나쁜 것이 아니었다. [첫째] 주변 지리에 밝지 않았고, [둘째] 인력을 지나치게 사용한 까닭이었다.

첫째, 왜 주변 지리에 밝지 못해 실패를 초래한다고 했는가? 날카롭고 주도면밀한 프로이센 대왕은 본래 길 안내자에게 자세히 탐문했다. 하지만 백 번 듣는 것이 한 번 보는 것만 못하고, 또한 전장의 지리에 대해서도 지식이 모자란 데가 있었다. 이것이 주변 지리에 밝지 못함으로 실패한다는 이유였다.

둘째, 왜 인력을 지나치게 사용함으로 인해 실패를 초래한다고 했는가? 처음에 프로이센 대왕은 러시아군의 좌익을 공격해 대파하고, 대포 90문을 빼앗았다. 그 군대의 모든 날개를 몰아내자 기세가 당당해져 수도 베를린에 칙사를 보내 승전을 알렸다. 그때 석양이 산에 걸쳤을 무렵 여러 장군이 대왕에게 간하여 말했다.

"청컨대 잠시 멈춰 병사의 피로를 풀게 해주십시오. 오스트리아군은 아마 한 차례의 싸움도 치르지 않아 용기가 꺾이지 않았을 테고, 러시아의 우익 또한 온전합니다. 지쳐 있는 병사로 새로운 병사를 맞서게 하는 것은 지혜로운 일이 아닙니다. 신들이 살피건대 저군은 반드시 밤에 도망칠 테니 선부 시점을 내일로 늦춰 주십시오."

대왕의 성격은 매사에 중도에 멈추는 것을 좋아하지 않았다. 오스트리아군의 신병을 고려하지 않은 것은 아니었지만, 그럼에도 여러 장군의 간청을 받아들이지 않고 진격하라는 명을 내렸다. 프로이센군은 삼복더위의 하늘 아래에서 종일 치고받으며 싸워 몸과 마음이 모두 괴로웠다. 하지만 왕명이 엄했으므로 주저하지 못하고 힘차게 일어나 일제히 나아갔다. 험한 언덕을 올라가려 하자 적군이 언덕 위를 차지한 채 빗발치듯 탄환을 빠르게 쏴댔다. 저쪽은 많으면서 건장했고, 이쪽은 적으면서 지쳐 있던 것이 극에 달했다. 어떻게 막을 수 있었겠는가. 대왕과 여러 장군이 용기를 내게 해 공격에 힘을 쏟게 해도 적의 저항과 공격이 몹시 커서 전진하지 못하고 전군이 패퇴했다. 오스트리아의 기병이 후미를 공격해 사상자가 헤아릴 수 없었다. 이것이 인력을 지나치게 사용해 실패를 자취한다는 것이었다.

프로이센 대왕은 눈앞에서 개전 이래 대패를 당했다. 망연자실하게 생명을 도외시한 채 죽기를 각오하고 적과 뒤섞여 싸우던 군대 가운데에서 분투했다. 즉사한 자와 죽어가는 자, 그리고 누워서 신음하던 부상자 사이를 동분서주했다. 타고 있던 말이 적의 탄환에 맞아 쓰러져 죽은 일이 몇 번이나 되었다. 게다가 왕의 몸 주변에도 빗나간 탄환이 쏟아져 가슴에 맞았다. 다행스럽게도 황금 코담뱃갑이 마침 그곳을 엄호해 전사하는 것을 면했다. 그럼에도 불구하고 대왕은 패잔병을 수습해 전투에 종사하고자 했다. 물러날 기색이 없어 장군들이 간절히 간했지만, 역시 모두 듣지 않았다. 오스트리아의 기병 대대 여럿이 추격해 왔다. 위기일발의 순간에도 오히려 태연자약하게 당당히 선 채 움직이지 않았다. 장군들은 대왕의 말을 끌고 전장에서 물러났다. 프리트비츠[22] 휘하의 날쌘 기병으로 경비하며 안전한 곳에 다다랐다. 대왕은 친서를 재상 핀켄슈타인[23]에게 주며 말했다.

"만사가 모두 틀어졌으므로 왕가를 도와라."

후에 수시로 또 칙서를 내리며 말했다.

"지금 이렇게 패배한 결과 악운이 반드시 찾아올 것이다. 짐은 생존해서 우리나라의 쇠망을 보는 것을 견딜 수 없다."

그날 밤에 에트셔[24] 마을의 한 농가에서 머물렀다. 날이 새도록

---

[22] 프리트비츠(布利威周, Joachim Bernhard von Prittwitz, 1726~1793): 쿠너스도르프 전투에서 프리드리히 대왕의 생명을 구한 프로이센 장교로 잘 알려져 있다. 당시 그는 지텐 부대의 기병대장이었다.

[23] 핀켄슈타인(薰堅壽坦, Karl-Wilhelm Finck von Finckenstein, 1714~1800): 독일 신성로마제국의 백작이자 프로이센의 외교관이었고, 후에 프로이센의 총리가 되었다.

잠을 자지 못하고, 시종 여러 명이 편안히 자는 것을 봤다. 사람의 지혜가 얕음과 사람의 힘이 약함을 한탄하며 하나님이 뒤에서 도와주시기를 조용히 기도했다.

이제 베를린으로 가는 길을 통해서는 한 명의 방어도 없었다. 적군이 만약 프로이센에 들어가면 어디를 향하든지 감히 맞설 자가 없었다. 프로이센군[25]이 본래 그 수가 많지 않은 것은 아니었다. 하지만 전쟁한 다음 날 아침에 비록 대왕이 10,000의 병사를 소집하고, 또 며칠 후에 도망쳐 달아나던 병사가 돌아와 전군이 연합했는데도 겨우 20,000에 불과했다. 게다가 대포는 모두 버려서 베를린으로 운반한 것이 겨우 165문이었다. 그 위기가 가히 급박하다고 할 수 있었다. 하지만 하늘이 프로이센을 망하게 하지 않아 베를린은 적군의 유린을 벗어나게 되었다. 정말로 불행 중 다행이었다. 지금 그 이유를 보면, 이때 러시아 장군 살티코프는 여왕의 조카 표트르[26]가 프로이센 대왕을 흠모하는 정을 우려했는지, 아니면 오스트리아군의 지시로 장차 휘하 병사가 홀로 전투하는 것에 분노했는지, 연합해서 진군하자는 오스트리아 장군 다운의 계책에 불응하고 냉담한 뜻으로 답하며 말했다.

"저는 이미 두 번의 전투에서 승리를 얻었습니다. 그러므로 지

---

24) 에트셔(鄂蕝, Oetscher)
25) 프로이센군: 원문에 "普將"(프로이센 장군)으로 기술되었지만, 문맥상 "普軍"(프로이센군)이 더 적당해 보여 그렇게 수정했다.
26) 표트르(彼得, Peter III Fyodorovich, 1728~1762): 1762년부터 1762년까지 러시아 제국을 통치한 황제다. 대부분의 역사가들에 의하면, 그는 정신적으로 미숙하고 매우 친프로이센적인 사람이었기 때문에 평판이 좋지 못한 지도자가 되었다.

금부터는 각하가[27] 두 번의 승전을 알릴 때까지 기다린 후 전투에 종사하겠습니다. 우리 여왕 폐하께서는 결단코 우리에게만 힘껏 싸우라고 명하셨습니다."

이렇게 오스트리아와 러시아 양군 사이에 알력이 생겨 동맹군의 날카로운 기세가 부진해졌다. 프로이센 대왕은 이로 인해 패망에서 구원된 바가 많았다.

제5장 오스트리아군이 드레스덴을 함락시킴

이 무렵에 왕의 동생 헨리 공작은 온갖 권모술수를 발휘해 오스트리아 장군의 군대를 나수태시아(羅壽太時亞)[28] 이내에서 견제했다. 일진일퇴하며 습격하는 형세를 보이는 듯 항상 위협해 한 발의 탄환도 소모하지 않고 적군을 보헤미아의 산지들 밖으로 몰아냈다. 공작의 지략이 능히 싸우지 않고 적을 물러나게 한 일은 그의 형인 왕이 싸워서 대패를 한 일과 비교하면 하늘과 땅만큼의 차이가 있다고 할 수 있었다. 프로이센 대왕은 그 동생인 공작을 일컬어 말했다.

"7년 전쟁 중 잃어버린 게 하나도 없었던 자는 장군들 중 오직

---

[27] 각하: 원문의 "關下"(국경의 관문)는 저본의 "閣下"(각하)의 오기로 추정해 수정했다.
[28] 나수태시아(羅壽太時亞): 현대어 표기를 확인하지 못했다.

내 동생 한 사람뿐이었다."

올해 오스트리아군은 드레스덴을 함락시켰다. 처음에 대왕은 드레스덴의 총독 슈메타우[29]에게 말했다.

"적군이 만약 공격해 와 사태가 위급해지면 만사를 뒤로 미루고 반드시 이 군용 상자를 잘 지켜야 한다."

그 상자는 군자금 7백만 원[30]을 모은 것이었다. 슈메타우는 고지식한 인물의 본보기로 변통하는 법을 알지 못했다. 오스트리아군이 공격해 오자 9월 4일에 오직 그 군용 상자만을 가지고 도망쳤다. 적군이 요새를 함락시키고, 병기와 군량을 모두 빼앗았다. 프로이센 대왕은 드레스덴의 급보를 듣고 장군 분쉬[31]에게 명해 가서 구하라고 했다. 분쉬가 급히 달려갔지만, 요새는 이미 함락되어 더 이상 가지 못했다. 대왕은 드레스덴을 회복하고자 장군 푸케에게 병사 13,000명을 이끌고 막센[32] 부근을 따라가며 적군의 뒤를 치게 했다. 이 일은 극히 위험했다. 그러나 대왕은 그 계책을 실행하고자 하는 열망으로 장군의 간절한 간함을 뿌리치고 즉시 행하라고 명령했다. 푸케는 감히 다시 간하지 못하고 쓸쓸히 전쟁터로 달려갔다. 오스트리아군의 반격을 받자 힘써 싸우지 않았을 뿐 아니라

---

29) 슈메타우(施稱道, Karl Christoph von Schmettau, 1696~1775): 1708년부터 군 경력을 쌓은 슈메타우는 여러 전투에 참전, 1755년에 중장으로 승진했고, 1758년에 드레스덴의 총독으로 임명되었다.
30) 7백만 원: 저본에는 "七百萬弗"(7백만 달러)이라고 기술했다.
31) 분쉬(雲施, Johann Jakob von Wunsch, 1717~1788): 프로이센의 보병 장군으로 특히 경보병의 능숙한 사령관이었다.
32) 막센(漠仙, Maxen)

병사 5,000명을 인솔하고 적의 진영 앞에서 항복했다. 아! 이는 프로이센군에서 처음 있는 추한 일이었다. 오스트리아 장군 다운은 포로를 이끌고 의기양양하게 개선가를 부르며 드레스덴에 들어갔고, 편안히 겨울을 보낼 계획을 세웠다. 프로이센 대왕은 그 패전 소식을 듣고 분을 이기지 못했다. 온갖 계책으로 오스트리아군을 괴롭혀 스스로 물러나게 하고자 했다. 엄동설한의 혹독한 추위에도 불구하고 40여 일 동안 교외에 진을 치고 관망하다가 번민과 추위를 참지 못하고 작센 지역으로 물러났다.

제6편
7년 전쟁의 제5년(서력 1760년)

제1장 프로이센 대왕의 경우와 슐레지엔 전투 및 작센 전투

 이때 프로이센의 국력은 쇠퇴하고, 활기를 잃어버렸다. 병력은 그 수의 감소가 뚜렷해 전쟁터에 분포하기에 부족했다. 적군은 이와 반대로 그 수가 날로 증가했고, 그 기세는 날로 높아졌다. 프로이센 대왕은 담력과 전략이 뛰어났지만, 방어하는 처지에 있는 것밖에는 다른 도리가 전혀 없었다. 그러던 중 방어 또한 능숙할지도 확신하기가 어려웠다. 대왕은 작센 방어를 직접 맡기로 결정했다. 왕의 동생 헨리 공작에게 명해 러시아군이 막수하(漠收河)[1]를 건너는 것을 막게 했다. 장군 푸케에게는 슐레지엔을 지키며 오스트리아 장군 라우돈의 군대를 방어하라고 명했다. 하지만 라우돈은 오스트리아 장군 중 유명한 자였다. 게다가 그 병사도 프로이센군의 3배였다. 준비를 단단히 하고, 한 부대를 보내 글라츠[2] 및 그 수도

---

[1] 막수하(漠收河): 현대어 표기를 확인하지 못했다.
[2] 글라츠(瞿羅州, Glatz)

원을 포위했다. 그러자 푸케는 산지의 위치를 포기하고, 긴요한 요충지에서 지원하고자 했다. 그러나 오스트리아군은 별안간 산지의 도시와 촌락을 격렬히 공격했고, 통과하던 곳에서 마음대로 살육했다. 대왕은 급히 푸케에게 명해 란츠후트 부근의 산지에 본진을 정하라고 했다. 푸케는 이 계획이 극히 위험하다는 것을 알았다. 아무리 간해도 들어주지 않자 칙명을 받들어 죽을힘을 다하기로 그 뜻을 다짐했다. 6월 23일에 오스트리아군 30,000명이 사방에서 란츠후트를 포위했다. 프로이센군은 겨우 8,000명이었다. 푸케가 보병으로 방어진을 편성해 적의 기병에 저항했다. 격전을 치른 지 8시간이 지났지만, 능히 막아서 한 걸음도 물러나지 않았다. 푸케의 말이 적의 빗나간 탄환에 맞아서 말에서 떨어졌다. 탄환이 빗발치듯 쏟아지던 곳으로 구르게 되자 부하 병사 한 명이 달려가 자기 몸으로 덮어서 가린 후 탄환에 맞아 죽었다. 때마침 오스트리아군의 한 사관이 부상 당한 그 모습을 보고 용맹함을 흠모해 후퇴했다. 프로이센의 기병은 한데 섞여 싸우던 중 돌격했다가 물러났다가 했지만, 보병은 대부분이 전사했다. 간신히 4,000명이 포로가 되어 생명을 보전했다.

　이제 슐레지엔 지방은 적의 침입을 방어할 자가 없었다. 또한 대왕이 신임하던 신하 푸케도 새장 속에 갇힌 신세가 되었다. 대왕의 고통이 어떠했겠는가. 그러나 강직한 기개로 꺾인 기색이 조금도 없이 흩어진 병사를 모아서 큰 타격을 적에게 가해 사기를 일으키고자 했다. 거짓 진군으로 오스트리아 장군 다운을 속이고, 갑자기 드레스덴으로 나가 포격을 맹렬하게 했다. 마음속에 그 도시를 이미 얻은 것만 같았다. 하지만 수비대장 맥콰이어[3]가 날쌔고 용감하게 잘 막았다. 도시의 3분의 1이 전투로 인해 불탔지만, 굳건히 지키며 항복하지 않았다. 다운의 대군은 며칠 안으로 대왕의 뒤를 칠 터였다. 대왕은 드레스덴 공격을 멈추고 서둘러 슐레지엔으로 향했다.

이에 앞서 오스트리아 장군 라우돈은 란츠후트를 공격했다. 그곳은 슐레지엔의 자물쇠 같은 곳이자 프로이센의 요충지였다. 대왕이 병사를 이끌고 서둘러 움직여 도착했다. 브레슬라우의 총독 타우엔친[4]은 굳게 지켰고, 왕의 동생 헨리 공작 또한 돕고자 달려왔다. 적의 공격이 몹시 맹렬했지만, 함락되지 않았다.

프로이센 대왕이 슐레지엔에 도착할 무렵 오스트리아 장군 다운은 레이시[5]와 더불어 길을 나누어 밤낮 쉬지 않고 쫓아가서 일전을 겨루고자 했다. 며칠이 지나 대왕의 군대가 리그니츠[6]에 도착해 진영을 정했다. 다운이 레이시와 병사를 합하자 브레슬라우의 길이 차단

---

[3] 맥콰이어(邈貴阿, Johann Sigismund Macquire von Inniskillen, 1710/1711~1767): 1760년 드레스덴을 성공적으로 방어한 덕분에 군사 훈장을 받았다. 1751~1763년에 제46제국보병연대의 사령관이었고, 1763~1767에 제35제국보병연대의 사령관이었다.

[4] 타우엔친(杜緣眞, Friedrich Bogislav von Tauentzien, 1710~1791): 프로이센의 군인으로, 18세기 중반에 활동했다. 특히 7년 전쟁 동안 중요한 역할을 하였으며, 프로이센군의 주요 지휘관 중 한 명으로서 뛰어난 전략과 전술을 선보였다.

[5] 레이시(羅施, Franz Moritz von Lacy, 1725~1801): 오스트리아 제국의 군인으로, 18세기 중반에 활약했다. 특히 7년 전쟁에서 뛰어난 군사 전략과 지도력으로 유명하다.

[6] 리그니츠(利瞿尼州, Liegnitz)

되어 대왕의 군대는 리그니츠 밖으로 나갈 수가 없었다. 오데르강 부근에 헨리 공작의 군대는 러시아에 막혀 역시 전진할 수 없었다. 이때 프로이센군의 식량은 며칠을 버티지 못했다. 오스트리아군이 매우 가까이 왔기 때문에 불의의 습격을 막기 위해 밤마다 진영을 변경했다. 오래지 않아 오스트리아군은 몰래 습격할 기회를 발견했다. 8월 14일 밤에 장군 라우돈은 앞장서서 파펜도르프[7]의 고지를 점령하고, 프로이센군의 배후를 따라서 좌우를 협공해 일거에 전멸시키기로 결정했다. 프로이센 대왕도 그날 밤에 진지를 파펜도르프의 고지에 옮겨서 라우돈이 앞으로 차지하고자 하는 곳을 점령했다. 옛 진지 안에는 전과 다름없이 등에 불을 밝혀서 날쌘 기병 순찰대가 충분히 경계를 강화했다. 대왕은 휘하 병사를 명해 새로운 진영에 도착하는 즉시 전투 준비를 갖추게 했다. 병사는 모두 무기를 들고 잠을 잤다. 대왕도 군복을 입고 지텐 이하의 여러 장군과 등불 주변에 앉거나 서 있었다. 진영 안이 고요해졌다. 하늘이 밝아오기를 기다렸다. 4경[8] 정각에 은하수가 산봉우리 꼭대기에 드리웠고, 샛별은 나뭇가지 끝에 걸렸으며, 사방을 둘러싼 교외의 들판에 먼지 하나 날리지 않던 때 순찰대 사관이 급보를 전하며 말했다.

"적군이 300척[9] 내에 있습니다."

장교와 병사가 전열을 서둘러 전개했고, 대포는 요란스럽게 포

---

[7] 파펜도르프(布縣道, Pfaffendorf)
[8] 4경(更): 하룻밤을 오경(五更)으로 나눈 넷째 부분으로 새벽 1시에서 3시 사이이다.
[9] 300척: 저본에는 "一百ヤード"(100야드)라고 기술했다.

탄을 빗발치게 쐈다. 라우돈은 사태가 의외로 벌어진 데 크게 놀라서 마음속으로 계획한 것을 실행할 수 없었다. 또 동편이 이미 밝아져 프로이센군의 규모를 헤아려 보니 그 수가 의외로 많았다. 그러나 다운이 포성을 들으면 반드시 서둘러 와서 구원해줄 것을 믿고 용기를 내 프로이센군의 반격을 방어했다. 그날 바람의 방향이 반대여서 포성은 다운이 있던 곳까지 도달하지 못했다. 3시간의 격전 끝에 오스트리아군은 마침내 패했다. 82문의 대포를 버리고 급히 후퇴했다. 사망자가 4,000명이었고, 부상자는 8,000명이었다. 잠시 후 다운이 진군을 시작해 프로이센의 우익을 공격했다. 하지만 지텐의 급격한 포격에 물러났다. 패색이 점점 짙어지던 무렵에 라우돈의 패배 소식을 듣고 마침내 그 역시 퇴각했다.

제2장 러시아군이 베를린을 함락시키고, 프로이센 대왕이 회복함

이 무렵에 러시아군 20,000명은 브레슬라우를 따라 물러나서 오데르강을 다시 건넜다. 오스트리아 장군 레이시의 군대 15,000명과 연합해 베를린에 들어갔다. 베를린의 수비병이 적고 약해서 능히 방어하지 못하고, 10월 14일에 러시아군에 항복했다. 러시아 장군 토틀레벤[10]은 규율을 엄격하고 분명히 해 노략질을 금지했다.

---

[10] 토틀레벤(土禮弁, Gottlob Heinrich Curt von Tottleben, 1715~1773); 프로이센 출신의 군인으로, 18세기 중반 러시아 제국의 군대에서 활동했다. 7년 전쟁 동안 중요한 역할을 하였으며, 특히 러시아군의 전략적 승리에 기여했다.

인민의 재해를 비록 적었지만 작센군이 프로이센의 여름 궁전을 파괴했다. 또한 동맹군은 7일 동안 베를린에 주둔해 무거운 세금을 부과해 인민의 고혈을 짜냈다. 프로이센 대왕의 지원군이 며칠 안으로 도착한다는 것을 듣고 오데르강을 건너 후퇴했다.

제3장 토르가우 전투

　프로이센 대왕이 베를린 방향으로 진행한 것은 수도를 회복하기 위해서일 뿐 아니라 작센 또한 회복하기 위해서였다. 이에 앞서 대왕이 슐레지엔에 있던 때 오스트리아군은 작센이 무방비 상태임을 틈타 침입했다. 향하는 곳마다 한 명의 적도 없었기 때문에 모든 곳을 점령했다. 대왕은 필생의 힘을 다해 오스트리아군을 몰아내고자 했다. 하지만 마침 일이 터져 그 칼끝을 잠시 돌려 베를린시 회복에 힘을 사용했다. 오스트리아 장군 다운은 작센에 들어가 토르가우 부근의 요충지에 자리를 잡았다. 프로이센 대왕은 만약 작센 회복의 뜻이 꺾이면 그만두겠지만, 만약 그렇지 않으면 겨울이 오기 전에 교전하지 않으면 안 되었다. 대왕은 본래 회복할 뜻이 간절했기 때문에 승패는 하늘에 맡기고 단판 승부를 가리고자 했다. 만약 불행히도 패배하면 국가의 멸망에 앞서 깨끗이 자살하기로 마음을 정했다.

　프로이센군은 두 길로 나누어 한 부대는 대왕이 직접 이끌었다. 또 한 부대는 대장 지텐이 이끌고 산봉우리와 언덕을 우회해 적의 배후를 에워싸고자 했다. 방향을 헤매 주저하고, 능히 나아가지 못한 일이 여러 번이나 되어 시기를 지체했다. 한참 후에 대왕은 선봉대를 이끌고 수풀길에 들어갔다. 바람결에 포성이 울리는 것을 듣고 말했다.

"지텐의 군대가 이미 도착해 한창 싸우고 있다."

하지만 사실은 선봉대의 작은 전투였다. 대군은 아직 도착하지 않았다. 다운은 그사이를 틈타 전력으로 대왕을 향했다. 대왕은 보병과 기병이 계속 전진하는 것을 기다리지 않고 현재의 병사만 데리고 적의 요새에 가까이 갔다. 적은 200여 문의 대포로 탄환을 일제히 발사했다. 프로이센군이 전진할수록 탄환에 맞고 쓰러진 시체가 도로를 덮었고, 포차의 운행을 오히려 방해했다. 또 적의 포탄은 갈수록 양쪽에서 떨어져 포차를 함께 부서뜨렸다. 대왕이 좌우를 둘러보며 말했다.

"짐은 이렇게 많은 무리가 일시에 탄환에 맞아 쓰러진 일을 처음 본다."

갑자기 탄환 하나가 날아와 대왕의 가슴을 공격했다. 하지만 천행으로 그 상처는 아주 가벼웠다. 여러 대대의 병사가 도착하자 항전을 명했지만, 적의 기병에 쫓겼다. 그러다가 기병이 계속 도착해 적의 기병을 몰아냈다. 전투는 점점 격렬해져 밤이 될 때까지 승패가 나지 않았다. 하지만 프로이센의 보병이 많이 죽어 대왕은 승리가 어렵다고 생각해 노심초사했다. 오스트리아 장군 다운은 승리를 자신하고, 사신을 오스트리아 수도에 보내 승전보를 바쳤다. 패배의 재앙이 눈앞에 임박한 것을 알지 못했다.

잠시 후 태양이 서쪽 산에 지고, 사방의 하늘빛이 희미해져 세상은 일대 암흑세계로 변했다. 하지만 양쪽 군대의 전투는 한창이었다. 이따금 적과 아군을 분간하지 못하고 자기들끼리 서로 공격하기도 했다. 또 밤의 추위를 견딜 수 없어 적과 아군의 병사가 등불 주변에 섞여서 모이기도 했다. 그때 프로이센 대왕은 엘스니히[11] 마을의 작은 교회의 제단 아래 앉아서 편지를 썼다. 또 죽은 후에 처리할 유서도 작성했다. 때마침 지략과 용기를 겸비한 대장 지텐이 용맹한 군대를 이끌고 죽 이어진 산들과 여러 언덕을 넘어와 눈앞에 보이는 적병을 소탕했다. 장군 살던[12]의 병사와 연합해 바람이 불고 번개가 치는 기세로 오스트리아군을 압박했다. 그러자 오스트리아군은 기운을 잃고, 감히 대적하지 못했다. 다운 또한 경상을 입고 한밤중에 엘베강을 건너 드레스덴으로 후퇴했다. 프로이센군은 오스트리아군이 이미 도망친 것을 알지 못했다. 다음날 아침 전투 준비를 갖추었다. 하늘이 밝자 대왕은 말을 몰고 마을 밖으로 나갔다. 적군이 멀리서 도망치는 것을 깨닫기 시작했다. 프로이센군은 마침내 그 땅을 빼앗았고, 대왕을 향해 만세를 외치며 승전을 축하했다.

---

11) 엘스니히(悅壽尼, Elsnig)
12) 살던(撒敦, Friedrich Christoph von Saldern, 1719~1785): 프로이센의 군인으로, 18세기 중반에 활동했다. 그는 프리드리히 대왕 아래에서 군사적 경력을 쌓았으며, 특히 7년 전쟁에서 중요한 역할을 했다.

제7편

7년 전쟁의 제6년 및 제7년(서력 1761년 및 62년)

제1장 제6년의 전쟁 (1)· 프로이센 대왕의 경우와 오스트리아·러시아 양군이 프로이센 대왕을 분첼비츠[1]에서 포위함

1761년이었다. 이때 프로이센군은 몹시 피폐했다. 프로이센 대왕이 비록 활발해 진취할 기력이 넘쳤을지라도 이번에는 방어하는 데 전력을 다해야 패망하는 재앙을 막을 수 있었다. 공격할 힘은 부족했다. 슐레지엔 주둔군에 명을 직접 내리고, 온갖 비책을 다해 오스트리아와 러시아 양군의 연합을 방해했다. 오스트리아군은 약 72,000명이었고, 라우돈이 이끌었다. 러시아군은 부툴린[2]이 이끌었는데, 그 수 또한 전자에 버금갔다. 이 무렵 반년간은 대왕의 술수에 빠져서 연합을 이루지 못했다. 8월 12일이 되어 양쪽 군대가 연합하기 시작했는데, 130,000명 이상의 다수가 되어 대왕의

---

1) 분첼비츠(粉折威州, Bunzelwitz)
2) 부툴린(富土猙, Alexander Borisovich Buturlin, 1694~1767): 러시아 제국의 군인으로, 18세기 초 러시아군에서 활약한 인물이다. 표트르 대제의 통치 아래에서 군사적 경력을 쌓았으며, 러시아-스웨덴 전쟁과 7년 전쟁에서 중요한 역할을 했다.

50,000 군대를 압도하고자 했다. 대왕이 말했다.

"요충지로 물러나 지키는 것밖에는 다른 도리가 없다."

그러면서 분첼비츠 부근의 땅에 본영을 정했다. 적군은 세 겹으로 에워싸는 일을 20일에 마쳤다. 프로이센군은 적군의 불의의 습격을 두려워해 밤낮으로 전투 준비에 게으르지 않았다. 대왕은 사병과 동고동락했고, 밤이면 포대에 가 짚으로 만든 침대에서 잠을 잤다. 어느 밤에 대왕이 일어나 지텐 장군과 등불 주변을 순찰하다가 한 곳에 이르렀는데, 병사 한 명이 보릿가루로 만든 과자를 굽고 있었다. 그 냄새가 코를 찔렀다. 대왕은 멈춰 서서 온화한 말로 말했다.

"동료여, 냄새가 어떤가."

그 병사가 대왕을 돌아보지도 않고 답하며 말했다.

"그렇다. 냄새나 맡아라."

이러고 있을 때 옆에서 누워서 자던 두세 병사가 깜짝 놀라 일어나 그 병사를 붙잡으며 말했다.

"이보게! 가만히 있게. 그대는 대왕도 알아보지 못하는가."

그 병사는 오히려 장난으로 알고 웃으며 큰 소리로 말했다.

"프리드리히 대왕이 정말로 온들 어떻겠는가."

대왕은 미소 지으며 지텐을 돌아보고 말했다.

"지텐, 우리는 오늘 밤에 이 연회에 참여할 수 없겠다."

이때 오스트리아와 러시아 연합군은 프로이센군에 거의 3배였기 때문에 만약 힘을 합쳐 프로이센의 약점을 치면 한 차례의 싸움으로 소탕되어 재기할 힘이 생기지도 못할 터였다. 하지만 오스트리아와 러시아 양군은 서로 시기해 상대방의 명예를 위해 자신의 세력을 사용하는 걸 원하지 않았다. 말로 이런저런 핑계를 대고, 하는 일에 있어서는 앞뒤를 재며, 화목하게 서로 돕는 내실이 없었기 때문에 대왕은 편안히 지내며 걱정할 게 없었다. 이 틈을 타 러시아군의 진격을 막고자 장군 플라텐[3]이 폴란드의 무기고를 약탈하게 했다. 러시아군은 이로 인해 위축되고 부진한 형세가 있게 되었다.

제2장 제6년의 전쟁 (2): 오스트리아군은 슐레지엔의 대부분을 빼앗고, 러시아군은 베를린에 다시 들어가고자 하고, 프로이센의 군주와 백성은 단결함

프로이센 대왕은 분첼비츠의 진영을 버리고 오스트리아군을 슐레지엔의 평지로 유인하고자 했다. 오스트리아 장군은 갑자기 산지에서 내려와 프로이센 대왕의 뒤를 밟지 않고, 슈바이트니츠로 곧장 나아가서 경비가 해이함을 틈타 공격해 함락시켰다. 또 이로 인해 글라츠도 얻었다. 슐레지엔의 대부분을 점령하게 되었다. 아울러 러시아군은 콜베르크[4]를 약 4개월 동안 포위 공격해 12월 13일에 함락시켰다. 이제 대왕은 사면으로 적을 맞이해 그 형세가 새장

---

[3] 플라텐(蒲禮敦, Dubislav Friedrich von Platen, 1714~1787): 프로이센의 군인으로, 주로 18세기 중반에 활약했다. 프리드리히 대왕 아래에서 군사적 경력을 쌓았으며, 특히 7년 전쟁에서 중요한 역할을 했다.

[4] 콜베르크(高別比, Kolberg)

속의 새같이 된 것을 피하지 못했다. 이때 왕의 동생 헨리 공작은 작센을 방어했다. 하지만 그 대부분에서 러시아군은 자유롭게 통행할 수 있었다. 따뜻한 봄이 되면 단숨에 베를린을 압박해 부서뜨릴 기세였다. 프로이센은 위기일발의 상황이었다. 그러나 프로이센의 인민은 빈부와 귀천에 상관없이 모두 국가의 중책을 자임하고 생사를 가볍게 여겼다. 전국 곳곳에서 병기를 들고 군대에 들어가기를 원했다. 군주와 신하 모두가 한 몸과 한뜻으로 적과 맞서고자 했기 때문에 프로이센인이 죽기 전에는 국가가 멸망할 우려가 없었다.

제3장 제7년의 전쟁 (1): 유럽에 두 가지 큰 사건이 생김

1761년이 순식간에 지나가고 1762년이 이르렀다. 봄에 유럽 가운데 두 가지 큰 사건이 생겨 대세가 이에 바뀌게 되었다. 그 두 사건은 무엇이었는가. 영국 수상 피트의 퇴임과 러시아 여왕 엘리자베타의 붕서[5]였다.

피트의 퇴임은 완연히 브란덴부르크 왕가가 멸망할 징조였다고 할 수 있다. 대개 피트의 됨됨이는 품위를 스스로 지키고, 의협심이 넘쳐 진실로 공포나 사기의 혐의가 있는 일은 일체 행하거나 꾸미지 않았다. 그가 말했다.

"내가 정권을 장악한 동안 영국은 결단코 프랑스와 평화를 강구

---

[5] 붕서(崩逝): 임금이 세상을 떠난 것을 뜻한다.

하지 않을 것이다. 프로이센이 아무리 패망에 빠져도 결단코 사사로운 이익을 위해 버리지 않을 것이다."

이제 그가 그 직책에서 물러나고, 뷰트[6]가 그 후임을 이어받았다. 그 사람은 밖으로는 국체를 모욕하고, 안으로는 악정을 일삼았다. 왕의 총애만을 믿고 장관의 자리를 더럽히고, 훌륭한 수상인 척 꾸며서 국민의 눈을 속이는 일로 자신하던 자였다. 이제 내각의 수장을 차지하자 첫 번째는 프랑스와 평화를 강구했고, 두 번째는 국교상의 예의에 결례가 없을 때까지 유럽 대륙 여러 나라와 동맹을 맺지 않는 것을 외교의 핵심으로 삼아 영국과 프로이센의 동맹을 해제했다. 프로이센은 여러 해 동안 고전한 나머지 괴로운 상황이 극에 달했고, 사방으로 적과 맞서고 있었는데, 그로 인해 유일한 유력한 동맹을 잃어버렸고, 홀로 움직여야 하는 지경에 서게 된 것을 피하지 못했다.

이 때문에 이 일에 대해서만 고찰할 때는 프로이센의 멸망이 하루아침에 닥쳐올 것만 같을 것이다. 그러나 하늘의 뜻은 결단코 프로이센에 재앙을 내리는 것이 아니었다. 때마침 프리드리히 대왕을 몹시 증오하던 러시아 여왕이 세상을 떠나고, 여왕의 조카 표트르가 제위를 이어받았다. 황제는 열심히 프리드리히 대왕을 숭배하던 자이자 흉내 내던 자였다. 즉위 초기에 프로이센의 포로

---

[6] 뷰트(符道, John Stuart, 3rd Earl of Bute, 1713~1792): 1762~1763에 조지 3세 왕 밑에서 영국 총리를 역임한 영국의 귀족이자 그 자리를 차지한 최초의 토리당원이었다. 뷰트는 독일에서의 철수를 지지하고, 주로 바다와 식민지에서 프랑스와 전쟁을 치르고자 했다.

를 배상 없이 석방하고 우대해 본국으로 송환했다. 또한 5월 5일에 프로이센과 러시아의 동맹을 상트페테르부르크[7]에서 맺었다. 점령지를 배상 없이 반환했고, 프로이센 영지 내에서 병사를 철수시켰을 뿐만 아니라 장군 체르니셰프[8]에게 명해 20,000명을 이끌고 슐레지엔에 주둔하던 프로이센군을 지원하게 했다. 이 무렵에 스웨덴 또한 여러 동안의 전쟁으로 피폐함이 상당히 극심했다. 이를테면, 전쟁에서 이겨도 이익이 없었을 뿐 아니라 명예도 얻지 못했다. 만약 패했다면, 손해 입은 것이 정말 많았을 것이다. 거취에 대한 의견이 분분하던 상황에서 계륵[9]을 삼킬지 말지를 정하지 못하던 무렵 러시아가 프로이센과 강화한 전언을 듣고, 그 또한 그 사례를 본받아 5월 22일로써 프로이센과 스웨덴의 평화 조약을 맺었다.

제4장 제7년의 전쟁 (2): 프로이센 대왕의 지략이 러시아 장군을 좌우하고, 또 슐레지엔에서 오스트리아군을 몰아냄

프로이센 대왕은 이제 전력을 다해 오스트리아군 공격에 집중

---

[7] 상트페테르부르크(聖彼得堡, Saint Petersburg)
[8] 체르니셰프(楮尼齊, Zakhar Grigoryevich Chernyshev, 1722~1784): 러시아 제국의 군인으로, 18세기 중반에 활약한 중요한 군사 지도자이다. 러시아-튀르크 전쟁과 7년 전쟁에서 중요한 역할을 했으며, 특히 전술적 능력과 지도력으로 러시아군의 승리에 기여했다.
[9] 계륵(鷄肋): 닭의 갈비라는 뜻으로 그다지 큰 소용은 없으나 버리기에는 아까운 것을 이른다. 『후한서』(後漢書)의 「양수전」(楊修傳)에 나오는 말이다.

할 수 있었다. 속히 슐레지엔을 탈환하고자 하여 슈바이트니츠 공격을 먼저 행하기로 결정했다. 이때 오스트리아군 총사령관 다운은 부르케스도르프[10] 부근의 요충지를 차지해 슈바이트니츠를 방어했다. 그러므로 프로이센 대왕은 러시아군이 며칠 내에 도우러 올 것을 기다려 그 요충지 공격도 함께 시행하기로 결정했다. 대왕은 진군하는 길에 이미 올라섰는데, 러시아 황후 예카테리나가 그 남편 표트르 황제를 시해하고, 황제의 자리를 빼앗았다는 놀라운 소식이 전해졌다. 또한 러시아 궁정에서 체르니셰프를 소환하는 명령도 도착했다. 대왕의 위기가 다시금 심해졌다. 그러나 말과 얼굴빛에 바뀌지 않은 채 말했다.

"지혜로운 자는 어리석은 자를 부리고, 현명한 군주는 재앙을 바꿔 복을 삼는다."

그러면서 계책 하나를 생각해 내 러시아군을 이용하고자 했다. 체르니셰프를 만나 3일 동안만 러시아 궁정의 명령을 비밀로 하고 오스트리아 공격에 함께 참여하자는 교묘한 말로 그를 속였다. 체르니셰프는 대왕의 청에 응하면, 본국에 죄를 짓는 우려가 없지 않았다. 그러나 한편으로는 대왕의 술수에 농락당했고, 또 한편으로는 지혜와 어리석음의 현격한 차이 탓에 대왕의 뛰어난 기상과 당당한 연설에 압도되어 감히 주저하지 못했다. 프로이센군을 도와 오스트리아군을 격파하고, 그다음 날 병사를 이끌고 본국에 돌아갔다. 러시아 궁정도 그 죄를 묻지 않았다.

---

10) 부르케스도르프(佛桂斯道, Burkersdorf)

이에 앞서 러시아 여왕 예카테리나는 그 남편 표트르 3세에게 학대를 당하자 마음속으로 말했다. '이는 반드시 프로이센 대왕의 권유로 인함이다.' 대왕을 증오하는 것이 몹시 심했다. 그리고 남편인 황제를 시해한 후 죽은 황제의 서한 등의 물건을 살펴봤다. 프로이센 대왕의 서간 여러 통을 발견했다. 한 차례 통독했는데, 그 남편인 황제에게 온화한 정책을 행하라고 충고했고, 또 황후 예카테리나를 우대하고 사랑하라는 권면의 뜻이 몹시 간절했다. 러시아 여왕은 비로소 지난날에 추측한 것이 큰 착각임을 깨닫고, 프로이센 대왕을 존경·사모하게 되었다. 그래서 남편인 황제가 살았을 때 체결한 프로이센과 러시아의 동맹을 비준하게 되었다.

올해 프로이센 대왕은 슈바이트니츠를 함락시켰고, 오스트리아군 10,000명을 사로잡았다. 왕의 동생 헨리 공작은 작센의 모든 곳에서 이겨 오스트리아군을 몰아냈고, 프로이센 대왕은 오스트리아와 휴전을 약속했다. 페르디난트 공작은 프랑스군을 대파했고, 독일연방과도 휴전 조약을 맺었다.

제8편

화친과 선후책

제1장 화친

이제 각 교전국 중 한 나라도 피폐해지지 않은 나라가 없었고, 한 나라도 휴식을 열망하지 않은 나라가 없었다. 영국은 인도와 아메리카에서 연전연승의 공을 이루었다. 하지만 국채도 12억 원[1] 이상에 달했다. 수상 뷰트는 프랑스와 화친을 구해 독일 전쟁(즉 7년 전쟁)에서 국외중립을 선언했다. 러시아와 스웨덴은 지난번에 이미 프로이센과 평화 조약을 맺었다. 그러므로 이제는 본래의 교전국인 프로이센과 오스트리아 양국이 각자의 힘만으로 서로 싸우지 않으면 안 되었다. 대개 오스트리아는 그 병사 수가 많은 것이 본래 프로이센에 비할 바가 아니었다. 또 그 여왕은 여성에게 흔히 있는 일처럼 프로이센 대왕을 증오·질투하는 뜻이 단단히 얼어붙어 조금도 녹지 않았다. 하지만 군수품을 공급할 자금이 없어서 혼자 힘으로 전쟁을 영구히 지속할 수는 없었다. 그러던 중 최근에

---

[1] 12억 원: 저본에는 "一億二千萬磅"(1억 2천만 파운드)이라고 기술했다.

튀르키예가 협박하는 말을 내뱉고, 100,000 대군을 헝가리 국경에 집결시켰기 때문에 오스트리아 여왕은 복수할 뜻이 아무리 간절해도 잠시 그 발걸음을 양보하지 않으면 안 되었다. 게다가 프로이센 대왕의 본의도 처음부터 슐레지엔 보유를 공고하게 하는 데 있었으므로 그 보유만 확실하면 전쟁 상황을 끝내는 데 이의를 주장하지 않을 터였다. 이 때문에 오스트리아는 프로이센에 슐레지엔을 확실히 양도하고, 프로이센과 오스트리아, 작센의 3국 전권대신이 화친 담판을 열었다. 1763년 2월에 작센 선제후국 후베르투스부르크에서 조약을 맺었고, 3국의 군주가 곧바로 비준했다. 7년 전쟁은 이리하여 그 끝을 고했다. 그 조약의 주요 조항은 다음과 같았다.

첫째, 3국은 일체 전쟁 비용이나 손해의 배상을 요구하지 않을 것
둘째, 프로이센 왕이 슐레지엔을 보유하는 것
셋째, 프로이센 왕이 작센에서 공략한 토지를 모두 그 본국에 반환하는 것
넷째, 포로 교환을 행하는 것

대체로 이러했기 때문에 7년 전쟁이 격렬했다면 격렬했다고 할 수 있지만, 그 이후 약 30년 동안 유럽이 평화로운 은택을 입게 된 것 또한 이 전쟁이 준 것이라고 하지 않을 수 없을 것이다. 왜냐하면 각국 사이에서 쟁론할 씨앗을 전파할 의심이나 시기할 이유를 몰아내 사회 밖으로 던져버린 까닭이었다. 요컨대, 7년 전쟁은 인

간에게 큰 해를 가한 것이 많다고 하겠지만, 큰 이로움을 준 것 또한 적지 않았다.

제2장 7년 전쟁은 각국의 진상을 드러냄

7년 전쟁은 교전한 각국의 진상을 세계에 분명히 드러냈다. 이제 차례대로 서술해 보겠다.

첫째, 프로이센의 진상

프로이센은 영토가 비록 작았지만, 군주와 백성이 일치하기까지 그 기초가 공고해 무너질 우려가 없었다. 정치를 베푸는 데 공평함을 힘썼고, 재물 사용을 관리하는 데 근검절약을 주로 했다. 위아래 모두가 부지런한 열심으로 나라의 대적과 싸우는 데에는 용감한 기개와 나라를 진보시키는 데에는 활발한 정신이 확실히 수립되어 있었다. 온갖 어려움을 당해도 굴복하지 않았고, 수많은 좌절을 만나도 꺾이지 않았다. 아무것도 없는 맨손으로 유럽 대부분의 부강한 여러 나라를 대적해 국권을 신장하고, 국위를 선양한 것이 이런 여러 가지 일이 생겨난 유일한 이유였다. 그러므로 대대손손이 이 이념을 삼가 지켜 잃어버리지 않으면 프로이센의 유업은 만세에 무궁할 것이라고 하는 것이 당대의 정론이었다.

역사가가 프로이센의 프리드리히 대왕을 찬양하며 말했다.

"7년 전쟁이 그 끝을 고하자 대왕의 위엄과 명성은 산악의 치솟은 고개 같았고, 대왕의 덕망은 대해처럼 호탕했다. 뭉뚝한 산기슭이나 졸졸 흐르는 물 같은 평범한 사람은 감히 앙망하거나 견주지 못할 것이다. 어지간한 명성과 사업으로 치솟은 산봉우리와 길게 흐르는 하천처럼 자처하는 호걸 무리도 대왕을 천인(天人) 같이 숭배해 비교하는 것을 기대하지 못할 것이다. 대개 대왕이 사방을 정벌·극복한 업적은 옛 마케도니아[2]의 대왕 알렉산더[3]와 로마의 독재관 카이사르[4]와 근세 프랑스의 황제 나폴레옹처럼 절대적이지 못하고, 백전필승한 공로는 영국의 대장 말버러[5]와 웰링턴처럼 현저하지 못할 것이다. 그러나 대왕은 재능과 과감한 결단과 용기와 굳은 인내심으로써 능히 약한 이로 강한 이를 꺾고, 가난한 이로 부유한 이를 압도했다. 이에 있어서는 고금에 그에 버금갈 자가 없을 것이다."

---

[2] 마케도니아(麻細埜, Macedonia/Macedon)
[3] 알렉산더 대왕(Alexander the Great/Alexander III of Macedon, BC 356~BC 323): 고대 마케도니아의 왕으로, 역사상 가장 위대한 정복자로 알려져 있다. 그리스, 이집트, 페르시아 제국을 정복하고, 인도 북서부까지 진격했다. 그의 군사 전략과 전술은 혁신적이었으며, 동서양 문화의 융합을 촉진했다.
[4] 카이사르(蔣慈, Gaius Julius Caesar, BC 100~BC 44): 고대 로마의 정치가이자 군인으로, 로마 공화국의 전환을 이끈 주요 인물이다. 갈리아 전쟁을 통해 넓은 영토를 정복하고, 로마의 군사적·정치적 권력을 강화했다. 로마 내전을 일으킨 후 로마의 독재자가 되었다. 여러 개혁을 추진했지만, 공화주의자들로부터 반감을 샀고, 결국 기원전 44년에 암살당했다.
[5] 말버러(林寶老, John Churchill, 1st Duke of Marlborough, 1650~1722): 영국 육군 장교이자 정치가로 용기와 외교적 수완을 통해 군사적·정치적 발전을 이뤘다. 그는 한 번도 전투에서 진 적이 없는 것으로 알려져 있다.

둘째, 오스트리아의 진상

오스트리아는 어떠한 위기가 닥쳐오든지 그 국가는 손쉽게 멸망하지 않을 것이다. 토지가 비옥하고, 경치가 아름다우며, 인민이 일치단결해 자상한 어머니 같은 정부를 받들고, 굴복하거나 꺾이지 않는 기상이 있었다.

셋째, 프랑스의 진상

프랑스는 그 명예가 7년 전쟁으로 인해 훼손된 것이 많았다. 당시에 프랑스 정부는 미약한 가운데 규율이 없고, 일체의 정권은 부인이나 아첨꾼의 손안에 있었다. 이 불치병에 걸려 사멸에 스스로 이르렀다(나중에 프랑스 혁명).

제3장 프리드리히 대왕의 선후책

프로이센과 오스트리아 양국이 이미 화친했으므로 프리드리히 대왕은 6년여의 출정 후 베를린에 비로소 돌아갔다. 도시의 길거리 곳곳에 꽃등을 켜서 환영과 축하의 뜻을 표했다. 페르디난트 공작은 대왕을 모시고 마차에 타서 마차의 장막을 걷고 천천히 몰았다. 도로 곁에는 구경꾼이 인산인해를 이루었고, 남녀노소의 만세·환호하는 소리가 천지를 진동했다. 대왕은 인민의 이러한 충의에 깊이 감동해 마차 위에서 예를 갖추며 큰 소리로 말했다.

"사랑한다, 나의 인민이여! 복과 영화가 만세로다!"

대왕은 이 기뻐하고 즐거워하는 소리 속에 수도의 쇠퇴·황폐한 광경을 돌아봤다. 눈에는 시름이 가득했고, 마음 아프게 슬퍼하는 소리가 절로 나왔다. 게다가 지방 각 지역의 상황은 황량함과 쓸쓸함이 한층 더 심했다. 인민은 적군의 약탈과 세금으로 가산을 잃고, 활로를 찾지 못해 상하귀천 중 누르스름한 기색을 띠지 않은 자가 없었다. 논밭은 황무했고, 곡식의 씨앗은 아주 없어져 버렸다. 소와 말, 닭, 돼지의 가축도 먹을 것이 부족해 거의 대부분 굶어 죽기 직전이었을뿐더러 민간에는 전쟁 후 전염병이 유행해 7년간 전사·병사한 수가 전국 인구 총수의 10분의 1에 이르렀다. 경작하고 수확할 때가 되어도 이따금 지방에는 부녀자밖에 논밭에 나갈 자가 없었다. 혹은 촌락 전체에 한 사람의 거주자가 없기도 했다. 쇠나 돌처럼 강한 담력을 가진 대왕도 가만히 흘러내리는 눈물을 멈출 수 없었다. 그중에서도 특히 돈은 가치가 떨어졌고, 법령·규칙이 막혀 사회질서가 문란해졌다. 게다가 군대는 정돈되지 못해 장교가 죽었지만 그 빈 자리를 보충할 수 없었고, 신병을 모집하려 해도 인원이 부족해 체격 여부를 묻지 않았으며, 대대 전체를 탈영병과 포로로 편성하게 된 적도 있었다. 이 때문에 30년의 태평함이 있어도 7년 전쟁의 후유증을 해결하는 데 충분하지 못했다. 유일하게 다행스러운 일은 국채를 모집하지 않아 나중에 폐해를 남기지 않았다는 것이었다.

대왕이 가장 먼저 관심을 기울인 일은 군대의 편제를 정돈해 뜻밖의 일에 대비하는 것이었다. 그러므로 신병 훈련을 하는 데 교관 이하를 엄하게 다루어 규율을 엄격히 했다. 그러나 가장 큰 목적은 전쟁의 상처를 치유해 민간의 이익을 일으키고, 국가의 복지를 향상시키는 데 있었다. 남은 군량을 풀어서 빈곤을 구제했고, 곡식의 씨앗을 나누었으며, 급하지 않은 군마를 농부에게 주어 경작에 도움을 주었다. 또한 전쟁터에서 세금은 피해의 크고 작음에 비추어 면제했고, 농공업을 장려하기 위해 그 긴요함의 크고 작음에 따라 보조의 많고 적음을 행했다. 화친한 후부터 대왕이 붕서할 때까지 약 24년간 그 사용한 금액은 2,400만 원[6] 이상이었다. 내개 대왕의 덕은 재물 사용에 근검절약을 스스로 지켰고, 거액의 돈을 국민의 이익에 사용하게 했다는 데 있다. 대왕은 항상 말했다.

"짐은 국가의 상등 고용인이다. 국고의 돈은 짐의 물건이 아니라 세금을 내는 인민의 공적 물건이다."

그러므로 궁정의 경비를 절감하고, 매년 100만 원[7]의 돈은 저축해 공익에 충당했다. 그 마음은 가히 왕으로서의 공적 마음이라고 할 수 있을 것이다. 대왕은 또한 일찍이 세무관 로네[8]에게 말했다.

"짐은 신민 중 가장 가난한 자보다도 가난하다. 대개 세습한 재산을 갖지 않은 자가 매우 드물고, 또한 세습한 재물이 없어도 자신의 근면한 노력으로 비용을 부담하지 못하는 자도 거의 없다. 하지만 짐은 그렇지 않아 국가에 속한 재산 외에는 조금도 가질 수 없

---

6) 2,400만 원: 저본에는 "二千四百萬弗"(2,400만 달러)이라고 기술했다.
7) 100만 원: 저본에는 "百萬弗"(100만 달러)이라고 기술했다.
8) 로네(魯柰, Marcus Antonius de la Haye de Launay, 1730~?): 프랑스 출신으로 1766년 봄에 프로이센에 입대하여 1766년 7월에 추밀원 재정 자문위원으로 임명되었고, 첫 6년 동안 국장으로 근무했다.

다. 짐은 국가 재산을 관리하는 임무를 가진 직급자에 불과하다. 이제 직급자가 되어 그 관리하는 금액을 남용하면 그 죄가 어찌 가볍겠는가."

대왕은 "농업은 국민 생활의 큰 근본이다"라고 이르며, 농민을 권장하고 부양했다. 그러자 그 변화가 크게 일어났다. 황무지와 못이 날로 개간되고, 제조와 무역 또한 날로 번성해 전국 각 지역이 예전의 성황을 회복했다. 뽕나무와 삼나무가 서로 바라보고[9], 닭이 울고 개가 짖게 되면서[10] 전쟁의 남은 흔적은 존재하지 않게 되었다. 이 때문에 슐레지엔은 전쟁의 재해를 입은 것이 가장 심한 땅이었지만, 그 후 15년 동안 인구가 증가해 7년 전쟁 전보다 180,000이 더 많아지는 데 이르렀다. 대개 일국의 원기를 왕성하게 해 소국으로 여러 대국과 대치하고자 하면 반드시 쉴 줄도 모른 채 항상 근면하지 않으면 안 되었다. 대왕의 근면 성실함은 일반인에게 요원한 것이어서 신민의 모범이 되었기 때문에 세상을 떠나던 전날까지 촌각을 아껴 늙을수록 더욱 씩씩했다. 프로이센이 오늘날 부강함을 가진 것은 실로 프리드리히 대왕이 남긴 공적 때문이었다.

---

[9] 삼마상문(桑麻相望): 아마도 상마지교(桑麻之交)를 뜻하는 말로 추정된다. 상마지교는 뽕나무와 삼나무를 벗 삼아 지낸다는 뜻으로, 전원에 은거하여 시골 사람들과 사귀며 지냄을 비유적으로 이르는 말이다.
[10] 계견상문(鷄犬相聞): 닭이 울고 개가 짖는다는 뜻으로, 인가(人家)가 잇대어 있음을 비유적으로 이르는 말이다.

해설

프로이센의 계몽 군주 프리드리히 2세와 7년 전쟁

유석환

지금으로부터 100여 년도 더 된 시기, 흔히 말하는 이른바 서세동점(西勢東漸)의 거대한 변혁의 파고 속에서 그 파고를 일으킨 장본인인 서구를 당대의 한국인들은 어떻게 이해했을까? 그동안 많은 사람들이 그런 질문을 제기했는데, 그 답변에서 빠지지 않는 사람, 어쩌면 그 답변의 수위를 차지해도 전혀 이상하지 않을 것 같은 사람 중의 한 명이 유길준(兪吉濬, 1856~1914)이다. 그만큼 1895년에 출간된 『서유견문』은 유길준 한 개인의 차원을 넘어서 한국 지식문화사의 기념비적인 책이기 때문이다. 그런 그가 그로부터 10여 년 후인 1908년에 번역하여 출간한 책이 바로 『보로사국 후례두익 대왕 칠년 전사』(普魯士國厚禮斗益大王七年戰史, 이하 7년 전쟁)이다.

유길준은 당대에 누구보다도 서구 문명에 깊이 심취한 지식인이었다. 이를테면, 그가 연암 박지원의 손자인 환재 박규수의 사랑방에 드나들면서 중국 청대의 지식인 위원(魏源)의 세계지리서 『해국도지』(海國圖志, 1844)와 같은 책들을 읽었고, 김옥균, 박영효, 서광범 등의 개화파 지식인들과 교유한 일은 잘 알려져 있다. 또한 한국 최초의 일본 유학생으로서 당시 일본 최고의 지식인이었던 후쿠자와 유키치나 역시 한국 최초의 미국 유학생으로서 당시 저명한 진화론자였던 에드워드 모스 등의 지도를 받은 일도 널리 알려진 사실이다.

 이렇게 남들보다 몇 걸음이나 앞서 나가다 보면 으레 그렇듯 유길준도 자신의 사회적 역할, 지식인으로서의 소명에 대해 깊이 고민하지 않을 수가 없었다. 다만 그는 김옥균과 같은 혁명가의 길을 걸어가지 않았다. 비록 그가 1900년을 앞둔 무렵에 청년 장교들과 함께 고종 폐위의 쿠데타를 계획했을지라도 말이다. 유길준은 폭력을 동원하여 국가나 사회의 구조와 제도를 단숨에 변혁하는 일보다는 인간의 영혼을 점진적으로 바꿔 나가는 일에 평생을 헌신했다. 과거제의 폐지를 주창한 「과문폐론」(科文弊論, 1877)을 시작으로 「언사소」(言事疏, 1883), 「세계대세론」(世界大勢論, 1883), 「중립론」(中立論, 1885), 「국권」(國權, 1888) 등의 문장들을 꾸준히 집필하고, 한국인이 발행한 최초의 근대적 신문으로 알려진 『한성순보』(漢城旬報)의 창간(1883.10)에 관여한 일은 그 일환이었다. 유길준이 정치가였음에도 『조선문전』(朝鮮文典, 연대 미상)이나 『대한문전』(大韓文典, 1909), 『노동야학독본』(勞動夜學讀本, 1908) 등의 책을 집필한 이유도 그 때문이었다.

유길준의 전 생애 중 12년간의 일본 망명 시기(1896~1907)는 저술가로서 유길준이 마지막 열정을 불태웠던 때였다. 국운이 점점 기울어 가는 사태를 나라 밖에서 지켜볼 수밖에 없었던 그 시기에 그는 특히 번역 작업에 몰두했다.『정치학』을 비롯하여『영국·프랑스·러시아·튀르크 크리미아 전쟁사』(英法露土諸國哥利米亞戰史),『폴란드 쇠망사』(波蘭國衰亡史),『이탈리아 독립 전쟁사』(伊太利獨立戰史) 등을 번역했다.『7년 전사』도 이 시기에 번역되어『크리미아 전쟁사』와 함께 당시 대표적 출판사 중 하나였던 광학서포에서 1908년에 출간되었다.

잘 알려져 있듯『7년 전사』는 시부에 다모쓰(澁江保)의『프리드리히 대왕 7년 전사』(フレデリック大王七年戰史, 1896)를 번역한 책이다. 번역이라고 했지만, 직역보다는 의역이, 축약이나 삭제가 현저하다. 전쟁사에 관한 책답게 시부에 다모쓰는 각 전투마다 병력현황, 전황 묘사 등에 힘을 쏟았지만, 유길준은 그런 부분에 관심을 기울이지 않았다. 그 결과 시부에의『프리드리히 대왕 7년 전사』가 총 8장 33절의 본문에 부록까지 더해져 분량이 335쪽이었던 데 비해 유길준의『7년 전쟁』은 부록이 빠진 8장 32절만으로 구성된 86쪽의 얄팍한 책자가 되었다. 이를 두고 부실한 번역, 실패한 번역이라고 비판하는 사람도 없지 않겠다. 그러나 그보다는 번역가로서 "필요한 부분만을 고르고 자신의 생각에 맞게 고쳐 쓰는 방식"으로[1] 일관한 유길준의 문제의식에 주목해 그의 번역본을 하나의 독

---

[1] 장인성,『서유견문: 한국 보수주의의의 기원에 관한 성찰』, 아카넷, 2017, 26쪽.

자적인 저작물로 파악하는 것이 실상에 더 가까이 가는 지름길일 것이다.[2]

1908년을 전후한 무렵에 알렉산더, 콜럼버스, 넬슨, 워싱턴, 표트르 대제, 비스마르크, 잔 다르크, 나폴레옹, 마치니, 가리발디, 카부르 등에 관한 책이 번역·출판되었을 때[3] 『7년 전사』를 통해 프리드리히 2세(Friedrich II, 1712~1786)도 당시 한국인들에게 소개되었다. 프리드리히 2세는 예나 지금이나 한국사회에서 그렇게 유명한 인물은 아니다. 그 이유 중 하나로 프리드리히 2세의 프로이센이 근대사에 속해 있음에도 오늘날에는 존재하지 않는 국가라는 점 때문일지도 모르겠다. 하지만 독일의 역사에 대해 조금이라도 관심을 가진 사람이라면, 프리드리히 2세는 말할 것도 없고 프로이센에 대해서도 알게 될 수밖에 없다.[4] 오늘날의 독일, 그러니까 크고 작은 여러 나라로 분열되었던 독일을 하나의 국가로 통일하는 데 핵심적 역할을 한 것이 프로이센이었고, 이 프로이센을 강력한 국가로 부흥시킨 핵심 인물이 프리드리히 2세였기 때문이다. 그래서 독일 사람들은 한국 사람들이 세종을 세종대왕이라고 부르듯 프리드리히 2세를 프리드리히 대왕이라고 부른다. 세계사에서 프리드리히 대왕은 18세기 유럽의 계몽주의를 절대주의 정치체제에

---

[2] 이러한 문제의식을 바탕으로 유길준의 『7년 전사』를 분석한 연구로는 최정훈, 「유길준의 7년전쟁사 저술에 나타난 국민 창출론」, 이혜경 외, 『유길준의 사상 세계』, 나남, 2021 참조.
[3] 손성준, 『중역한 영웅』, 소명출판, 2023, 78~79쪽.
[4] 이에 대해서는 김장수, 『독일 통합의 비전을 제시한 프리드리히 2세』, 푸른사상, 2021 참조.

결합한 계몽 전제군주의 전형으로 알려져 있다.

유길준이 주목한 7년 전쟁은 오스트리아 왕위 계승 전쟁의 연장선상에서 일어난 전쟁이었다. 그래서 7년 전쟁을 제3차 오스트리아 왕위 계승 전쟁이라고도 한다. 제1차 오스트리아 왕위 계승 전쟁(1740~1743)은 여자의 왕위 계승을 금지한 당시의 법을 고쳐 오스트리아의 통치자로 등극한 마리아 테레지아의 일이 빌미가 되어 일어났다. 이 전쟁을 통해 프리드리히 2세는 슐레지엔을 자국의 영토에 편입시킴으로써 프로이센 부흥의 발판을 마련했다. 제2차 전쟁(1744~1748)과 제3차 전쟁인 7년 전쟁(1756~1763)은 슐레지엔을 되찾기 위한 오스트리아와 그것을 지키기 위한 프로이센을 중심으로 한 유럽 국가들의 전쟁이었다. 이 오랜 전쟁 끝에 프리드리히 2세는 슐레지엔을 지켜냈고, 이후 프로이센은 강력한 국가로 성장하게 되었다.

유길준은 『7년 전쟁』의 서문에서 전쟁 영웅으로서 프리드리히 2세의 용맹과 지략을 나폴레옹과 나폴레옹을 완전히 패배시킨 웰링턴에 비견했다. "그 빼어난 용맹의 신비함은 프랑스 황제 나폴레옹을 대항할 수 있었고, 침착하고 굳센 지략은 영국의 장군 웰링턴과 방불했다."[5] 그러나 사실 프리드리히 2세는 나폴레옹이나 웰링턴만큼 탁월한 전쟁 영웅이 아니었다. 이는 유길준 자신도 잘 알고 있었다. 7년 전쟁에서 프리드리히 2세가 절멸 직전까지 몰렸다가

---

[5] 유길준의 『7년 전쟁』에서 인용한 문장은 출전 표기 없이 큰따옴표로만 표시했음을 밝혀둔다.

구사일생으로 살아남을 수 있었던 결정적 이유 중 하나는 프리드리히 2세를 증오한 러시아 여왕 엘리자베타 페트로브나가 갑작스럽게 서거한 후 그녀에 뒤이어 즉위한 표트르 3세가 그를 절대적으로 지지했기 때문이었다. "대개 대왕이 사방을 정벌·극복한 업적은 옛 마케도니아의 대왕 알렉산더와 로마의 독재관 카이사르와 근세 프랑스의 황제 나폴레옹처럼 절대적이지 못하고, 백전필승한 공로는 영국의 대장 말버러와 웰링턴처럼 현저하지 못할 것"이라는 어느 역사가의 평가를 유길준이 『7년 전쟁』의 결론부에서 이례적으로 길게 인용한 데서도 그 사실을 분명히 알 수 있다.

그렇다면, 유길준은 7년 전쟁 시기의 프리드리히 2세에 왜 주목했을까? 『7년 전쟁』의 내용상 프리드리히 2세가 전쟁 영웅은 물론이고 계몽 전제군주 때문이어서도 아니었고, 그가 전쟁사에 특별한 관심이 있어서도 아니었다. 그 이유는 약소국이 강대국을 패퇴시킨 역전의 승부 때문이었다. 당시 국제 정세에 대해 남다른 식견을 갖고 있었던 유길준은 "강한 힘이 정의라고 하고, 권능으로 실제 덕을 삼기 때문에 평화 조약이 평소의 잡담에 지나지 않고, 만국공법이 종이 위의 헛된 글에 불과하다"는 사실을 아주 잘 알고 있었다. "이와 같은 때에 있어서 나라를 지키고 싶어 하는 자는 어떠한 방법을 사용해야 맞는가?" 이것이 유길준의 문제의식이었다. 그가 『폴란드 쇠망사』와 『이탈리아 독립 전쟁사』를 번역하는 과정에서 확신했듯 "그 방법이 훌륭하면, 이탈리아를 통일하는 과업을 이루고, 그릇되면 폴란드가 분열하는 운명"에 처하게 된다는 것이 그의 판단이었다.

이런 점에서 프리드리히 2세의 7년 전쟁은 국가의 위기를 타개하는 데 필요한 도전 및 목표 의식, 애국심 등을 고취하는 데 적합한 책이었다. 당시 대한제국의 위기를 일으킨 외압은 사회진화론에 입각한 제국주의 이데올로기였다. 적자생존, 승자독식, 우승열패 따위로 포장된 사회진화의 논리에 근거하면, 대한제국과 같은 약소국은 부국강병의 강대국의 지배를 받는 게 당연한 일이었다. 그러나 유길준은 그런 논리를 정면에서 부정했다. "나라가 삭다고 위축되지 말고, 군사가 적다고 움츠러들지 말아야 한다"는 말로 시작하는 『7년 전쟁』의 서문을 새롭게 집필한 이유도 그래서였다.

유길준은 그 말도 안 되는 사회진화의 법칙에서 벗어날 역전의 방법을 프리드리히 2세의 7년 전쟁에서 찾았다. 그 방법이란 국가의 통치자와 구성원의 일치단결이었다. 프리드리히 2세라는 탁월한 통치자와 그를 절대적으로 지지한 프로이센 국민의 연합이 있었기 때문에 "나라가 작지만 능히 여러 큰 나라와 대치했고, 병사가 적었지만 능히 여러 강한 이웃을 대적해서 국가의 위기를 구하고, 만세에도 빠지지 않는 대업을 세워 후대 자손의 부강한 혈통을 남겼다. 프로이센의 군주와 백성 같은 자는 가히 이 군주뿐이고, 이 백성뿐이라고 할 것이다." 이것이 대한제국의 위기가 절정에 달한 1908년 무렵에 유길준이 『7년 전쟁』을 출판한 이유였다.

유길준의 『7년 전쟁』을 현대 한국어로 옮긴 과정에 관해 약간의 부연 설명을 하자면, 직역을 원칙으로 삼았지만, 가독성과 이해를 돕기 위해 의역도 병행했다. 목차의 장·절 제목과 본문의 장·절 제목의 표현이 일치하지 않은 데다가 6장 3절의 제목은 목차에서 아예 누락되어 있어 가급적 정보의 누락이 없도록 그 둘을 조합해 장·절 제목의 표현을 수정했다. 인명이나 지명 등 고유명사의 현대어 정보는 번역 저본인 시부에 다모쓰의 『프리드리히 대왕 7년 전사』, 시부에 다모쓰가 참고한 토머스 칼라일(Thomas Carlyle)의 *HISTORY OF FRIEDRICH II OF PRUSSIA*를 비롯해 허버트 레드만(Herbert J. Redman)의 *Frederick the Great and the Seven Years' War, 1756~1763*(McFarland & Company, 2014), 김장수의 『독일 통합의 비전을 제시한 프리드리히 2세』(푸른사상, 2021) 등의 연구서와 위키피디아(Wikipedia)를 비롯한 다양한 웹 문서 등을 참고해 확인했다. 고유명사 중 독일의 인명과 지명 등을 한글로 표기할 때는 가급적 독일어 발음을 따랐다. 물론 현대 한국어로 옮기는 데 만전을 기하려 했지만, 여전히 오류의 위험으로부터는 자유롭지 못하다. 당연히 이 책임은 온전히 옮긴 이의 몫이다.

영인자료

厚禮斗益大王七年戰史

여기서부터는 영인본을 인쇄한 부분으로 맨 뒷 페이지부터 보십시오.

誤	正		誤	正
第四一頁 第十三行壽國	壽字는善字의誤	第六五頁	第十四行謬柱瑟	謬字는膠字의誤
第四二頁 第六行內閣의의	下의字는當拔去	第六六頁	第十一行호로	로字는고字의誤
同 第三行普時에軍	當作時에普軍	第七二頁	第六行兩下	兩字는雨字의誤
第四三頁 第九行浮撈	浮字는俘字의誤	第七四頁	第六行書佟	書字는畫字의誤
第四四頁 第三行戰設	設字는沒字의誤	第七五頁	第三行和裏	裏字는夷字의誤
同 第十四行鄕等	鄕字는卿字의誤	第八三頁	第九行喜다다	下다字는當拔去
第四五頁 第六行라朕	라字는當拔去			
第四七頁 第一行表影	影字는彰字의誤			
同 第二行心成	心字는必字의誤			
第五四頁 第二行助助	上助字는相字의誤			
第五九頁 第七行蹯砰	蹯字는踏字의誤			
第六○頁 第九行鋒銑	銑字는銳字의誤			
第六二頁 十三行商且	商字는尙字의誤			
第六五頁 第六行壽을藥	을藥은藥을倒植			

誤　　　　　　　　正　　　　　　　　　　　　誤　　　　　　　　正

誤	正	誤	正
第一頁　序第二行大璞	璞字는 棋字의 誤	第一二頁　第十三行愛ᄒᆞ고	고字當拔去
第二頁　同第五行益輿	輿字는 盖字의 誤	第一六頁　第二行壽塾	塾字는 藥字의 誤
同　第六行厚禮斗	斗字下에 益字가 脱落	第二頁　第五行犂坡	犂字는 藥字의 誤
第四頁　第十行必其	其字下의 爾字가 脫落	第一六頁　第四行甫惠未亞	未字는 米字의 誤
同　第十一行得支	支字下의 間字가 脫落	同　第六行柱盆	柱字는 桂字의 誤
第二頁　第四行漢多課	課字는 保字의 誤	同　第十一行二軍	軍字下의 을字가 脱落
第三頁　第五行咢大各	各字當拔去	同　第十二行柱盆	柱字는 桂字의 誤
同　第五行能치能	下能字는 當拔去	第一七頁　第三行못다ᄒᆞ고	못字下의 ᄒᆞ字가 脫落
第六頁　第八行本來作	作字는 當拔去	第二八頁　第三行間ᄒᆞ고	間字는 聞字의 誤
同　第七行嚘塾	塾字는 藥字의 誤	同　第五行拉ᄒᆞ야	拉字는 位字의 誤
第七頁　第十三行盆墊	盆字는 益字의 誤	第三〇頁　第六行美陀柱	柱字는 住字의 誤
第八頁　第十四行令其	令字는 今字의 誤	第三四頁　第十三行悟住斯	落字는 格字의 誤
同　第二十行万의兵	兵字下의 을字가 脱落	第三四頁　第九行抵落	落字는 格字의 誤
第九頁　第一行賚	賚字는 當拔去	第四〇頁　第十二行性情의	의字는 이字의 誤

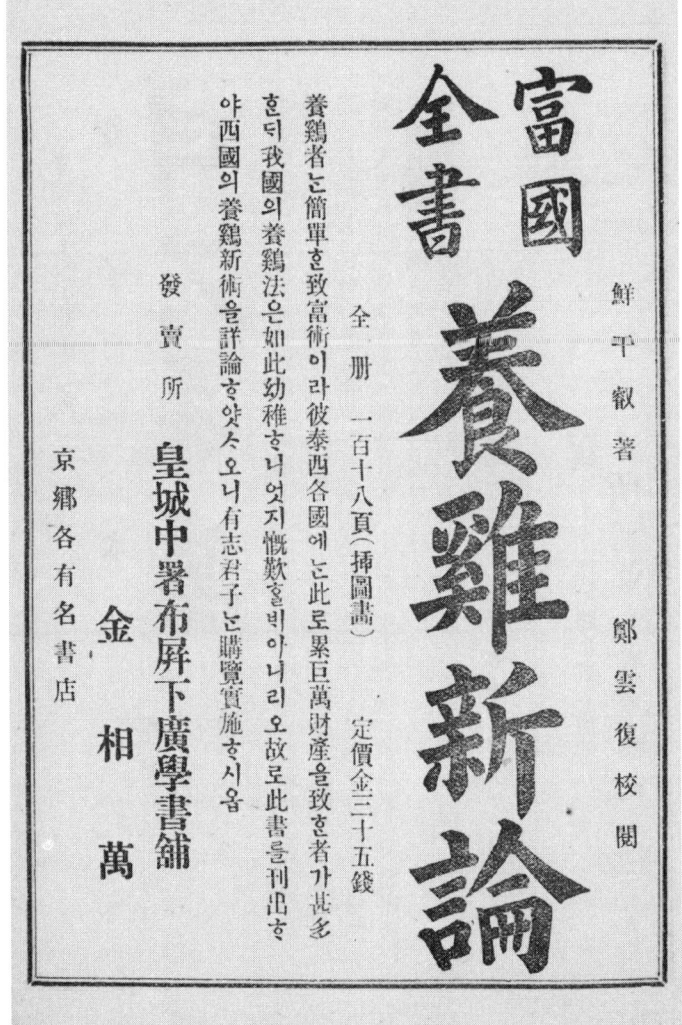

※ 最近新刊書籍發售廣告

女子讀本	張志淵 氏著	全二冊定價 金六十錢
初等衛生學		全一冊定價 金十五錢
初等倫理學		全一冊定價 金二十錢
國家學綱領		全一冊定價 金十五錢
國民須知		全一冊定價 金八錢
初等小學		全四冊定價金 一圓三十錢
中等萬國新地誌		全二冊定價 金一圓
增修無寃錄大全		國漢文一冊 七十五錢
伊太利建國三傑傳		全一冊定價 金三十錢

新撰理化學	朴晶東 氏著	全一冊定價 金三十錢
獨習日語正則	鄭雲復 氏著	洋裝一冊一 圓二十五錢
愛國夫人傳	張志淵 氏著	全一冊定價 金十五錢
新小說血淚	李人稙 氏著	全一冊定價 金二十錢
富國養雞新論	鮮于叡 氏著	全一冊定價 金三十五錢
世界三怪物		全一冊定價 金十二錢
家庭雜誌		全一冊定價 金十錢
新訂算術		每號定價 金十錢
普魯士國厚禮斗益大王七年戰史		全三冊定價 金六十錢

大發賣所　皇城中署布屛下廣學書舖　金相萬

隆熙二年五月七日印刷
隆熙二年五月十日發行

定價金 三十五錢

版權所有

譯述者　俞吉濬
發行者　金相萬
印刷所　日韓印刷株式會社
　　　　中署布屏下三十七統六戶
發賣所　廣學書舖

코져호則必孜孜乾乾ㅎ야恒自勤勉치아니호면可치아니호지라大王의勉强勤勵홈이常人에逈出ㅎ야臣民의模範되는故로其崩逝ㅎ든前日사지寸陰을惜ㅎ야老홀사록益壯ㅎ니普魯士國이今日의富强을有홈은實厚禮斗益大王의遺烈이러라

普魯士國厚禮斗益大王의 七年戰史 終

第三 法國의 眞相　法國은 其聲譽가 七年戰을 因ᄒᆞ야 毀損홈이 多ᄒᆞ니 當時에 法國政府ᄂᆞᆫ 微弱ᄒᆞᆫ中에 紀律이업고 一切政權은 婦女嬖人의 手中에 在ᄒᆞᆫ則 是其不治ᄒᆞᆯ難症에 陷ᄒᆞ야 死滅에 自至홈이러라

後年法國의 革命

第　三　章　　厚禮斗益大王의 善後策

普塿兩國이 和를 旣購ᄒᆞᄆᆡ 厚禮斗益大王이 六歲餘出征ᄒᆞᆫ後에 伯林에 始歸ᄒᆞᆫ則 市街到處에 花燈을 點ᄒᆞ야 歡迎ᄒᆞᄂᆞᆫ 祝意를 表ᄒᆞ거늘 富蘭士旭公이 大王을 驂乘ᄒᆞ야 車幔을 去ᄒᆞ고 徐駈ᄒᆞ야 行ᄒᆞ되 道傍의 觀者ᄂᆞᆫ 人山人海를 成ᄒᆞ야 男女老少의 萬歲歡呼ᄒᆞᄂᆞᆫ 聲이 天地를 動ᄒᆞᄂᆞᆫ지라 大王이 人民의 如此ᄒᆞᆫ 忠義를 深感ᄒᆞ야 車上에서 禮ᄒᆞ고 大呼曰 可愛ᄒᆞ다 我人民이여 福祿萬歲로다

大王이 此歡樂聲裏에 其京城의 衰頹荒廢ᄒᆞᆫ 景光을 顧ᄒᆞᆫ則 滿目愁慘ᄒᆞ야 傷嘆ᄒᆞᄂᆞᆫ 聲을 自發ᄒᆞ며 日州郡各地의 狀況은 其荒落홈이 一層 更深ᄒᆞ야 人民이 敵兵의 略奪及 賦課에 家産을 失ᄒᆞ고 活路에 迷ᄒᆞ야 上下貴賤이 菜色을 帶치아니ᄒᆞᆫ者가 無ᄒᆞ니 田圃가 荒蕪ᄒᆞ며 穀種이 乏絕ᄒᆞ고 牛馬鷄豚의 種類도 食物의 不足홈으로 ᄒᆞᆯᄲᅮᆫ더러 民間에ᄂᆞᆫ 戰爭後癘疫이 流行ᄒᆞ야 七年間戰死病死ᄒᆞᆫ 數가 全國人口總數

子孫이此主義를恪遵勿失홀진딕普國의基業은萬世에其窮이無호리라호니此눈當世의定論이러라

史氏가普魯士國厚禮와益大王을贊호야曰七年의戰이其終을告호믹大王의威名이山岳의峻巍홈이오大王의德望이洋海의浩蕩홈이라斷麓殘流갓튼凡庸匹夫と政히仰望比擬치못호거니와干聲名及事業으로峯崗의突起홈과江河의長流홈으로自處호と豪傑輩類도大王을天人갓치崇拜호야肩齒호기를自期치못호니盖大王의四征克服호業은古麻細聲大王阿歷山得과羅馬國의總裁蒔慈와近世法蘭西皇帝拿破崙갓치絶大치못호며百戰必勝호功은英吉利大將秣寶老와越仍敦갓치現著치못호나然호나大王의才能과果斷과勇氣와堅忍으로뼈能히弱흔이로뼈強흔이를摧호며貧흔이로뼈富흔이를壓호얏신則此에至호야と古今에其四儔가無호다호더라

第二 墺國의 眞相 墺國은如何흔危難이迫來호든지其國家と容易히滅亡치아니호니土地가富興호며風光이佳好호고人民이協同一致호야慈母갓튼政府를奉戴호고不屈不撓호と氣象이有호더라

第三 普王이 索遜尼로셔 攻略한 土地를 一皆其本國에 返還하는 事

第四 俘虜는 交換을 行하는 事

夫如斯한故로뼈 七年戰이 激한하나 爾來凡三十年間歐羅巴로하야 곰平和한 恩澤을 浴한기에 至함은 亦此戰의 賜라 間치 아니치 못할지니 何則고 各國間爭論을 種子의 傳播를 疑猜事情을 駆除하야 社會以外에 抛擲한 緣由라 要할건딕 七年戰이 人間에 大害를 加함이 多하다 할나 巨利를 與함도 亦不少하더라

第 二 章 七年戰은 各國의 眞相을 表顯함

七年戰은 交戰各國의 眞相을 世界에 表明하니 今에 逐次叙述하건딕

第一 普國의 眞相 普國은 版圖가 雖小하나 其君民一致의 連續하기까지는 其基礎가 鞏固하야 顚墜할 憂가 無하니 政治를 施함이 公平을 務하며 財用을 理함에 節儉을 主하야 一般上下의 勉强하는 熱心으로 國懷를 敵하기에는 勇壯한 氣像와 國步를 進하기에는 活潑한 精神이 確然樹立하 民百難을 富하되 屈치 아니하며 萬樹를 遇하되 折치 아니하는 大王及其臣民이 赤空한 隻手로 歐洲太半의 富強諸國을 敵하야 其國權을 伸暢하고 其國威를 宣揚함은 此數事를 職由함이라 故로 其歷世

八一

十二億元以上에 達호則總理大臣符道가 法國과 和를 媾호야 獨逸戰 即七 에局外中立흠을 宣言호고 露西亞及瑞典은 往年에 既已普國과 和約을 修호얏신則此에 至호야는 原交戰國되는 普墺兩國이 各自獨力으로 相戰치아니치못홀지니 盖墺國은 其兵數의 多홈이 本來普國의 比아니며 且其女皇은 女性의 常으로 普大王을 憎疾호는 念이 凝結호야 秋毫도 鎔解치아니호디 軍需供給貢金이 無홈으로 州 獨力戰爭을 永久維持호기 不能호야 近來 土耳基가 脅迫호는 言語를 發호고 十萬大軍을 凶牙利境上에 屯集홀則 墺女皇이 其復讐홀念은 如何히 深切호든지 肇固케호기에 在호지아니치못호며 且普大王의 本意는 其始로브터 時禮沙保有를 唱出지아니호지라 是以 墺國故로 其保有만 確然홀진디 戰局을 結호기에 異議를 唱出지아니홀지라 是以 墺國이 普國에게 時禮沙를 確然讓與호고 普魯士墺地利及索遜尼의 三國全權大臣이 媾和談判을 開호야 一千七百六十三年二月에 索遜尼國休菲堡城에서 條約을 結호고 三國君主가 仍即批准호니 此戰이 此에 至호야 其終을 告호지라 其條約의 要領은

第一 三國이 一切戰費若損害의 賠償을 要求치아니호는 事

第二 普王은 時禮沙를 保有호는 事

고 其明日에 兵을 引ᄒᆞ야 本國에 歸ᄒᆞ니 露廷이 亦 其罪를 不問ᄒᆞ더라

是에 先ᄒᆞ야 露女皇 佳太隣이 其夫皇 彼得 三世의 虐待를 遇ᄒᆞᄆᆡ 其心이 以爲此必 大王의 勸을 由ᄒᆞᆷ이라ᄒᆞ야 大王을 憎惡ᄒᆞ미 及 其夫皇 弑ᄒᆞᆯ後에 亡帝 의 書翰等物을 披閱ᄒᆞᆫ則 普大王의 書 織數通이 發見ᄒᆞ거ᄂᆞᆯ 一回 通讀ᄒᆞᆫ에 溫和ᄒᆞᆫ 政策을 行ᄒᆞ랴 忠告ᄒᆞ며 又 皇后 佳太隣을 優待ᄒᆞ며 親愛ᄒᆞ야 勸ᄒᆞ라 詞意가 甚히 懇切ᄒᆞᆫ지라 露女皇이 始乃 其前日의 推想이 大誤ᄒᆞᆷ을 悟ᄒᆞ야 普大王을 敬慕ᄒᆞ ᄂᆞᆫ故로 其夫 帝生時의 締結ᄒᆞᆫ 普露同盟을 批准ᄒᆞ기에 至ᄒᆞ니라

是歲에 普大王이 壽臥道를 陷ᄒᆞ고 墺軍 一萬人을 擒ᄒᆞ며 皇弟 顯利公이 索遜尼의 全 國을 克復ᄒᆞ고 墺軍을 驅逐ᄒᆞ야 普大王이 墺國과 休戰을 約ᄒᆞ며 富蘭士旭公이 法軍 을 大破ᄒᆞ고 亦 獨逸聯邦과 休戰의 約을 結ᄒᆞ니라

第八編 媾和並善後策

第一章 媾和

今에 各 交戰國이 一國도 疲弊에 陷落치 아니ᄒᆞ者 업시며 一國도 休息을 熱望치 아니 ᄒᆞᄂᆞᆫ者 업시니 英國은 印度 及 亞米利加에 屢戰屢捷ᄒᆞᄂᆞᆫ 功을 奏ᄒᆞ얏시나 國債도 亦

을締호니라

第四章 第七年의戰其二普大王의智略이露將을左右호고又時 禮沙로써墺軍을驅逐홈

普大王이今에全力을舉호야墺軍攻擊에專用홈을得혼則速히禮沙를奪回코져 호야壽臥道攻擊先行호야次호니時에墺軍大總督茶雲이佛桂斯道附近의要害 를占호야壽臥道를防衛호기로故로普大王이露軍의近日來援을得호야其要害攻打 를共行호기로定호고大王의進行호는道에旣就호얏더니露后佳太隣이其夫攻得 帝를弑호고皇位奪據혼警報가至호며又露廷으로셔楮尼齊招還호는命令이達홈 지라大王의危難홈이更甚호나然호나辭色을不變호고以爲智者는愚者를役호며 且明主는禍를轉호야福을삼는다호고一策을按出호야露軍을利用코져호야셔楮尼 齊를面호야三日間만楮尼齊가大王의請을應호는時는本國에罪를得홀慮가업심으 로彼를瞞着호나則大王의術中에籠絡혼바되며又一則彼此智愚의懸隔홈이로大 아니나然호야彼此智愚의懸隔홈이업심으 王의英氣와雄譽의壓倒혼바되야敢히依違치못호고普軍을助호야墺軍을擊破호

七八

의 禮節에 欠損업기서지는 歐洲大陸諸國과 同盟을 結치아니홈으로 外交의 神髓를 삼아 英普同盟을 解ᄒ니 是로 以ᄒ야 普國이 多年 苦戰ᄒ던 餘에 困弊홈 極에 陷ᄒ고 四面으로 敵을 受ᄒ는 中에 唯一 有力혼 同盟을 失ᄒ고 孤立單行ᄒ는 境에 立홈을 免치 못ᄒ더라

是故로 此事ᄲᆫ에 就ᄒ야 考察ᄒ는 時는 普國의 滅亡이 朝夕에 迫ᄒᆯ듯ᄒ나 然ᄒ나 天心이 決斷코 普國을 禍케지아니ᄒ니 適是時에 厚禮斗益大王을 絶憎ᄒ는 露女皇이 崩ᄒ고 皇太姪彼得이 位에 嗣ᄒ則 帝는 熱心으로 厚禮斗益大王을 崇拜ᄒ는 者며 又倣則ᄒ는 者라 其即位ᄒ는 初에 普國의 俘虜를 賠償업시 解放ᄒ고 優待ᄒ야 本國에 送歸ᄒ며 又五月五日로ᄡᅥ 普露同盟을 聖彼得堡에서 結ᄒ야 占領地를 償金업시 返還ᄒ고 普領地內에셔 兵을 撤ᄒᆯᄲᆫ아니라 將軍楮尼齊를 命ᄒ야 二萬人을 率ᄒ고 時禮沙駐在ᄒ는 普軍을 應援케ᄒ니 此時를 當ᄒ야 瑞典이 亦 多年의 戰爭으로 疲弊가頗極ᄒ민 假令 戰勝ᄒ야도 利益이 別無ᄒᆯᄲᆫ더러 名譽도 博ᄒ기 能치못ᄒᆯ지오 若敗則 損害ᄂᆫ 蒙홈이 必多ᄒᆯ지라 首鼠兩端의 意見으로 鷄肋의 吞吐를 未定ᄒ는 際에 露國이 普國과 媾和혼 傳說을 聞ᄒ고 亦 其例를 倣ᄒ야 五月二十二日로ᄡᅥ 普瑞의 和約

시皆國家의 重으로 自任ᄒᆞ고 死生을 輕ᄒᆞ야 全國到處에 兵器를 手ᄒᆞ며 軍籍에 入ᄒᆞ기를 願ᄒᆞ야 君臣上下가 一體同心으로 敵을 當코져ᄒᆞ는 故로 普國人이 死絶ᄒᆞ기前에는 國家의 滅亡을 憂가 無ᄒᆞ더라

　　第三章　第七年의 戰其一歐洲에 二大事件이 新生ᄒᆞᆷ

一千七百六十一年의 遽然間過去ᄒᆞ고 同六十二年이 至ᄒᆞ니 其春에 歐洲中二大事件이 生ᄒᆞ야 大勢가 此에 一變ᄒᆞ니 其二事는 何謂오 曰英相皮道의 退職과 曰露女皇乙禮의 崩逝라

皮道의 退職은 宛然富蘭天堡王家의 滅亡ᄒᆞᆯ 前兆라 謂ᄒᆞᆯ지니 盖皮道의 爲人이 自尊ᄒᆞ고 血性에 富ᄒᆞ야 苟恐怖或欺騙의 嫌疑잇는 事는 一切行作지아니ᄒᆞ니 民가 言ᄒᆞ야 曰 我가 政權을 掌握ᄒᆞ는 間은 英國이 決斷코 法國과 和를 媾치아니ᄒᆞ리라ᄒᆞ더니 수에 民가 其職에 히 敗滅에 垂ᄒᆞ든지 決斷코 私利를 爲ᄒᆞ야 棄捨치아니ᄒᆞ리라ᄒᆞ더니 수에 民가 其職을 退ᄒᆞ고 符道가 其後任을 襲ᄒᆞ則 其人이 外로는 國體를 辱ᄒᆞ며 內로는 秕政이 多ᄒᆞ야 君寵을 徒恃ᄒᆞ야 大臣의 坐席을 汚ᄒᆞ고 良相의 體裁를 裝ᄒᆞ야 國民을 瞞着ᄒᆞ므로 自信ᄒᆞ는 者라 수에 內閣의 首位를 占ᄒᆞ며 第一은 法國과 和를 媾ᄒᆞ고 第二는 國交上

則一戰에 掃蕩ᄒᆞ야 復起ᄒᆞᆯ 勢가 萌치 못ᄒᆞᆯ지어늘 墺露兩軍이 互相猜忌ᄒᆞ야 彼의
名譽를 爲ᄒᆞ야 我의 勢力을 費ᄒᆞ기 不肯ᄒᆞ야 言詞는 左右에 推托ᄒᆞ며 事勢는 前後를
顧瞻ᄒᆞ고 和裏共濟ᄒᆞᄂᆞᆫ 實이 업ᄂᆞᆫ 故로 大王이 能히 高枕ᄒᆞ야 憂ᄒᆞᄂᆞᆫ 바가 無ᄒᆞᆫ지라
此隙을 乘ᄒᆞ야 露軍의 進擊을 妨遏코져 ᄒᆞ야 將軍蒲禮敎으로 ᄒᆞ야 곰 波蘭의 武庫를
掠毀ᄒᆞ니 露軍이 此를 因ᄒᆞ야 萎靡不振ᄒᆞᄂᆞᆫ 勢잇더라

　第二章　第六年의 戰其二 墺軍이 時禮沙의 太半을 略ᄒᆞ고 露軍이
　　　　　伯林에 再入코져 ᄒᆞ고 普國君民이 一致홈

普大王이 粉折威州의 陣營을 棄ᄒᆞ고 墺軍을 時禮沙의 平地에 誘引코져 ᄒᆞ니 墺將이
忽然山地로셔 下ᄒᆞ야 普大王의 後를 躡지 아니ᄒᆞ고 禮壽臥道에 直進ᄒᆞ야 其占領에 歸ᄒᆞ고 且
意홈을 乘ᄒᆞ야 攻陷ᄒᆞ고 因又罷羅州를 得ᄒᆞᆫ則 時禮沙의 太半이 其占領에 歸ᄒᆞ고 目
露軍은 高別比를 凡四朔間 攻圍ᄒᆞ야 十二月 十三日에 陷ᄒᆞ니 今에 大王의 四面으로
敵을 受ᄒᆞ야 其勢가 籠鳥 갓름을 免치 못ᄒᆞᆯ지라 是時에 皇弟顯利公이 索遜尼를 防衛
ᄒᆞ나 其太半은 露軍이 自由通行홈을 得ᄒᆞ야 春暖의 候가 至ᄒᆞᆫ則 一蹴에 伯林을 壓碎
ᄒᆞᆯ 勢가 有ᄒᆞ니 普國의 危홈이 一髮을 不容ᄒᆞ나 然ᄒᆞ나 普國의 人民은 貧富와 貴賤업

聯合을 妨碍하니 墺軍은 凡七萬二千人이니 奮發이 將하고 露軍은 富士獮이 率하야 其數가 亦前者에 不讓한지라 前後半歲間은 大王의 術中에 陷하야 聯合을 成치못하고 八月十二日에 至하거늘 兩軍이 始合한則 十三萬人以上의 多數하야 大王의 五萬軍을 壓倒코저하거늘 大王이 以爲要害에 退守하는外에 他道가 無하다하야 粉折威州附近地에 本營을 定하니 敵兵이 三匝으로 圍하는지라 大王이 기를 二十日에 及하야 敵이 兵의 不意來襲을 恐하야 晝夜戰備를 不怠할새 大王이 士卒과 甘苦를 與同하고 夜則砲臺에 到하야 藥床에 眠하더니 一夜에 大王이 起하야 支遁將軍과 等火를 巡視하다가 一處에 至혼則 兵士一人이 麥粉菓子를 燃하매 其香臭가 鼻를 衝하거늘 大王이 고 答하야 溫言으로뼈 語하야 日 其臭나 嗅하야 僚臥睡眠하든 二三兵卒이 猶且驚起하야 彼卒을 制하야 日 然하다 其臭나 嗅아 如何혼고 其際에 傍臥睡眠하든 二三兵卒이 猶且驚起하고 答하야 日 啞라 默止할지어다 下는 大王도 不知하는가 彼卒이 諾으로 知하고 笑매 日 厚禮斗益 大王이 眞來하혼리 오하야 日 輩는 今夜此宴에 參與함을 得지못하리로다支遁을 顧하야 日 支遁아 我 是時에 墺露聯合軍이 普軍에 殆三倍하는 故로 若其力을 協一하야 普의 弱處를 撞한

難堪ㅎ야彼我兵士가一簇火의周圍에混集ㅎ기도ㅎ니時에普大王이 悅壽尼村의
一小敎堂祭壇下에坐ㅎ야簡書를作ㅎ며又其死後處置홀遺書도寫ㅎ더니會에智
勇兼備혼大將支遁이勇壯혼貌貅를駈ㅎ고連山疊崗을蹂ㅎ야當前ㅎ이則墺軍의氣
蕩ㅎ고將軍撤敎의兵과合ㅎ야風馳電擊ㅎ는勢로墺軍의上에壓下ㅎ이則墺軍이氣
沮ㅎ야敢히抵敵지못ㅎ고茶雲이亦輕傷을負ㅎ야夜半에蠢坡河를渡ㅎ야道禮壽
塋에退ㅎ야村軍의已逃ㅎ을不知ㅎ지라翌朝의戰備를修ㅎ고天明에大王
이馬를馳ㅎ야普軍이村外에出ㅎ미敵兵의遠逃ㅎ을始覺ㅎ니普軍이遂其地를畧定ㅎ고
大王에게向ㅎ야萬歲를呼ㅎ고戰勝을賀ㅎ더라

　　第七編　七年戰의第六年及第七年 西曆一千七百六十
　　　　　　　　　　　　　　　　一年及同六十二年

　　　第一章　第六年의戰其二普大王의境遇와墺露両軍이普大王을
　　　　　　　粉折威州에圍홈

一千七百六十一年이라是時에普軍이苦히疲弊ㅎ니普大王이雖活潑ㅎ야進取홀
氣力에富ㅎ야도今則防守ㅎ기에全力을盡ㅎ야敗滅ㅎ는禍를禦홀지오攻擊ㅎ는
勢力은不足혼지라時에禮沙駐在軍의令을自司ㅎ고百方秘術을盡ㅎ야墺露両軍의

回에 及홈으로 時期를 遷延호지라 良久에 大王이 前衛를 率호고 林路에 出호야 風便
의 砲響을 聞호고 以爲支遁의 軍이 已到호야 方酣戰혼다호나 其實은 先鋒의 小戰이
오 大軍은 未至호얏신則 茶雲이 其間을 乘호야 全力으로 大王에게 向호기를 得호거
놀 大王이 步騎兵의 繼進홈을 不待호고 現在兵만 擧호야 敵城을 薄호니 敵이 二百餘
門의 大砲로 彈丸을 一時齊發호則 普軍이 進호올소록 射倒호되 死屍가 道路에 橫
호며 砲車의 運行을 反磚호고 且敵의 砲彈은 去益雨下호야 砲車와 함씌 粉碎되더
이 飛來호야 大王의 曾을 擊호야 日脥이 如此혼바 多衆으로 其傷이 甚淺호고 事를 初見호노라 忽然一彈
王이 左右를 顧호야 大王의 曾을 擊호야 日脥이 如此혼바 多衆으로 其傷이 甚淺호고 事를 初見호노라 忽然一彈
戰을 令호야 敵의 騎兵의 駈逐敗가 되더니 騎兵이 繼至호야 敵의 騎兵을 駈逐호고
鬪漸激호야 至夜히 지勝敗가 五有호나 普의 步兵이 多死호얏신則 大王이 勝
利의 難必홈을 思호야 苦慮懊惱호거눌 襖將茶雲은 其勝을 自信호고 使者를 燕京에
送호야 捷書를 奏호고 敗厄이 其眉睫間에 迫在홈을 不知호더라
少選에 太陽이 西山에 沒호고 四圍의 天色이 朦朧호야 人世가 一大黑界를 化成호나
兩軍의 戰鬪가 尙酣호야 往々彼我를 不分호고 自家兵이 相攻호기도 호며 且夜寒에

을聞ᄒᆞ고烏達河를渡ᄒᆞ야逃退ᄒᆞ니라

第三章　突古의 戰

普大王이伯林의方位로進行ᄒᆞᆷ은京城恢復ᄒᆞ기만爲ᄒᆞᆯᄲᅮᆫ아니오索遜尼도亦恢復ᄒᆞ기爲ᄒᆞᆷ이니是에先ᄒᆞ야大王이時禮沙에在ᄒᆞᆫ듯時에壞軍이索遜尼의無備ᄒᆞᆷ을乘ᄒᆞ야侵入ᄒᆞ니一人의敵이無ᄒᆞᆷ으로ᄡᅥ全國을占領ᄒᆞᆫ지라大王이畢生의力을振ᄒᆞ야壞軍을驅逐코져ᄒᆞ나會에京城에事起ᄒᆞᆷ으로其鋒을暫旋ᄒᆞ야同府恢復에力을用ᄒᆞ거ᄂᆞᆯ壞將茶雲이索遜尼에入ᄒᆞ야突古의附近要害를據ᄒᆞ니大王이本來回復ᄒᆞᆯ念이絕ᄒᆞ얏거니와苟不然則冬期에至ᄒᆞ기前에交戰치아니ᄒᆞ면不可ᄒᆞ니大王이若索遜尼回復의念이已에러와苟不然則冬期에至ᄒᆞ기前에交戰치아니ᄒᆞ면不可ᄒᆞ니大王이若索遜尼回復의念이已을決코셔ᄒᆞ며若不幸히兵敗ᄒᆞᆫ則國家의滅亡에先ᄒᆞ야潔身自殺ᄒᆞ기로其心을定ᄒᆞ더라

普軍이二路에分ᄒᆞ야一軍은大王이自將ᄒᆞ며又一軍은大將支遁이率ᄒᆞ고峰岡을迂回ᄒᆞ야敵의背後에繞出코져ᄒᆞ니時ᄂᆞᆫ十一月三日이라天寒露深ᄒᆞ야大王의進行을掩覆ᄒᆞ나普軍이林中에漸進ᄒᆞᄆᆡ方向이迷ᄒᆞ야躊躇ᄒᆞ고能히進치못ᄒᆞᆷ이數

호야 三百尺 內에 在호다 호거놀 將官 及 兵卒이 戰列을 急開호고 大砲는 轟然히 彈雨를 注호則 魯軍이 其事가 意外에 出홈을 大驚호야 心算을 實行호기 能치 못호고 且 東方이 旣白호민 魯敎가 普軍의 勢를 料호則 其數가 意外顆多호야 然호나 茶雲이 砲聲을 聞호면 其 必 急히 來相救홀을 信호고 勇을 賈호야 普軍의 反擊을 防호더니 是日에 風勢가 逆호야 砲聲이 茶雲의 處에 達치 못홀지라 三時間 激戰혼 後에 壤軍이 遂敗호야 八十二門의 大砲를 棄호고 急退호니 死者가 四千人이오 傷者가 八千人이라 少選에 茶雲이 始進호야 右翼을 攻호나 支遁의 急激혼 砲擊에 辟易호야 敗色이 稍現호는 際에 魯敎의 敗報를 聞호고 遂亦退走호니라

第 二 章　露軍이 伯林을 陷호고 普大王이 恢復홈

此際에 露軍 二萬人이 富禮壽路를 從호야 退호고 鳥達河를 還渡호야 能히 防守치 못호고 十一萬五千人과 合호야 伯林의 守兵이 寡弱호야 能히 防守치 못호고 十月 十四日에 露軍에 降호딕 露將 土禮弁이 紀律을 嚴明히 호고 鹵掠을 禁斷호則 人民의 災害는 雖少호나 索遜尼軍이 普國의 納涼宮殿을 破壞호고 且 同盟軍이 七日間 伯林에 駐호야 雖 重稅를 賦홈으로 人民의 膏血을 絞호더니 普大王의 援軍이 不日 來到홈

普大王이 時에 禮沙에 將到ᄒᆞᄂᆞᆫ 際에 墺將 茶雲이 羅施로더브러 路를 分ᄒᆞ야 晝夜의 間 斷업시 追行ᄒᆞ야 一戰을 交코져ᄒᆞ미 數日을 經ᄒᆞ며 大王의 軍이 利彊尼州에 到ᄒᆞ야 營寨를 定ᄒᆞ거늘 茶雲이 羅施와 其兵을 合혼則 富禮壽路의 道가 斷ᄒᆞ야 大王의 軍이 利彊尼州以外에 出ᄒᆞᆷ을 得지못ᄒᆞ고 烏達河畔에 顯利公의 軍은 露의 遮隔혼바되야 亦前進ᄒᆞ기를 能치못ᄒᆞᄂᆞᆫ지라 是時에 普軍의 糧이 數日을 支치못ᄒᆞ고 墺軍의 來ᄒᆞᆷ 은甚近ᄒᆞᆫ故로 不意의 襲擊을 防ᄒᆞ기爲ᄒᆞ야 每夜에 陣營을 變更ᄒᆞ더니 未久에 墺軍 이 潛襲ᄒᆞᆯ 機會를 發見ᄒᆞ고 八月十四日夜에 將軍 魯敦이 率先ᄒᆞ야 布縣道의 高地를 占ᄒᆞ고 普軍의 背後를 從ᄒᆞ야 左右挾擊ᄒᆞ기로 決ᄒᆞ니 普大王이 是夜 에 其陣을 布縣道의 高地에 亦移ᄒᆞ야 魯敦의 今將進據코져ᄒᆞᄂᆞᆫ 處를 占ᄒᆞ고 其舊陣 中에ᄂᆞᆫ 篝火를 依然点明ᄒᆞ며 驍騎兵의 巡邏는 十分 戒嚴을 加ᄒᆞ고 大王은 麾下兵을 命ᄒᆞ야 新營에 到著ᄒᆞᄂᆞᆫ 卽刻으로브러 戰備를 修整케ᄒᆞ야 兵士는 皆其器仗을 手ᄒᆞ 고 眠ᄒᆞ며 大王도 軍服을 著ᄒᆞ고 支遁以下의 諸將과 篝火邊에 在ᄒᆞ야 或坐 或立ᄒᆞ 陣ᄒᆞ야 四圍의 郊原에 一塵이 不動ᄒᆞᄂᆞᆫ 際에 巡邏士官이 急報를 傳ᄒᆞ야 曰敵兵이 來 掛ᄒᆞ야 寂然ᄒᆞ야 天明을 待ᄒᆞ니 時正四更에 銀河ᄂᆞᆫ 峯頂에 垂ᄒᆞ고 明星은 樹顚에

宛轉ᄒ거ᄂᆞᆯ部下一卒이馳至ᄒᆞ야其身으로ᄡᅥ掩蔽ᄒᆞᄂᆞ시라適時에 塏軍의 一十官이負傷ᄒᆞᆫ形像을見ᄒᆞ고 其剛勇을欽慕ᄒᆞ야戰地로셔扶退ᄒᆞ니 普의 騎兵은亂軍中에突出退去ᄒᆞ나 步兵은太半戰死ᄒᆞ고 僅四千人이俘虜되야 其生命을全ᄒᆞ니라

今에時禮沙地方은 敵의 侵入을防禦ᄒᆞᆯ者업고 又大王의股肱臣侯柱ᄂᆞᆫ籠鳥의身되 니 大王의苦痛이如何ᄒᆞ리오 然ᄒᆞ나剛毅ᄒᆞᆫ氣槪로屈撓ᄒᆞᆫ色이秋毫도無ᄒᆞ고 散兵을 聚集ᄒᆞ야大打擊을敵에게加ᄒᆞ야 士氣를振興코져ᄒᆞᆯ시 虛僞로進軍ᄋᆞ로 塏將茶 雲을欺ᄒᆞ고突然히道禮壽察에出ᄒᆞ야 砲擊을甚烈히게ᄒᆞ야 心中에同府를旣得ᄒᆞᆷ 갓치ᄒᆞ나 守將遯實阿가驍勇善禦ᄒᆞ야 府城의三分一이 兵燹에燒盡ᄒᆞ되 堅守不降 ᄒᆞ則茶雲의大軍이不日內大王의背를撞ᄒᆞᆯ지라 大王이 道禮壽察의 攻擊을止ᄒᆞ고 急히時禮沙에向ᄒᆞ니라

是에先ᄒᆞ야 塏將魯敦이 羅州를攻ᄒᆞ니 其地ᄂᆞᆫ時禮沙의 鎖鑰이오 普國의要害라 大王이兵을引ᄒᆞ고急行ᄒᆞ야 至ᄒᆞᆫ則 富禮壽路府知事杜緣眞이堅守ᄒᆞ고 皇弟顯利 公이亦其援에赴ᄒᆞ야 敵의 攻擊이甚猛ᄒᆞ야도 得不下ᄒᆞ니라

此時에 普魯士의 國力이 衰耗ᄒᆞ고 元氣가 沮喪ᄒᆞ니 兵員은 其數의 減ᄒᆞᆷ이 現著ᄒᆞ야 戰地에 分布ᄒᆞ기에 不足ᄒᆞ거늘 敵軍은 是와 反ᄒᆞ야 其數가 日加ᄒᆞ며 其勢가 日振ᄒᆞᆫ則 大王이 膽力과 智略에 富ᄒᆞ야도 防守ᄒᆞ는 地位에 立ᄒᆞ기 外에는 他道가 更無ᄒᆞᆫ 中에 其防守도 亦能홀는지 難必ᄒᆞ니 大王이 索遜尼 防衛는 自當ᄒᆞ기로 決ᄒᆞ고 皇弟 顯利公을 命ᄒᆞ야 露軍이 漢以河에 渡ᄒᆞᆷ을 防ᄒᆞ게 ᄒᆞ며 將軍 侯桂에는 禮沙를 守ᄒᆞ야 壘將 魯敎의 軍을 防遏ᄒᆞ라 ᄒᆞ니 魯敎은 壘將의 有名ᄒᆞᆯ 者ᄂᆞᆫ 時에 其兵도 普軍에 三倍ᄒᆞ야 備禦를 嚴히 ᄒᆞ고 一分隊를 派ᄒᆞ야 羅州府 及 其寺院을 圍ᄒᆞ니 侯桂가 山地의 位置를 棄ᄒᆞ고 緊急 要地에 應援코져 ᄒᆞ나 然ᄒᆞ나 壘軍이 俄然間에 侯桂가 의 都府村落을 激擊ᄒᆞ는 바에 殘滅을 恐ᄒᆞ면 大王이 急히 侯桂를 勅ᄒᆞ야 蘭道水 附近의 山地에 本陣을 定ᄒᆞ라 ᄒᆞᄃᆡ 侯桂가 此計의 極危ᄒᆞᆷ을 知ᄒᆞ나 諫爭ᄒᆞ야도 聽納지 아니ᄒᆞ則 勅命이나 奉ᄒᆞ야 死後에 已ᄒᆞ기로 其志를 決ᄒᆞ니 六月 二十三日에 壘軍 三萬人이 四面으로 蘭道水를 圍ᄒᆞ미 普軍은 僅 八千人이라 侯桂가 步兵으로 方陣을 編制ᄒᆞ야 敵의 騎兵을 抵抗ᄒᆞ야 激戰이 八時間에 涉ᄒᆞᄃᆡ 能히 拒守ᄒᆞ야 一步도 退치 아니ᄒᆞ더니 侯桂의 馬가 敵의 流丸에 中ᄒᆞ미 其身이 顚墜ᄒᆞ야 彈丸雨 ᄀᆞᆺᄒᆞᆫ 中에

눈道를不知ᄒᆞ고塊軍의來攻을當ᄒᆞ민九月四日에只其軍用箱을携逃ᄒᆞ니敵兵이
城을陷ᄒᆞ고兵器軍糧을盡奪ᄒᆞ지라普大王이道禮壽鏊의急報를聞ᄒᆞ고將軍雲施
를命ᄒᆞ야往救ᄒᆞ라ᄒᆞᆫ되雲施가急馳ᄒᆞ야至ᄒᆞ나城이已陷ᄒᆞ야不及ᄒᆞᄂᆞᆫ大王이
道禮壽鏊을恢復코져ᄒᆞ야將軍輩仍求로ᄒᆞ야곰一萬三千兵을率ᄒᆞ고漢仙附近地
를從ᄒᆞ야敵兵의背를撞케ᄒᆞ니此事가極히危險ᄒᆞ나然ᄒᆞ나大王이其計를實行코
져ᄒᆞ눈熱望으로將軍의苦諫을拒ᄒᆞ고即行ᄒᆞ기를命ᄒᆞ니輩仍求가敢히再諫치못
ᄒᆞ고素然히戰地에赴ᄒᆞ야塊軍의抗擊을被ᄒᆞ되力戰치아닐뿐아니라兵五千人을
引ᄒᆞ고敵의軍門에詣ᄒᆞ야降ᄒᆞ니噫라是눈普軍의初有ᄒᆞᆫ醜事로다塊將茶雲이俘
虜를率ᄒᆞ고揚々ᄒᆞᆫ意氣로凱歌를唱ᄒᆞ고道禮壽鏊에入ᄒᆞ야高枕過冬ᄒᆞᆯ計畫을決
ᄒᆞ거눌普大王이其敗報를聞ᄒᆞ고憤懣을不勝ᄒᆞ야四十餘日間郊外에陣ᄒᆞ고觀望ᄒᆞ다가
케ᄒᆞ고저ᄒᆞ야嚴冬霜雪의酷寒을不拘ᄒᆞ고百方計策으로塊軍을苦惱自退
煩累와寒威를不忍ᄒᆞ야索遜尼地에退ᄒᆞ니라

第六編 七年戰의第五年 西曆一千七百六十年

第一章 普大王의境遇와時禮沙의戰及索遜尼의戰

墺軍의 指示됨을 憤홈이든지 墺將茶雲의 合進호는 策을 不應호고 冷淡호 意로 答호야 日僕은 旣已両回의 戰에 勝利를 得호얏시니 今後는 圖下가 両回의 勝捷을 報호기를 侯호야 戰闘에 從事홀지라 我女皇陛下게셔 決斷코 我輩다러만 奮戰호라고 命호심이니라호야 如此히 墺露両軍의 間에 軋轢이 生홈으로 同盟軍의 銳氣가 不振호니 普大王이 此를 由호야 其敗亡을 救홈이 多호더라

第五章 墺軍이 道禮壽를 쳘 陷 홈

是時를 當호야 皇弟顯利公이 百般의 權謀를 運호며 術數를 用호야 墺將의 軍을 羅壽太時亞以内에 牢制호고 一進一退호야 襲攻호는 勢를 示호는듯 恒時 嚇脅호야 一丸을 不費호고 敵兵을 甫惠米亞諸山以外에 駈逐호니 公의 智略이 能히 戰치아니호고 敵을 退홈이 兄弟의 戰호야 大敗를 取홈에 比홀지라 普大王이 其弟公을 稱호야 曰 七年戰中에 一失이 無호者는 諸將의 中 唯吾弟一人이라호더라

是歲에 墺軍이 道禮壽를 陷호니 初에 大王이 道禮壽塹府知事 施稱道다려 謂호야 日 敵兵이 若來攻호야 事勢가 危急호거든 百事를 寧後홀지언뎡 必此軍用箱을 善保호라호니 其箱은 軍用金七百萬元을 貯蓄호者라 施稱道가 謬柱瑟의 規模로 變通호

을 不容ᄒᆞᄂᆞᆫ際에도 尙且泰然自若ᄒᆞ야 屹立不動ᄒᆞ니 諸將이 大王의 馬를 牽ᄒᆞ야 戰塲에셔 退ᄒᆞ고 布利威周의 部下驍騎로 警備ᄒᆞ야 安全ᄒᆞᆫ地에 達ᄒᆞᆫ則 大王이 手書를 宰相薰堅壽坦에게 賜ᄒᆞ야 萬事가 皆失ᄒᆞ얏시니 王家를 助ᄒᆞ라 後數時에 又勅書를 下ᄒᆞ야 曰 今此敗軍의 結局은 惡運이 必至ᄒᆞ리니 朕은 生存ᄒᆞ야 我邦의 衰亡을 見ᄒᆞ기 不忍ᄒᆞ노라 是夜에 蔑範村 一農民의 家에 躑을 駐ᄒᆞ야 天明ᄃᆞ록 能히 眠치 못ᄒᆞ고 侍從諸人의 安睡ᄒᆞᆷ을 見ᄒᆞ며 人智의 淺ᄒᆞᆷ과 人力의 弱ᄒᆞᆷ을 慨嘆ᄒᆞ야 上帝의 陰佑를 默禱ᄒᆞ더라

수에 伯林의 路가 通ᄒᆞ야 一人의 防衛도 無ᄒᆞ나 敵兵이 若 普國에 入ᄒᆞᆫ則 何處에 向ᄒᆞ든지 敢히 格ᄒᆞᆯ 者 업실지라 普將이 本來 其數은 多치 아님이 아니로 ᄃᆡ 戰爭이 翌朝에 唯大王이 一萬의 兵을 招集ᄒᆞ고 又數日後에 潰走兵이 來歸ᄒᆞ야 全軍이 合ᄒᆞ야 僅二萬에 不過ᄒᆞ고 且大砲ᄂᆞᆫ 皆委棄ᄒᆞ야 伯林이 아니라 運至ᄒᆞᆫ 者가 僅一百六十五門이니 其危機가 可히 急迫ᄒᆞ다 謂ᄒᆞᆯ 지어ᄂᆞᆯ 天心이 普國을 亡ᄒᆞ야 伯林이 敵兵의 蹂躪을 免ᄒᆞ기에 至ᄒᆞᆫ則 誠不幸中 幸이로다 今其 ᄯᅢ 由ᄅᆞᆯ 觀ᄒᆞᆯ 진ᄃᆡ 是時에 露將 逸太高가 皇太姪彼得의 普大王欽慕ᄒᆞᄂᆞᆫ情을 慮ᄒᆞ이든지 將又 其部下兵의 獨力戰鬪ᄒᆞᆷ이

의 事아니라 臣等은 按ᄒᆞ건되 敵兵이 必夜逃ᄒᆞ리니 戰期를 明日로 延ᄒᆞ소셔 大王의
性이 每事를 半途에 止ᄒᆞ기를 不肯ᄒᆞᄂᆞᆫ故로 塿軍의 生力을 慮치아니ᄒᆞ미로되
猶且諸將의 諫을 不納ᄒᆞ고 進擊ᄒᆞᄂᆞᆫ 令을 下ᄒᆞ니 普兵이 三伏炎天下에 終日搏戰ᄒᆞ
야 心身이 俱疾ᄒᆞ얏시나 王命의 嚴ᄒᆞᆷ으로 躊躇치못ᄒᆞ고 奮然齊進ᄒᆞ야 峻坂을 攀登
ᄒᆞ고져ᄒᆞ니 敵兵이 坂上에 據ᄒᆞ야 彈雨를 急注ᄒᆞ則彼ᄂᆞᆫ 衆ᄒᆞ고 且强壯ᄒᆞ며 我ᄂᆞᆫ 寡ᄒᆞ
고 且疲憊ᄒᆞᆷ이 極ᄒᆞᆫ지라 如何抵得ᄒᆞ리오 大王及諸將이 勇을 皷ᄒᆞ야 攻擊에 用力ᄏᆡ
ᄒᆞ야도 敵의 抗擊이 甚大ᄒᆞ야 前進치못ᄒᆞ고 全軍이 敗退ᄒᆞ미 塿의 騎兵이 尾擊ᄒᆞ야
殺傷이 無筭ᄒᆞ니 此其人力을 過用ᄒᆞᆷ으로 失敗를 自取ᄒᆞᆷ이라
普大王이 日前에 開戰以來의 大敗衂을 當ᄒᆞᆫ지라 茫然自失ᄒᆞ야 生命을 度外에 置ᄒᆞ
고 死를 决ᄒᆞ야 御乘馬가 敵丸에 中ᄒᆞ야 死倒ᄒᆞᆷ이 數回며 且其玉體邊에 도 流丸이 飛集
ᄒᆞ야 亂軍中에 奮鬪ᄒᆞᆯᄉᆡ 旣死者將死者及負傷者의 橫臥呻吟ᄒᆞᄂᆞᆫ間에 東
馳西走ᄒᆞ며 御乘馬가 敵丸에 中ᄒᆞ야 死倒ᄒᆞᆷ이 數回며 且其玉體邊에 도 流丸이 飛集
ᄒᆞ야 智部에 達ᄒᆞ얏시되 大幸으로 黃金鼻甲筒이 適其處를 掩護ᄒᆞ야 戰沒을 免ᄒᆞ
거늘 大王이 猶且不顧ᄒᆞ고 敗兵을 收拾ᄒᆞ야 又戰鬪에 從事코져ᄒᆞ고 退色이 無ᄒᆞ며 諸
將이 力諫ᄒᆞ되 亦皆不聽ᄒᆞ야 塿의 騎兵 數大隊가 追至ᄒᆞᆷ을 當ᄒᆞ미 其危急ᄒᆞᆷ이 一髮

눈證據라謂홀지라盖大王의意눈以爲荏再數度의小戰에歲月을空費ᄒ기로눈寧
一擊에由ᄒ야戰局을結홈만갓지못홀中에況又多年間에每戰少許人命을損홈아
只一戰에許多人衆을殺ᄒ느니에셔反多홈이리오ᄒ이니今此戰略에就ᄒ야諸種
의異說이紛紜ᄒ나畢竟大敗ᄒ눈患을未免홀者눈其戰略이不善홈아니오〔第一〕
周圍의地理에不明홈이며〔第二〕人力을過用홀緣由ᄂ

第一 何故로周圍의地理에不明ᄒ야失敗를招ᄒ다云ᄒ눈가普大王의銳敏周密
ᄒ이本來地利嚮導人에게就ᄒ야詳細探問ᄒ얏시나百聞이一見만못ᄒ고戰場
의地理눈智識의不及ᄒ눈바가有ᄒ니是其周圍의地理에不明홈으로失敗를取ᄒ
緣由라

第二 何故로人力을過用홈으로失敗를來ᄒ다눈가初에普大王이露軍의左翼
을擊ᄒ야大破ᄒ고大砲九十門을奪ᄒ며其全翼을驅逐ᄒ민意氣가昻然ᄒ야京城
伯林에勒使를送ᄒ야戰捷을報ᄒ니時에夕陽이山에在ᄒ則諸將이大王에게諫ᄒ
야日請컨딘暫止ᄒ야士卒의疲勞를休케ᄒ쇼셔壞軍은商且一回의戰도不交ᄒ야
勇氣가不擢ᄒ고露軍의右翼도亦完全ᄒ니疲憊ᄒ兵으로쎠新兵에當케홈은智者

列伍가 齊進치못ᄒᆞ고 長路通過ᄒᆞᆷ을 免치못ᄒᆞ야 數大隊잇셔도 一時에 戰場에 出ᄒᆞᆷ을 得지못ᄒᆞ거놀 露軍은 已皆戰陣에 在ᄒᆞ야 葡萄彈을 連射ᄒᆞᆫ則 五千人以上의 普軍이 頃刻間에 死亡ᄒᆞᆫ지라 露軍이 遂乃魯敎軍과 合ᄒᆞ니라

第四章 規列斯道의 戰

普大王이 四萬三千의 兵을 自將ᄒᆞ고 急히 敵의 聯合軍을 擊ᄒᆞ야 危難을 排除코져ᄒᆞᆯ 시 皇弟顯利公을 召ᄒᆞ야 墺將茶雲의 動靜에 注意ᄒᆞ라 嚴命ᄒᆞ고 又 勅ᄒᆞ야 曰 朕若 幸히 此戰에 敗死ᄒᆞ거나 又或 敵人에게 捕虜되거든 卿이 普廷의 政을 攝ᄒᆞ라ᄒᆞ고 又 顯利公에 命ᄒᆞ야 果若 如此 不幸을 遭遇ᄒᆞ야도 一切 普國의 耻辱되ᄂᆞᆫ 條約은 結치 안기로 固誓케ᄒᆞ니 普大王이 本來 王되ᄂᆞᆫ者가 可死ᄒᆞᆯ時에 不死ᄒᆞᆷ이 不可ᄒᆞᆷ을 知ᄒᆞᆷ 으로써 其心이 이以爲 敵에게 捕虜됨으로는 寧一命을 潔死ᄒᆞ야 國家의 難 洗ᄒᆞᆯ 耻辱을 當케ᄒᆞᆷ과 莫大ᄒᆞᆫ 賠償을 出케ᄒᆞᆷ이 無ᄒᆞ야 其體面을 全ᄒᆞᆷ이 可ᄒᆞ다ᄒᆞ니 是時에 墺露 聯合軍 六萬人이 烏達河上 規列斯道의 高地에 陣ᄒᆞᆫ지라 八月 十二日에 普大王이 敵 의 地位及人員을 偵察ᄒᆞᆫ後에 非常ᄒᆞᆫ 戰略을 運ᄒᆞ야 敵兵을 一擧掃蕩코져ᄒᆞ니 或曰 大王의 此次戰略이 狂妄殘酷ᄒᆞ다ᄒᆞ나 然ᄒᆞ나 此戰略이 其實은 大王의 英雄되

州郡을克復호니라

第三章 桂茨의戰

普大王이前年갓치戰爭을急히호지아니호고本年에는墺露兩軍의聯合을妨碍호
기로其計를決호야蘭道沙의附近要害地에陣호고波蘭에駐在호는露軍과甫專米亞
에駐在호墺軍을一時突擊호야武庫及糧仗을奪호니是以로兩軍이窮迫호야計의
行홀바를不知호더니未幾에露軍四萬人이烏達河를渡호則墺將魯敦이兵二萬人
을率호고聯合호기를謀호는지라大王이此危急호境에當호민非常호手段을行코
져호야委任호將帥를擇홀시麾下諸將中에韋達이年紀는雖少호나其膽略이諸將
의右에出호는者가無호나只其年少홈으로老練호將校等이其命을用
치믈아니홀가恐호야深思熟考호다가羅馬의古法을從호야危難이目前에迫호기
際호야韋達로總裁官에任호고何處에든지露軍과會戰홈이可호지勒令을下호니
此年少호將軍이勅命을謹奉호야시나其眞意의在호바는詳知치못호고六月二十三
日에露軍을朱里古에셔擊호시其計策이甚踈호야敵을擊호기前에河橋를渡호則

六十

의 後를 躡ᄒᆞ야 八月 一日에 敏警에셔 遇ᄒᆞ니 時에 法軍의 位置가 其宜를 失ᄒᆞᆫ則 普英 同盟軍이 進擊ᄒᆞ기에 甚便ᄒᆞᆫ지라 法將이 昆大가 不知ᄒᆞᆷ은 아니로ᄃᆡ 糧道가 絶ᄒᆞᆷ으로뻐 急擊지 아니치 못ᄒᆞ고 且其兵卒의 數가 適多ᄒᆞᆫ則 此를 恃ᄒᆞ야 必勝ᄒᆞ기를 期ᄒᆞ나 然ᄒᆞ나 才幹과 經驗이 共乏ᄒᆞᆫ 故로 騎兵을 中軍에 置ᄒᆞ고 得策으로 自誇ᄒᆞ야 其敗軍홀 本不됨을 不識ᄒᆞ니 富蘭士旭公麾下에 屬ᄒᆞᆫ 英國兵 及 河老堡兵은 皆 百戰勇士라 公이 令을 下ᄒᆞ야 敵의 騎兵을 進擊ᄒᆞ라 ᄒᆞ디 法의 騎兵은 皆 勇壯ᄒᆞ야 天下에 其敵이 無ᄒᆞ기로 自信ᄒᆞᄂᆞᆫ 者라 普의 步兵이 突進ᄒᆞᆷ을 見ᄒᆞ고 一擊에 蹴碎코져 ᄒᆞ야 勇을 皷ᄒᆞ고 前進ᄒᆞ나 普兵이 屹然히 山立 不撓ᄒᆞᆫ則 法의 騎兵이 抵當치 못ᄒᆞ야 全敗ᄒᆞ기에 至ᄒᆞ니 富蘭士旭公이 英將 朔華에게 令ᄒᆞ야 曰 敵線의 中央이 空虛ᄒᆞᆫ則 部下의 騎兵을 率ᄒᆞ고 其虛를 擣ᄒᆞ야 뻐 其奔北ᄒᆞᄂᆞᆫ 者를 進擊ᄒᆞ라 ᄒᆞ니 英將이 此計를 從ᄒᆞ얏시면 法軍의 兩翼을 分離ᄒᆞ야 全軍을 潰散케 ᄒᆞᆷ이 固易ᄒᆞ지어늘 朔華이 富蘭士旭公의 功을 猜ᄒᆞ야 其令을 遵行치 아니ᄒᆞᆷ으로 法軍이 此隙을 乘ᄒᆞ야 隊伍를 整ᄒᆞ고 退去ᄒᆞ기를 得ᄒᆞ나 然ᄒᆞ나 此後로브터 法軍이 戰地防守에 能치 못ᄒᆞ고 越雪河岸에 退ᄒᆞ며 又 南退ᄒᆞ야 耆仙地方에 到ᄒᆞ니 富蘭士旭公이 西華利亞 及 其他

河의 方位로셔 破竹의 勢로 河老堡를 進攻코져호니 富蘭士旭公이 寡兵으로뻐 此兩
大敵을 當치 아님을 得호지 못홀진則 噫라 亦甚難호도다 是以로 公이 厚禮斗益大王의
法을 傚호야 隊伍를 巧轉호야 勝利를 萬一에 期홀시 富祿利悟公이 先當코져호야 四
月十二日에 厚朗滬의 附近地別堅에 進擊호고 剛勇호 富惠壽兵을 指揮호야 突進猛擊
호나 然호나 法軍이 要害의 地를 據守호고 且兵卒은 新舊가 交代호면셔 戰鬪호니 惠
壽兵이 雖曰剛勇호나 交遞호는 生力軍을 抵敵치 못호야 第三回의 戰에는 敗色이 稍
現호는지라 富蘭士旭公이 全敗의 危가 目前에 在홈을 料호고 隊伍를 整호야 退去호
디 法將昆多大가 萊茵河를 渡호야 越雪河畔의 山林으로셔 仙地方의 方面에 進호
야 富祿利悟軍과 合호고 因호야 河畔의 諸郡縣을 略取호則 其聲勢가 甚大호야 河老
堡의 危急이 朝夕에 在호니 富蘭士旭公이 下部索遜尼를 防守치 못호고 越雪河口富
禮緬地方에 退守호니라
法將等이 捷書를 飛호야 巴里政府에 其戰勝혼 功을 報호니 官民上下가 祝宴을 開호
고 相賀호나 然호나 富蘭士旭公이 百戰훈 老將으로 一敗에 氣沮호는 者아니라 其士
卒을 激勵호야 勇氣를 恢復호고 其可用을 信호야 法軍과 勝敗를 一角코져호고 法軍

卒이라 倍舊호 兵員과 倍舊호 銳氣로 出陣호거늘 普大王은 寡少호 兵卒로 墺露法瑞 諸國及聯邦諸小國을 抵抗치 아니치 못할 中에 舊兵은 瘡痍와 疾病에 死傷이 頗多호 고 且其補闕 新兵은 操練을 何物인지 不識 뿐더러 敵國의 脫走兵의 應募者가 頗 多호야 足히 倚恃치 못호니 是故로 普軍이 外面으로 눈 其關을 塡補호얏 시되 其實力에 至호야는 同日의 論이 아니며 又普國이 交戰以來로 租稅의 苛重홈과 徵發의 頻數홈으로 男子의 數가 大減호고 民間의 生業은 凋弊홈極에 達호야 到處에 嘆息愁苦 눈 聲이 相聞 더라

第二章 別墅의 戰과 敏蔡의 戰

墺女皇이 普國을 速히 討滅코져 호야 法露兩國의 君主에게 開戰을 頻促 며 露女皇 도 亦土論道의 前敗를 憤호야 其恥를 雪코져 호는 念이 甚切호지라 勇將卒太高에게 精兵을 屬호야 征伐에 從事케 호고 法京政府에 눈 墺京駐劄公使施渦苴이 總理大臣 에 新任호니 此人은 元來征戰에 熱心호야 西華利亞와 河老堡와 惠壽의 三地를 再 攻 기로 決호지라 法軍이 二道로 分호야 一軍은 富祿利悟公이 率고 其本營을 厚 朗滬에 定호야 馬茵河의 方位로셔 進擊호며 又一軍은 大將昆多大가 引호야 下萊茵

호니塊將이 其意外에 出홈을 驚호야 范然히 凝視호고 敢히 犯치 못호야 亦各其 陣中에 歸호니 普大王이 良將數人과 精兵九千人과 大砲百餘門을 失호고 又糧仗이 皆敵의 掌中에 歸호얏신則 冬期가 漸迫호야도 軍隊에게 頒給홀 衣具가 無호야 其困 難을 可히 名狀치못홀너라

普大王이 此困境을 當호야도 撓치아니호니 其麾下將士도 亦大王에게 感化호야 死生을 顧慮호는者가 無호며 塊將 茶雲은 戰勝혼 餘勢를 利用호는 良策을 不知홈으 로써 普兵이 數日後 其勇壯혼 勢가 戰敗日 以前과 無異호야 迂回혼 間路를 從호야 時禮 沙에 出호니 塊將河倚가 那伊洗의 圍를 解호고 走호則時禮沙全地가 大王의 管轄에 復歸호고 且法軍도 富蘭士旭公의 敗혼바되야 萊茵河를 渡호야 遠走호니라

第五編 七年戰의第四年 西歷一千七百五十九年

第一章 兩軍의境遇

今七年戰의第四年은 厚禮와益大王이 至艱至困호야 絶望혼悲境에 陷호時라 夫塊 軍은 去年의戰에 死傷이固多호얏시며 敗衄이亦屢호얏시나 新年에至호야 戰備를 整理호며 兵員의欠闕을 塡充호則 其新兵은 皆操練熟혼 農兵과 戰場經驗잇는 老

五六

十月十四曉에墺軍이枚를숨호고湮結縣村에潛進호야寺鍾이五時를報호는際에普의先陣을襲호거놀普軍의曉眠이砲聲의喧轟에驚起호야시나四面이昏黑호야彈雨丸電中에立地射倒되는者가其數를勝計치못호고將官等이勇을鼓호야防戰코저호되咫尺을不辨호야何處에向홀지摸捉지못호는際에富蘭世士公이高原을從호야敵兵을下攻코저호다가其頭部가忽然流丸의擊碎혼바되고大賈伊朱는智勇의兼備혼柱石으로亦此戰에死호고毛利壽公이重傷을負호야戰地에倒호니驍將謝道利와支遁이各其部下의騎兵을率호고天崩地蹋호는勢로廣野에馳出호야猛擊勇鬪호야敵兵을몰아곰辟易케호얏시나其一部의勝利로全體의敗衂을償호기에足지못홀지라營寨가皆陷호고兵器와輜重이悉皆敵手에落호니天色이漸明호믹普大王이大勢를挽回코져謀호나雲霧가四塞호야敵兵의位置를辨識호기又難혼지라神謀鬼策이利호도록末由홀지어놀大王의膽略과士卒의剛勇을由호야敗餘의秩序를恢復호야一倍勇氣로뼈敵兵을抵當코져호더니九時에至호야太陽이始現호는際에四邊을望見호則墺兵이洪水의漲호듯量月의形으로圍를環包혼지라普大王이到底勝算의無홈을知호고隊伍를嚴整호야戰場에셔退

報를聞ᄒᆞ고軍을引ᄒᆞ야索遜尼에向ᄒᆞᆫ則壞軍의大將은謹愼持重ᄒᆞᄂᆞᆫ茶雲이오其
副ᄂᆞᆫ裴警이니活潑ᄒᆞ고軍略에富ᄒᆞ야二將의意氣가相合ᄒᆞ며長短을助助ᄒᆞ야計
略이能히的中ᄒᆞ민可히當치못홀勢잇ᄂᆞᆫ지라普大王의來侵이不久에在ᄒᆞᆷ을聞ᄒᆞ
고擇定ᄒᆞ얏든要害地에退據ᄒᆞ야ᄲᅥ普大軍의時禮沙通行ᄒᆞᄂᆞᆫ路를遮ᄒᆞ고壞將河
修로브터곰那伊洗城을攻陷케ᄒᆞ거늘大王이此計를看破ᄒᆞ고急히保朱沿과結利
州로時禮沙에行ᄒᆞᄂᆞᆫ路를占領ᄒᆞ기를欲ᄒᆞ며且湿結縣及高利州二村間의廣
野에陣치기를爲ᄒᆞ야壞軍의戰線에接近ᄒᆞ도록進ᄒᆞ니大王의寵遇ᄒᆞᄂᆞᆫ輻重官馬
威周가其策의極危ᄒᆞᆷ을諫ᄒᆞ되大王이不聽ᄒᆞᄂᆞᆫ지라馬威周가竊思ᄒᆞ야曰大王의
命을奉치아니ᄒᆞᆫ則嚴罰이其身에必及홀지오奉ᄒᆞᆫ則大王의玉體에危險이必至ᄒᆞ
리니如何ᄒᆞᆷ이可ᄒᆞᆯ고ᄒᆞ야良久躊躇ᄒᆞ다가斷然其意를決ᄒᆞ야大王의命을拒ᄒᆞ고
其信地에陣營準備ᄒᆞ기를不肯ᄒᆞ니大王이大怒ᄒᆞ야馬威周를軍中에囚ᄒᆞ고他人
을更命ᄒᆞ야其後任을襲케ᄒᆞ고因ᄒᆞ야寡兵으로至危ᄒᆞᆫ地에陣친지三日에諸將의
苦諫이陸續ᄒᆞ되皆不納ᄒᆞ고以爲壞將의持重에過ᄒᆞ고果斷이乏ᄒᆞ니必然來襲치
못ᄒᆞ리라ᄒᆞ나壞軍의間諜이普軍中에在ᄒᆞ야小大動靜을皆茶雲에게報ᄒᆞᄂᆞᆫ지라

奮然히怒ㅎ며腕을扼ㅎ야勃然히憤ㅎ야此蠻族을鏖殺ㅎ기로誓ㅎ고未久에烏達
河를渡ㅎ야士淪道地方에達호則露軍과相望ㅎ는視線內에對立호지라兩軍이干
戈를直接ㅎ야七年戰中에至慘至酷호戰爭이오午前九時에始ㅎ야午後十時에終ㅎ
니普兵은三萬七千人이오露兵은六萬人이라大砲는百雷가俱發ㅎ는듯天地屋震
動ㅎ눈中에龍騰虎躍ㅎ는氣勢와風馳電擊ㅎ는形狀으로搏戰ㅎ는血雨가五步內
에相濺홈은普兵인즉露軍의前日慘毒을報ㅎ기로一步도不讓ㅎ고露軍인즉重圍
中死地에陷ㅎ야逸出홀條路가無홈으로與其死로는寧拍關ㅎ야其死前에敵一人
이라도加殺ㅎ기로決ㅎ야此戰의殘忍홈이古수에罕有호者니普軍이元來其數가
寡호故로萬若驍將謝道利部下의勇猛호騎兵이遊擊軍되야普軍의弱點을救應援
助치아니ㅎ얏드면普軍이或必勝을算이無홀지라未幾에露軍이全敗ㅎ야屬謨가
波蘭에逃ㅎ니普大王이謝道利의功을稱賞ㅎ더라
此戰에露軍의死傷은一萬九千八人이오普軍의死傷은一萬一千人에至ㅎ니라

第三章　渥結縣의戰

時에皇弟顯利公의軍이索遙尼에屯駐ㅎ야墺의大兵의逼攻을當ㅎ니普大王이此

妙호나 如此非常혼大計는 到底成就호기甚難호도다該地方人民이鐵行갓튼愛國心으로一片孤城을死守甚固호고且普軍의動靜을一幷壞軍에게報혼則茶雲이兵車三千輛을派호야道路를遮斷호야通行을妨碍호니普大王이其策의行처못홈을解호고兵을退호거눌茶雲이己其兵車로大王의退路를塞호얏신則心中에暗喜호야曰普大王은必自己手中에落호리라호나然호나甫惠米亞에還호니豈其如彼拙計에陷홀者리오猝然히路를轉호야山 父山을越호야甫惠米亞에還호니一兩의兵車도遺홈이업눈지라普將이皆其神變不測혼智謀를驚嘆호더라

是時에普大王이甫惠米亞에留호야壞軍을攻擊코저호더니會에布米羅尼亞及魯柚漠에侵入혼露軍의勢가漸益猖獗홈을聞호고甫惠米亞에發호야千山萬水를跋涉호야時禮沙에歸호고大將買伊朱를甫惠米亞에遣호야固守케호며兵一萬四千人을白華호고道를倍호야露軍을攻擊호기로定호니是에先호야露軍이普境에入호야過호눈바에殘滅치아니홈이無호야老幼婦女라도逢著혼則居殺호고一點의哀憐心이無호니千里에人煙이斷絶호야滿目愁慘혼景像이黃沙白草의杏茫혼沙漠과갓튼지라普軍이今其本國에入호야到處蕭索혼悲境을目擊호고齒를切호야

五二

百萬元의金을普大王에게送ᄒᆞ며五萬人以上의兵을普國에派助ᄒᆞ기로定ᄒᆞ니適
是時에雄略敏腕으로名聞잇ᄂᆞᆫ皮道가政務의要路에當ᄒᆞ야普英의攻守同盟을確
結ᄒᆞ야戰爭을延續ᄒᆞ기로次ᄒᆞ고卽地其援軍의數를增ᄒᆞ야其總督任命홀將帥ᄂᆞᆫ
普大王이自擇케ᄒᆞ니普大王이富蘭士旭公을命ᄒᆞ야其任을當케ᄒᆞᆫ則公은元來普
國의棟樑柱石이라後來赫然ᄒᆞᆫ功을建ᄒᆞ야ᄡᅥ普大王의選擇이不誤홈을證ᄒᆞ며知
遇가特深홈을報ᄒᆞ더라

第二章 上諭道의戰

富蘭士旭公이法軍을擊ᄒᆞ야大破ᄒᆞ니厚禮斗益大王이亦此際를臨ᄒᆞ야時日을空
費치아니ᄒᆞ고四月十八日로ᄡᅥ壽臥伊道를攻略ᄒᆞ야墺軍을駈逐ᄒᆞ니此時에墺國
陸軍大將茶雲이甫惠米亞에在ᄒᆞ야其兵을按ᄒᆞ야動치아니ᄒᆞ고大王의必來攻홈을
料ᄒᆞᄂᆞᆫ故로百方手段을運ᄒᆞ야其行進을沮碍코져ᄒᆞ나然ᄒᆞ나茶雲이其地位의安
全ᄒᆞ기를確信ᄒᆞᄂᆞᆫ間에大王이突然侵入ᄒᆞ야甫惠米亞에向치아니ᄒᆞ고其道를更
倍ᄒᆞ야沒多此茂州로進ᄒᆞ야兀茂州를圖ᄒᆞ니墺領의咽喉라故로大
王이以爲此地를得ᄒᆞᆫ則頃刻間에墺京維也納을可히迫圍ᄒᆞ리라ᄒᆞ니其策이誠神

第 一 章　露軍이 普國에 再入흠과 英國의 動靜과 富蘭
　　　　　　土旭公이 法軍을 大破홈

厚禮斗益大王이 道禮壽瞽의 冬營에 在ᄒᆞ야 從容히 書를 讀ᄒᆞ며 詩를 草ᄒᆞ니 此際에 露國이 交戰主義를 再執ᄒᆞ야 彙者 普國 出征軍 呼還ᄒᆞ더니 總理大臣의 職을 罷ᄒᆞ고 將軍 屆謀ᄒᆞ로 大總督을 拜ᄒᆞ야 立地出發을 命ᄒᆞ더라 西曆 一千七百五十八年 一月에 普國에 向ᄒᆞ니 會에 普將 禮越道ᄂᆞᆫ 布米羅尼亞 地方에 在ᄒᆞ야 瑞典軍과 干戈를 直接ᄒᆞᆫ則 普境이 空虛ᄒᆞ故로 露軍이 向ᄒᆞᄂᆞᆫ바에 敵이 無ᄒᆞ야 長驅ᄒᆞᄂᆞᆫ 氣勢로 國中에 直進ᄒᆞ거늘 普大王이 急히 兵을 募ᄒᆞ며 財를 集ᄒᆞ야 北來ᄒᆞᄂᆞᆫ 勁敵을 當코저 ᄒᆞ나 金銀이 猶少ᄒᆞ야 兵士의 俸給이 恒其不足을 告ᄒᆞ니 蓋此時 普國의 依信ᄒᆞᄂᆞᆫ 同盟은 英國과 獨逸北部의 數個 小邦이러라
然ᄒᆞ나 獨逸北部의 小邦은 本來兵寡財少ᄒᆞᆫ則 賴恃치 못ᄒᆞᆯ지오 且 英國은 甘波蘭의 敗後에 盟約은 雖有ᄒᆞ야도 其實은 殆無ᄒᆞᆷ과 同ᄒᆞ더니 昨年老遊客의 戰後로 더 英國의 興皇히 一皆普大王救護ᄒᆞᄂᆞᆫ 事에 歸ᄒᆞ야 英國議會ᄂᆞᆫ 軍事費로 每歲 凡七

五〇

各國의 少壯한 貴族輩流가 天下의 第一 되는 大元帥 下에 義勇兵이 되기를 爭願하야 欽慕하는 情을 厚禮과 益大王에 通하나 然하나 普軍의 陣營은 兵學研究生을 可容홀 餘地업고 且普軍의 紀律이 極嚴하야 苛酷에 稍近하니 將校가 戰場에 在하야 其飮食을 節하며 情慾을 制하야 品行의 方正謹恪홈이 僧侶의 最嚴正훈 者에셔 도過하야 其門地가 如何히 貴하고 官職이 如何히 高훈지 錫製以 上의 飮食器皿을 用하는 事를 不許하고 一箇의 銀匙라도 行李中에 藏하則 雖大將이 라도 重罪에 科하기로 定하얏나니 是豈一年 十萬元 以上 藏入을 保有하야 自由豪侈에 慣 호 英國 少壯紳士의 堪得홀 者리오 普大王이 普國軍人을 律하는 法으로뼈 豪壯年 少輩를 律하기에 不忍하며 且大王의 當時境遇가 英國을 敬重홀 地에 立홈으로뼈 執 拗矜莊훈 貴公子輩를 獄에 投하거나 銃殺에 處하기를 不肯훈 中에 又一邊으로 論훈 則出하민 車馬儀衛를 隨하며 美酒를 飮하고 金銀器에 食하는 侈豪紳士는 假 令其數가 少하야 도 其腐敗훈 惡例를 全軍中에 流播홀지라 是以로 普大王이 當初로 브터 此流를 許入치 아니홈이 得策이라 하야 殷勤懇切훈 好語로 一併謝絕하니라

第 四 編 七年戰의 第三年 西曆一千七百五十八年

減少치아니하고寧增加하다謂할지普
國人의恒常誇稱하는바니盖老遊祭의勝利에對하야
눈其頭를讓치아님을得지못지나然하나老壽朴의勝利가人心鼓動하기는決斷
코少小치아니하니何則고厚禮斗益大王의年來勝捷은大王의勝捷되기에止하고
獨逸人民의間에國民의自尊하는感情을喚起하기에는不足하야시나老壽朴의勝
利에至하야其捷報가獨逸國內에一到하면則南은軋布山으로보터北은發特海써
지며西는老羅伊那의境으로보터東으로沮蘭島의境에至하기까지苟獨逸人이라
稱하는者는雀躍欣忭치아니하는者업시니是에先하야西華利亞及下索遜尼境內
에言語不通하는外國兵이洪水의汎濫하듯大勢로侵入하야全地에充溢하는獨逸人
奢의極함과嗔怒의易함은獨逸人으로하야곰嫌厭하는情과憎惡하는念에不堪케
하더니此時에至하야純然한獨逸君主가少許의獨逸勇士를率하고此可厭可憎한
外國大軍을駈逐하則妬頓人種人獨逸의歡喜心과誇謝情이一時에暴發하야厚禮와
益大王을仰望할事는恰然衆星이北斗를拱함과갓치獨逸人의愛國誠心이發揮하
더라

厚禮斗益大王이 本年四大戰의 全捷으로 彼我의 優劣을 世界에 表影ᄒᆞᆫ지라 其意가 以爲호딕 戰勝後和議ᄂᆞᆫ 心成ᄒᆞ리니 必要업ᄂᆞᆫ 戰爭으로 兵連禍結ᄒᆞ야 蒼生을 勞苦케 홈이 不可ᄒᆞ다 ᄒᆞ고 乃墺國에 向ᄒᆞ야 媾和의 談判을 開ᄒᆞ나 然ᄒᆞ나 和約을 結ᄒᆞᆫ 一則 女姓의 常態로 感情의 左右ᄒᆞᄂᆞᆫ바 되야 厚禮斗益大王을 深憎ᄒᆞ며 數年來 戰爭으로 國家의 凋弊ᄒᆞᆷ 事實을 匿ᄒᆞ고 女皇에게 不聞ᄒᆞ얏신則 女皇은 秋毫도 此等 事情을 不知ᄒᆞᄂᆞᆫ 故 肯ᄒᆞ며 二則墺廷의 將相이 老遊鉏戰의 莫大ᄒᆞᆫ 損失과 且 數年來 戰爭으로 國家의 凋 로 戰爭을 永續코져ᄒᆞ며 三則 法國은 獨逸戰이 終ᄒᆞᆫ則 女皇은 獨力으로 뻐 英國과 干戈를 接 ᄒᆞ지아니치 못ᄒᆞᆯ 故로 其 媾和를 沮ᄒᆞ니 此 數事의 緣由를 因ᄒᆞ야 普大王을 挫折 의 媾和勸誘를 拒絶ᄒᆞ고 開戰ᄒᆞᆯ 準備를 再整ᄒᆞ야 大將茶雲으로 뻐 其後任을 代ᄒᆞ니 普大王 이로決ᄒᆞ고 乃 蒙士公의 大總督職을 解ᄒᆞ고 瞿禮文으로 뻐 代ᄒᆞ니라 ᄒᆞ기로 其兵員을 大增ᄒᆞ며 大總督 李世旗의 職을 罷ᄒᆞ고 今에 普大王의 雷名이 天下에 蠢振ᄒᆞ니 大王이 一年間에 三大國을 敵ᄒᆞ야 毫末도 屈 撓치아니ᄒᆞ고 大軍과 四度 激戰에 三度 勝利를 博ᄒᆞ고 只 一回 高隣의 戰에 失敗ᄒᆞ얏 시나 其次回의 勝利가 前敗를 償ᄒᆞ고도 其 餘가 有ᄒᆞᆫ故로 軍事上 名譽ᄂᆞᆫ 此를 因ᄒᆞ야

且曰普의弱卒은決斷코我輩를抗敵지못ᄒ리라ᄒ니察士公이勇敢ᄒ되深謀엄고驕傲ᄒ야敵을侮ᄒᄂᆫ故로諸將의說을用ᄒ야進擊ᄒ기로決ᄒ고十二月五日에兩軍이老遊窓附近一大平野에會戰ᄒ니時正老壽朴戰後一月이라墺軍이其戰線을五里間에延長ᄒ니則普大王은其兵의隊伍를巧轉ᄒ야兵力을二倍되게ᄒᄂᆫ勢로斜線布陣法을授用ᄒ고普大王은其兵을伴擊ᄒ다가左翼을擊ᄒ야敵의不意를襲ᄒ則墺의全軍이慌忙救應ᄒ야敗色이漸現ᄒ며其勢를挽回치못ᄒ고僅三時間에普大王이全捷을得ᄒ고此戰에殺獲이頗多ᄒ야伏屍戰場을蔽ᄒ지라二萬一千人을降ᄒ고其他大砲一百二十門과糧伏三千輛을收ᄒ니是時에普大王과普兵이數回의激戰에心身이疲勞ᄒ나猶預間에戰機를失할가恐ᄒ야勝을乘ᄒ고墺軍을直追ᄒ야甫惠米亞山外에駐逐ᄒ고時禮沙全地를奪回치아니ᄒ면止치안커ᄂᆞ로決ᄒ야剛殺勇壯ᄒ將軍支遁으로ᄒ야곰敵을尾擊ᄒ야俘虜抄掠이頗多ᄒ고普大王이又富禮壽路를親征ᄒ야守兵一萬七千人을擒ᄒ니大王의聲譽가歐洲全幅에振ᄒ고墺軍은其初에八萬人이나수則敗殘ᄒ兵卒이一萬七千人에不過ᄒ야普國領地內에隻影도留치못ᄒ니라

되는感情잇심을知ᄒᆞ나然ᄒᆞ나若一人이라도朕과患難을共ᄒᆞ기에岨峿ᄒᆞᄂᆞᆫ者가有ᄒᆞ거든各其意를隨ᄒᆞ야脫去ᄒᆞ야도朕은秋毫도不給ᄒᆞ리라ᄒᆞ고眼을舉ᄒᆞ야諸將의顔色을注視ᄒᆞ則諸將이一同其熱情을表ᄒᆞ야感激ᄒᆞᆫ詞氣로其生命을陛下와國家에奉呈ᄒᆞᆫ다ᄒᆞ거ᄂᆞᆯ大王이乃其言을更繼ᄒᆞ야日朕은固卿等이此危急을臨ᄒᆞ야朕을棄치아님을信ᄒᆞ노니如此忠勇ᄒᆞᆫ鐵石心을賴ᄒᆞ야勝利를萬一에望홀지라라朕若戰死ᄒᆞ야도國家ᄂᆞᆫ卿等의勞를酬ᄒᆞ기에必不怠홀지니此에訣別을告ᄒᆞ노朕의親友며朕의戰僚아吾人은久치아니ᄒᆞ야戰을勝ᄒᆞᆫ가否則戰에死ᄒᆞ리者에서其一에居치아니힘을得지못ᄒᆞ리라ᄒᆞ고大王이又諸將에게命ᄒᆞ야此勅語를部下兵卒에遍諭케ᄒᆞ則全軍이皆感泣ᄒᆞ야身命을致기로願ᄒᆞ고頸을延ᄒᆞ야進擊홀時刻을待ᄒᆞ더라
塊軍이老惠河畔에堅固ᄒᆞᆫ位置를占ᄒᆞ니思慮深遠ᄒᆞᆫ大將茶雲은普大王의急激ᄒᆞᆫ攻擊을拒ᄒᆞ기에好位置가必要되ᄂᆞᆫ事를高隣戰에셔經驗ᄒᆞ얏신則其位置를保ᄒᆞ야不動코져ᄒᆞ나然ᄒᆞ나寡衆ᄒᆞ거ᄂᆞᆯ陣地를坐守ᄒᆞᆷ이他人의笑를免치못ᄒᆞ다ᄒᆞ야大總督察士公을勸ᄒᆞ야進擊을直行ᄒᆞ라ᄒᆞ고

今에索遜尼눈敵軍의侵擊을免ㅎ야安全호位置에在ㅎ며且老壽朴의大捷은普大王의利益이極多ㅎ나然ㅎ나王이猶其當年의厄運을全然排除홈이能치못ㅎ니王의不在호間에其信任ㅎ는將軍厚陀護가毛伊訥의役에戰設ㅎ고且將軍斐寶論은時禮沙의首府富禮壽路에退ㅎ야壞將察士公과茶雲의聯合軍을敵當치못홈으로

十一月十一日에時臥伊道의堅城이壞흔바되고同二十六日에壞軍이又大擧ㅎ야普軍을富禮壽路에擊ㅎ니那多壽太의陷흔바되야能히抵抗치못홀則

斐寶論이普王의怒에觸홈가恐ㅎ야城을擧ㅎ야普軍에降ㅎ니普大王의軍이敗殘흔中에歸ㅎ니此實將軍禮壽威朱의悝慟홈을由홈이라此時에普軍糧仗이皆敵兵의手餘를當ㅎ야三萬人에不過혼故로時禮沙府恢復홀望이始絕ㅎ더라

第七章 老遊整의戰

厚禮斗益大王이平素에兵卒물器機로視ㅎ야紀律로穀ㅎ고假借가少無ㅎ얏시나然ㅎ나今則危急存亡의秋를當호지라一種方法으로士氣를獎勵코져ㅎ야將校會議를開ㅎ고諸將의感覺을喚起코져ㅎ야乃言曰今에國家의危急홈이累卵의勢잇시니此危急을救ㅎ기는皆鄕等의忠勇을依賴홀지라朕은鄕等이皆普國人

竊相嘲笑ᄒᆞ면서 鼓角을 鳴ᄒᆞ고 普陣에 向ᄒᆞ야 急進ᄒᆞᆫ ᄃᆡ 其氣勢가 目中에 普兵이 己無ᄒᆞᄂᆞᆫᄃᆞᆺ 普大王은 高崗上에 陣ᄒᆞ야 敵軍의 來逼을 不知ᄒᆞᄂᆞᆫᄃᆞᆺ 一發의 砲彈도 放치 아니ᄒᆞ고 萬竈의 炊烟이 濛々ᄒᆞ야 戰備의 懈怠ᄒᆞᆷ을 佯示ᄒᆞ고 悠然히 將校를 招飮ᄒᆞ야 艅艎籌交錯ᄒᆞᄂᆞᆫ 中에 心想이 安閒ᄒᆞ야 一事도 업ᄂᆞᆫᄃᆞᆺ 談笑가 自若ᄒᆞ다가 午後 二時에 至ᄒᆞ야 戰機가 漸熟ᄒᆞᆫ則 忽然히 軍令을 下ᄒᆞ야 立地에 軍幕을 張ᄒᆞ고 士卒은 整齊히 列伍를 排成ᄒᆞ며 砲兵은 急激ᄒᆞᆫ 彈雨를 注ᄒᆞᄂᆞᆫ 際에 騎將謝道利가 部下의 剛勇ᄒᆞᆫ 騎兵을 率ᄒᆞ고 馳突ᄒᆞ야 敵鋒에 犯ᄒᆞ니 法軍이 雖百戰ᄒᆞᆫ 勇兵이나 如此ᄒᆞᆫ 神變不測ᄒᆞᆫ 攻擊을 遇ᄒᆞᆷ에 半時間에 全軍의 敗蹟ᄒᆞ니 法軍의 死亡과 浮擄된 者가 七千人이오 將軍이 氣死ᄒᆞ야 半時間에 全軍이 敗遁ᄒᆞ니 法軍의 死亡과 浮擄된 者가 七千人이며 軍旗가 二十二旒로 ᄃᆡ 普軍의 死亡이 僅一百六十五人이오 傷者ᄂᆞᆫ 三百五十八人이며 大砲가 六十三門이며 普大王이 此戰에 大捷ᄒᆞᆷ을 得ᄒᆞᆷ은 全軍이 操練ᄒᆞ야 紀律을 守ᄒᆞ야 驍勇善戰ᄒᆞᆷ을 由ᄒᆞᆷ이나 亦謝道利의 騎兵이 驅ᄒᆞ야 電發ᄒᆞ야 其勇이 三軍을 壓ᄒᆞᆫ 功이 居多ᄒᆞ니라

第六章 墺軍이 時禮沙에 侵入ᄒᆞᆷ富禮壽路의 戰

兵의 占領혼 바 되더라

普大王이 此時를 當ᄒᆞ야 四面으로 敵을 受ᄒᆞ는 中에 瑞典兵이 布米羅尼亞及宇結漢의 兩地를 侵ᄒᆞ야 一蹴에 伯林을 進壓코져ᄒᆞ고 露將 阿布洛信은 十萬의 大兵을 引ᄒᆞ고 普國에 入ᄒᆞ니 大將 芮越道가 二萬四千兵을 奉ᄒᆞ야 露軍을 逐擴코져홀ᄉᆡ 露軍과 遇ᄒᆞ야 驍勇善鬪ᄒᆞ나 衆寡의 不敵ᄒᆞᆷ으로 數千人을 失ᄒᆞᆫ後에 退走ᄒᆞ더니 十日後에 露將이 其本國女皇의 病이 大漸에 近ᄒᆞᆷ으로 內閣의 슈을 因ᄒᆞ야 引歸ᄒᆞ는지라 是以로 普將이 禮越道가 其兵을 引ᄒᆞ고 瑞典兵이 露兵의 退흠과 普將의 進흠을 聞ᄒᆞ고 不戰自退ᄒᆞ니라

第五章 老壽朴의 戰

厚禮斗益大王이 壙軍과 道老壽亞에셔 戰코져ᄒᆞ야 其機會를 待흠이 久호더 壙軍이 應지아니ᄒᆞ는故로 其方向을 轉ᄒᆞ야 八月에 薩河를 泛ᄒᆞ야 索遜尼에 進ᄒᆞ야 法兵을 境外에 驅逐코져홀ᄉᆡ 或進或退ᄒᆞ야 其後를 躡ᄒᆞ다가 十一月 五日에 法壙聯合軍과 薩河畔 老壽朴村에셔 遇ᄒᆞᆯᄉᆡ 普時에 軍은 僅二萬二千人이오 敵軍은 六萬人이라 法壙軍이 以爲普大王이 死地에 自陷ᄒᆞ야 甕中의 鱉과 갓튼 則手去提來ᄒᆞ리라ᄒᆞ야

호니 當時普國에 侵入호고加泰兵과 韓漢兵等은 暴호되 暴호지는아니호故로 其害가 猶少호거니와 法軍은 暴홈을 兼호야 其殘虐이 前者二兵에셔 遙加 호니 是以로 獨逸國人民이 其盟友가되는 法軍은 愛치아니호고 反其讐敵되는 普軍을 愛호야 普軍이 戰勝홈을 聞호則 相賀호고 法軍이 戰勝홈을 聞호則 相弔호니 夫如此 홈은 西來호는 法軍이 人心 收攬호는道가 敵邦의 偉人 厚禮와 益大王에게 歸홈이 一層 更深호야 其喜憂를 普國과 同一케 호則 普大王의 宗族이라 言語風俗習慣이 皆異호고 又其同盟諸軍의 一致協同홈이 普軍갓지 못호 來호는 露軍은 亦其紀律이 此偉人에게 三舍를 後호고 且 壞軍도 獨逸人民과 異種의 緣故니 此一事뿐으로 觀호야도 利害得失이 歷然호지라 普王이 壞軍만 向호야 干戈 를 交홀지라도 外國人이며 特且 獨逸人民의 多少와 敵愾心의 强弱이 同日의 論이아니거든 況露法兩 軍은 外國人이며 特且 獨逸人心의 最憎且恐호는者리오 彼獨逸北部의 人民이 其心 을 厚禮와 益大王에게 歸홈이 一層 更深호야 其喜憂를 普國과 同一케 호則 普大王의 勝敗로뻐 獨逸의 興亡이라호더라 是歲 十一月初로 當호야 普大王이 敵軍의 包圍호바되니 露軍은 壽國의 東部를 侵害 호고 壞軍은 時禮沙에 入호며 法軍의 大將 昭比壽는 西方으로 進호야 京城伯林이 敵

則膽氣沮ᄒᆞ야蘗坡河를渡ᄒᆞ야遠逃ᄒᆞ고九月九日에法軍과條約을結ᄒᆞ야兵을撤ᄒᆞ고河老堡와惠壽와富蘭士旭公國과透雪及蘗坡兩河間全地를皆法軍에게交付ᄒᆞ니是時를當ᄒᆞ야厚禮과益大王이戰敗ᄒᆞ야詔書를連接ᄒᆞᄂᆞᆫ中에又皇太后의昇遐ᄒᆞᆫ報를聞ᄒᆞ니大王의爲人이苛刻ᄒᆞᆫ故로人이或其拊子의情이甚薄ᄒᆞ다謂ᄒᆞ나其實은國事를因ᄒᆞ야堅銳를被執ᄒᆞ고馬上의日月을送ᄒᆞᆷ으로怡養ᄒᆞᆯ暇隙이無ᄒᆞᆷ이라王이其計音을接ᄒᆞ야人事를不省ᄒᆞ고食味를不知ᄒᆞ기數日에至ᄒᆞ야顔色이憔悴ᄒᆞ고且國勢도日危ᄒᆞ야前途의奸望이殆絶ᄒᆞᆫ則寧死ᄒᆞ야如此ᄒᆞᆫ恥苦를免ᄒᆞᆷ이可ᄒᆞ기로決ᄒᆞ고毒藥을携行ᄒᆞ되胸中에安閑ᄒᆞᆫ別乾坤은自在ᄒᆞ야雖大難交至ᄒᆞᄂᆞᆫ際라도詩를賦ᄒᆞ기不已ᄒᆞ야其平素交好ᄒᆞᄂᆞᆫ文人墨客과郵筒往復으로遙相唱和ᄒᆞ더라

未久에法軍總督多壽道禮가法國에歸ᄒᆞ고李世旎가其後任을襲ᄒᆞ니李世旎의性情의懶惰ᄒᆞ고侈靡를喜ᄒᆞ야節儉勤勉의道를不知ᄒᆞ며且婦女子를誘惑ᄒᆞᆷ으로能事를삼아放蕩ᄒᆞ기極ᄒᆞ고到處에人民의膏血을浚ᄒᆞ야驕奢ᄒᆞᄂᆞᆫ資에充ᄒᆞᆷ으로得策을삼은則其弊風이自然全軍中에傳染ᄒᆞ야人民이憎惡ᄒᆞ기를蛇蝎보다甚히

四〇

도 亦 誹難ᄒᆞ는者업지아니ᄒᆞᆫ中에 皇弟越利嚴은普大王의儲嗣로假定ᄒᆞᆫ者라父祖
의遺業이地에將墜ᄒᆞᆷ을悲ᄒᆞ야兄王의粗忽ᄒᆞᆫ功名心에其給을歸ᄒᆞ거ᄂᆞᆯ厚禮斗益
大王이一則其不敬ᄒᆞᆷ을憤ᄒᆞ며又一則甫惠米亞로셔退去ᄒᆞ든時에其失錯잇심을
怒ᄒᆞ야譴責을痛加ᄒᆞ니越利嚴이且耻且怨ᄒᆞ야庄園에歸ᄒᆞ야軍事에不叅ᄒᆞ고快
々不樂ᄒᆞ더니未久에病斃ᄒᆞ니라

第四章 對普同盟軍이河老堡를襲함

對普同盟軍이意外에勝報를接ᄒᆞ야氣勢가益振ᄒᆞ고法軍이河老堡를襲홈
은計策을行ᄒᆞ며瑞典軍은進擊ᄒᆞ는准備를整ᄒᆞ고且法軍은普魯士王國을侵襲ᄒ
河老堡를進擊ᄒᆞ고因ᄒᆞ야普魯士의本國ᄭᆞ지進攻코져ᄒᆞ니其一軍은蘇比壽公이
將ᄒᆞ고朱隣池亞에進ᄒᆞ고壤將詰堡仙公과合ᄒᆞ며又一軍이多壽道禮公이率ᄒᆞ고
河老堡에入ᄒᆞ야七月二十六日에英軍總督甘波蘭公과透雪河畔에遇ᄒᆞ야一擊大
破ᄒᆞ니時에甘波蘭公의軍이其數ᄂᆞᆫ法兵에不及ᄒᆞ야大功을建ᄒᆞᆷ이掌中에在ᄒᆞ거ᄂᆞᆯ老練
熟達ᄒᆞᆫ將師와聯合ᄒᆞ얏신則法軍을駈逐ᄒᆞ고大功을建ᄒᆞᆷ이掌中에在ᄒᆞ거ᄂᆞᆯ呼彼
甘波蘭公이暗弱ᄒᆞ고兵機에未熟ᄒᆞ야戰勝ᄒᆞ는法을未知ᄒᆞ는지라一戰에忽敗ᄒ

其氣勢를恢復지못ᄒᆞ기에至ᄒᆞ야先ᄒᆞ야墺將茶雲이開戰ᄒᆞ든初로브터利엽을갓을自思ᄒᆞ고退去ᄒᆞ는令을下ᄒᆞ앗거ᄂᆞᆯ索遜尼騎兵正領이普軍의陣法이變幻ᄒᆞᆷ을覘ᄒᆞ고其軍令書를懷中에納ᄒᆞ야部下에게示ᄒᆞ아니ᄒᆞ며普軍을攻擊ᄒᆞ라令ᄒᆞ야大破ᄒᆞ는功을建ᄒᆞ니時에普軍이又他處에서墺軍의擊破ᄒᆞᆫ바되야死傷이一萬四千人에至ᄒᆞ고大砲四十五門을失ᄒᆞ지라普大王이此時에戰死ᄒᆞ기로其心을決ᄒᆞ고戰場에在ᄒᆞ야砲丸이交下ᄒᆞ되凝立不退ᄒᆞ거ᄂᆞᆯ諸將이極諫ᄒᆞ야其馬首를始回ᄒᆞ니라普軍이昨年開戰ᄒᆞᆫ後로브터此時에至ᄒᆞ기짜지僅八箇月其間에戰ᄒᆞ미今此高隣의一戰에忽其九仞의功을虧ᄒᆞ야破竹의勢로甫惠米亞의全國을呑倂ᄒᆞ너니今此高隣의ᄒᆞ며攻ᄒᆞ미必拔ᄒᆞ야破竹의勢로布禮口의圍를解ᄒᆞ고又甫惠米亞의地ᄂᆞᆫ全抛ᄒᆞ기에至ᄒᆞ니盖普大王이能히寡로뻐衆을制ᄒᆞ며小로뻐大를敵ᄒᆞᆷ所以ᄂᆞᆫ其兵을用ᄒᆞᆷ이人의意表에出ᄒᆞᆷ으로뻐然ᄒᆞ나亦其必勝ᄒᆞᄂᆞᆫ聲譽가歐洲全土에震動ᄒᆞᆷ을由ᄒᆞᆷ도아닌은아니라然ᄒᆞᆫ故로一朝戰敗를被ᄒᆞ미向時大王의慢罵嘲笑되ᄂᆞᆫ各國君臣이今反大王을慢罵嘲笑ᄒᆞ야宿昔의怨을報코져ᄒᆞ고其麾下의將卒도亦大王의運을疑ᄒᆞ기에至ᄒᆞ야陣中에到處에誹謗ᄒᆞᄂᆞᆫ聲氣가狼藉ᄒᆞ고一室內에

五日後에二萬의兵을率ᄒᆞ고進ᄒᆞ야蒂藩公과聯合ᄒᆞ고六月十八日로뻐茶雲을攻ᄒᆞ기爲ᄒᆞ야高隣近傍에向ᄒᆞ니라

普大王이此際에行用ᄒᆞ陣法은往昔齊武希臘列邦中一의英雄芮巴美가强敵斯巴陀를壓倒ᄒᆞ든斜線布陣法이니其法이敏捷活動ᄒᆞ야能히至寡로써至衆을制ᄒᆞᄂᆞᆫ者인즉今普大王도若始終이有ᄒᆞ게其法을固守ᄒᆞ야方略을不變ᄒᆞ얏드면必戰勝ᄒᆞᄂᆞᆫ功을得全ᄒᆞ얏살지어ᄂᆞᆯ可惜ᄒᆞ다普大王이初에普陸軍副將轄仙이塽軍의右翼을衝ᄒᆞ야全破ᄒᆞ고普大王의中軍及右翼을擊ᄒᆞ야連破ᄒᆞ則塽軍의敗衂이頃刻에在ᄒᆞ거ᄂᆞᆯ忽然普大王의心中에變態ᄒᆞᄂᆞᆫ風雲이其平生의聰明을掩ᄒᆞ야奮擊前進ᄒᆞᄂᆞᆫ將卒에게停退ᄒᆞᄂᆞᆫ命을下ᄒᆞ則大總督毛利壽公이極諫ᄒᆞ야日此ᄂᆞᆫ敢亡을自招ᄒᆞ이니將進ᄒᆞᄂᆞᆫ士氣를沮退케ᄒᆞᆷ이斷然不可ᄒᆞ되普大王이勃然大怒ᄒᆞ야鈒을提ᄒᆞ고毛利壽公을向ᄒᆞ야厲聲日卿이果敢의命令을抵抗ᄒᆞᄂᆞᆫ가若復諫ᄒᆞ면直斬ᄒᆞᆯ勢를示ᄒᆞ니毛利壽公이大王에게諫ᄒᆞᆷ이無益ᄒᆞᆷ을知ᄒᆞ고退立ᄒᆞ야再諫치아니ᄒᆞ則塽軍이此時를乘ᄒᆞ야普軍을砲擊ᄒᆞᆷ이甚烈ᄒᆞ민隊伍가散亂ᄒᆞ고死傷이相望ᄒᆞ야將官이如何히士卒을獎勵ᄒᆞ든지

이 一萬二千五百人이오 又國家의 元勳柱石을 亡失ㅎ얏시니 其得이 決斷코 其失을 補치못ㅎ는故로 君臣上下가 皆其死를 悼惜不已ㅎ며 墺軍도 亦富羅雲大將의 死喜을 深哀ㅎ더라

第 三 章 高隣의 戰

布禮口의 一戰에 普軍이 勝利를 旣得ㅎ얏시니 甫惠米亞의 爭은 未終ㅎ니 時에 墺軍大總督露羅伊那公이 四萬六千의 兵을 率ㅎ고 普軍의 圍ㅎ는 바되야 恰然籠鳥갓치 窮迫ㅎ는中에 糧餉이 己乏ㅎ고 彈藥이 殆竭ㅎ야 久支치못ㅎ는 바라 茶雲은 其大軍을 率ㅎ고 布禮口附近에 在ㅎ야 援을 仔待ㅎ는 外에 他術이 無ㅎ니 茶雲이 若又普大王의 破ㅎ는 바되면 布禮口守備ㅎ는 墺軍이 全亡ㅎ는 禍를 免치못ㅎ을진則 露羅伊那公의 命運이 茶雲의 勝敗 如何에 在ㅎ니 若茶雲이 敗ㅎ則所謂七年戰近호目的이 此時禮沙의 保有를 鞏固케ㅎ기 故로 茶雲이 이二年되야 其終을 告홀지어늘 天意가 此戰爭을 終치안케 ㅎ야 의心身을 勞苦케ㅎ야 其名聲을 大揭케ㅎ고 져 ㅎ인가 連戰連勝 ㅎ든 普軍이 忽其勝 敗가 地를 易ㅎ기에 至ㅎ이 實奇惟ㅎ도다 普大王이 布禮口의 前에 留屯호지凡三十

寡가懸隔홈으로써普軍이如何히勇을奮호야死戰호든지到底勝算이無홀듯호則
每戰에不利홀뿐더러全軍이動搖호야敗色을露호니此危急훈時에剛毅훈大將壽
厓獗이其部下兵卒의逖巡홈을憤호야軍旗를自執호고其身이先호야敵鋒
을犯호고砲烟彈雨의中間에縱橫奔馳호믹士氣는爲호야復振호나壽厓獗은身에
四創을被호야戰地上에一步도退치아니호고靑天白日下의名譽잇는節死로大王
의知遇와國家의榮祿을報호니陸軍衆將滿妬歎이老將의手中에셔鮮血淋漓호軍旗를熱火ス튼怒
가愈激호지라軍衆將滿妬歎이老將의手中에셔鮮血淋漓호軍旗를熱火ス튼怒
氣로敵鋒을衝突호며且皇弟顯利公은馬上에跳下호야衆士의勇을皷舞호야敵의砲
臺를陷호고富蘭士旭公은敵의左翼을猛擊호야其奔亡을窮逐호야此山을蹂호며
彼山을又蹂호야七濠를奪호나壞軍도亦大將茶雲과富羅雲의皷勇奮戰호는間은
勝敗가未決호더니富羅雲이重傷을負호고戰場에셔死호則士氣가忽然沮喪호야
再振치못호지라普大王이戰況을視察호다가壞軍의氣가漸衰호는中에其中堅
이甚虛홈을看破호야精兵을親率호고奮迅衝突호야首尾의互相救應호는線을遮
斷호니壞軍이能支치못호야大敗奔散호則普軍이勝利를得호얏시나兵卒의死傷

三五

로 決定호되 陸軍副將隱陀歇이 亦大王의 策을 善타호니 副將은 勇敗猛烈호야 人皆
三舍를 避호는 者며 又大王의 信任호는 愛臣이라 大王이 乃隱陀歇을 命호야 敵陣의
形勢를 偵探호라 호얏더니 隱陀歇이 命을 復호야 曰 右翼兵이 廣漠호 草地를 前置호
고 屯聚호고 進擊호기 甚便호다 호나 其草地라 云홈이 草地가 아니오 實은 數箇
泥澤이어놀 偵探을 誤홈이라 此時 大將壽圧獅이 疲憊호 兵을 率호고 普大王의 本營
에 到着호야 戰地의 定호 處도 不知호고 大王에게 諫호야 明日로 戰期를 延호기를 請
호디 大王이 戰心의 勃勃홈을 禁制치 못호며 且勝利가 目前에 在홈을 信호야 老將의
諫을 不聽호니 壽圧獅이 慨然호 狀貌와 凛烈호 氣槪로 大呼曰 陛下 가 臣의 諫을 不聽
호시니 臣이 敢復何言호리오 突戰奮擊호야 抵落호는 敵兵을 悉殲호리이다 호더
라
時는 西曆一千七百五十七年 五月六日이라 普軍이 不明으로 브터 進擊홀 準備에 着
手호나 然호나 道路가 高低起伏호 中에 又 泥澤이 太甚홈으로 必要호 准備에 時刻을
費호야 午前 十時에 至호야 干戈를 始接홀시 普軍이 敵陣에 接近호민 砲聲이 甚烈호
야 死傷이 極多호지라 全軍이 恐怖호야 一時 平地에 伏호고 前進호기 不能호며 且衆

三四

急히索遜尼及時禮沙에進入하야戰爭의局을壞領以外에移함이可하다하거늘露
羅伊那公이暗愚하야富羅雲의意를未解하고平素의急躁者가乃反遲緩훈性
氣로防守하는策을取하야普軍의來함을坐待하니是普大王의苦待하는好機로其
願에適中함이라大王이乃詭計를用하야壞의大軍을懼하야防守하는策을執하는
득히示하다가索遜尼公이毛利壽가率하는候하야壞의大軍을伺하야其軍을四師로分
하니第一師는索遜尼公이懈怠高枕함을侯하야猝然進軍令을發하야其軍을四師로分
師는蒂藩公과第四師는大將壽厓獅가各率하고第二師는厚禮斗益大王이自將하며第三
入하니其勢의猛烈함이恰然雷霆과如하야向하는바에敵이無하지라數月의甫惠米亞에侵
을掠奪한後에復進하야布禮口近傍에陣하니盖布禮口는普大王의第一着目的地
며維也納은其最後目的地라時는西曆一千七百五十七年五月六日이러라

第 二 章 布禮口의戰

壞軍大總督露羅伊那公이普軍의猝然襲來함을聞하고大驚하야急히諸軍을集하
야布禮口附近山間의天險을據守하고以爲호되普軍이雖來하나足畏할者업다하
거늘厚禮斗益大王은猶豫間에事를誤할가恐하야敵을見하거든襲擊을卽行하기

三二

에 奉ᄒᆞ기로 定ᄒᆞ則其同盟軍이 合ᄒᆞ야 五十萬人에 至ᄒᆞ거늘 普軍은 自己의 同盟軍
ᄊᆞ지 合ᄒᆞ야도 二十萬人에 不滿ᄒᆞ中에 英國王과 惠壽公과 富蘭士旭公과 高多公은
但 法軍을 敵ᄒᆞ기에 汲汲ᄒᆞ야 他를 不暇ᄒᆞ則 法軍外諸他國의 軍은 普大王이
獨當치 아님을 得지 못ᄒᆞ리니 普大王이 雖曰 智略이 有ᄒᆞ다ᄒᆞ며 普將校가 雖曰 老練
ᄒᆞ다ᄒᆞ기로 到底勝算은 無ᄒᆞᆯ듯 ᄒᆞ나 然ᄒᆞ나 彼 普國厚禮斗益大王이 此
危迫ᄒᆞᆫ 地를 當ᄒᆞ기로셔 狼顧狐疑ᄒᆞᄂᆞᆫ 氣色이 豈有ᄒᆞ리오 深思熟考ᄒᆞᆫ 後에 一策을
按出ᄒᆞ야 曰 敵中에 主人公되ᄂᆞᆫ ᄅᆞ이 自當ᄒᆞ야 全力을 注ᄒᆞ고 老大將 禮越道
에게 一萬四千兵을 附ᄒᆞ야 本國을 護衛ᄒᆞ야 露軍의 襲擊을 備ᄒᆞ며 又 四千兵을 伯林
에 遣ᄒᆞ야 瑞軍의 襲擊을 備ᄒᆞ이 可ᄒᆞ다ᄒᆞ고 其策을 斷行ᄒᆞ니 當時에 瑞軍은 戰鬪에
熱心從事 치 아니ᄒᆞᄂᆞᆫ 故로 普大王이 其憂를 少弛ᄒᆞ더라
墺女皇이 皇叔露羅伊那公을 偏愛ᄒᆞ야 其前後普大將 富羅雲에게 連敗ᄒᆞᆫ 事를 不嫌ᄒᆞ고 墺
軍大總督의 任을 復委ᄒᆞ야 才能經驗의 兼備ᄒᆞᆫ 大將富羅雲의 麾下에 屬케ᄒᆞ니
富羅雲의 爲人이 持重ᄒᆞᆫ 中에 先見의 明이 有ᄒᆞ지라 大總督公에게 諫ᄒᆞ야 曰 普軍이
敏捷ᄒᆞ야 恒常 我의 先을 制ᄒᆞᆷ은 殿下의 深知ᄒᆞᄂᆞᆫ 바니 請컨ᄃᆡ 我亦彼의 先을 制ᄒᆞ야

食지못ᄒᆞ며 半飼의 睡를 眠치못ᄒᆞᆫ則 其 疲憊도 甚ᄒᆞ거니와 其麾下 士 一萬四千人은
得出치못ᄒᆞ미 將軍 屢士斯者가 引ᄒᆞ고 十月十四日에 普軍門에 詣ᄒᆞ야 降ᄒᆞ니라
戰爭의 前後에 厚禮斗益大王이 索遜尼를 自己版圖의 一部갓치 待遇ᄒᆞ야 囚虜ᄒᆞ는 凡兵을 徵
ᄒᆞᆷ과 稅를 課ᄒᆞᆷ이 本國보다도 嚴히 ᄒᆞ고 慈那에 在ᄒᆞᆫ 索軍의 將校는 自由ᄅᆞ 開戰ᄒᆞ기를
不許ᄒᆞ며 且其兵卒 一萬四千人中에 太半은 勸誘ᄒᆞ야 普軍의 籍에 編入ᄒᆞ니 開戰以
來 十四日間에 敵의 同盟中 一國을 征服ᄒᆞ야신則 厚禮斗益大王이 將且 其干戈를 轉
ᄒᆞ야 他處에 向ᄒᆞᆯ지나 然ᄒᆞ나 冬期가 漸近ᄒᆞ야 寒威가 太甚ᄒᆞ미 兵을 用ᄒᆞ기 始難ᄒᆞᆷ
으로 其鋒을 姑歛ᄒᆞ고 陽春의 候를 待ᄒᆞ더라

第三編　七年戰의第二年　西曆二千七百五十七年

第一章　厚禮斗益大王이 甫惠米亞에 侵入ᄒᆞᆷ

今에 歐洲諸大國이 厚禮斗益大王의 激烈ᄒᆞᆫ 抵抗을 憤怒ᄒᆞ야 討滅코져ᄒᆞ는 念이 益
固ᄒᆞ지라 墺國은 國財와 國民의 有ᄒᆞᆫ 分數ᄅᆞ 盡ᄒᆞ야 兵을 出ᄒᆞ며 露國은 十萬以上의
兵을 供ᄒᆞ며 法國은 比前 更大ᄒᆞᆫ 兵을 備ᄒᆞ며 瑞典은 二萬以上의 兵을 孤ᄒᆞ고 又 獨逸
聯邦은 普國이 索遜尼襲擊ᄒᆞᆷ으로뻐 聯邦의 平和를 擾亂ᄒᆞ다ᄒᆞ야 六萬의 兵을 壤延

將富羅雲도亦當時無雙혼名將이라 兵陣配置혼法이니 一時其宜를失ᄒ야敗北를招ᄒ야시나 嚴整혼隊伍로從容退去ᄒ야 禮坡河를渡ᄒ니 厚禮斗益大王이 墺軍의强홈이 向者時 禮沙戰時의比ᄒᆯ바아님을見ᄒ고 憂色이有ᄒ야 戒嚴을加ᄒ며 且其麾下將卒의忠勇을深感ᄒ야 後望을屬ᄒ고 獎論ᄒ야曰 朕은今乃汝武夫等이有大爲ᄒ기에足홈을知ᄒ야 莫大혼軍功을心에銘ᄒ노니 汝等은努力ᄒ지어다

第 四 章　普軍이索遜尼全國을占領ᄒ고索遜尼公이波蘭에退홈

是時를當ᄒ야苾那가未陷ᄒ고索軍의糧餉이日乏ᄒ야死亡이迫近ᄒ나然ᄒ나 將富羅雲의大軍이來援홈을聞ᄒ고普軍을駈逐홈이不達에在홈을信ᄒ야固守不降ᄒ니 厚禮斗益大王이以爲호ᄃᆡ索遜尼兵을急降치아니혼則普軍의前進에防害ᄒ다ᄒ더니 會에普軍이富羅雲을大破ᄒ고 歡聲이遠近에喧動혼則索軍이此意外의報를接ᄒ고其皇이始絶ᄒ야重圍를突出ᄒ고甫惠米亞에逃ᄒ는外에他道가無ᄒ지라 波蘭王悟佳斯多가(卽索遜尼選皇公)其意를決ᄒ고此方略을實行ᄒ는믹其單身遁走ᄒ는事를得遂ᄒ얏시나 暴風雨의妨碍와普軍의追擊으로三晝夜間에一塊의飯을

을 命호야 左翼兵을 率호고 老壽朴山上에 進케호며 富蘭士旭公을 命호야 右翼兵을 引호고 羅道施州의 高地에 進케호고 及左翼兵이 其信地에 達호미 蒂藩公에게 命호야 嚴陣勿離호라호고 又諸軍에게 合을 下호야 日 左翼兵으로 中心軸삼고 全線을 旋回進行호야 老壽朴村落과 寶沒佳山麓을 占領호라호니 然호 故로 第一線의 占有 호 地面이 太廣호지라 第二線에 命호야 壤充케호則 步兵은 一線으로 排列호고 騎兵 은 三線으로 其背後에 排列호니라

是日에 兩軍이 老施州附近地에셔 會戰호시 普軍은 僅二萬四千八百이오 壞軍은 七萬餘人이나 然호나 老施州壞軍이 其陣地의 配置가 形便을 失호야 連山複嶺의 間에 入호얏신則 全軍을 戰線內에 排列호기能치못호고 且騎兵은 並列호기를得지못홈으로 戰爭에 與치못호니 普軍이 大小彈丸을 雨注호거늘 壞軍을 攻擊호야 凡六時間을 涉호後에 彈丸이 已竭호則 士氣가 沮喪코져호거늘 蒂藩公이 大呼曰 足下等은 銃鎗으로 擊敵호는 事를 不知호는가 호미 此聲이 一出호민 颶擧電發호는 形勢로 縱橫奮鬪호야 向호는바에 前이업는지라 壞軍이 能히 支拒치못호고 大敗奔逃호니 普軍이 老施州를 得홈則 此一戰은 普軍이 壞軍에 對호야 第一着勝捷을 得홈이나 壞

從ㅎ야越美那에向ㅎ고本隊는進ㅎ니左翼은步兵六大隊騎兵三十大隊大砲三十門이오右翼은步兵十二大隊騎兵二十大隊大砲二十門이러라

普大王이又嚙將韋道가老施州에在ㅎ믈聞ㅎ고其必老壽朴과羅道施州와幾尼州의諸岡을占領홀듯ㅎ믈推ㅎ야越美那附近地에陣ㅎ기로決ㅎ니是其地가巴濱古布及瞿禮紫諸山의間에拉ㅎ야五施希及道富利州의道路를防衛ㅎ믈爲ㅎ미라時에大王의右翼兵은美陀柱堡에在ㅎ고左翼兵은蟲坡河畔에在ㅎ니塊將富羅雲이芮結河를潛渡ㅎ야進ㅎ되普大王이不覺ㅎ고悟提士道의高地에達ㅎ야始乃塊軍의動靜을探ㅎ則老施州及壽威州間의平地에陣ㅎ야毛烈小河로뻐其前面을防衛ㅎ되羅道施州의諸岡과老壽朴의諸山을占領치아니ㅎ얏거눌普大王이急히其前鋒을引ㅎ고同地에進ㅎ다가時機가既遲ㅎ며本隊가來着ㅎ則步兵四大隊로뻐禮具尼及悟提士野平坦호谷間에陣ㅎ고其夜에本隊가來着ㅎ則步兵四大隊로뻐禮具尼及悟提士道의諸山을占領케ㅎ고其餘諸隊눈越美那前에露營호고十月一日에普大王이麾下諸將을召集同行ㅎ야敵의動靜을將覘홀시普大王이馬에跨ㅎ눈際에忽一軍吏가報ㅎ야曰敵의騎兵一陣이平地에排호다ㅎ거눌大王이菲藩公

功을奏ᄒᆞ기難ᄒᆞᆷ을知ᄒᆞᄂᆞ故로只其兵을按ᄒᆞ야敵을圍繞ᄒᆞ거ᄂᆞᆯ墺女皇이索遜尼軍의危急ᄒᆞᆷ을聞ᄒᆞ고乃曰索遜尼가若普敵에게降ᄒᆞ면戰爭의鋒이甫惠米亞에移及ᄒᆞ리니其未然ᄒᆞ기前에防制ᄒᆞ만갓지못ᄒᆞ다ᄒᆞ고大將富羅雲의屯營에셔直發ᄒᆞ야進ᄒᆞ야索遜尼軍을救援ᄒᆞ라ᄒᆞᄃᆡ富羅雲이命을聞ᄒᆞ고高隣의屯營을命ᄒᆞ야危險을冒ᄒᆞ고

九月二十三日에芮結河畔에進ᄒᆞ야間三十日ᄭᆞ지留ᄒᆞ야砲兵及艀舟의來到를待ᄒᆞ니是ᄂᆞᆫ索遜尼軍의近傍에在ᄒᆞ야聲勢의相連과機謀의相通을爲ᄒᆞᆷ이며且砲醇二種은尙且維也納에在ᄒᆞ야准備가未整ᄒᆞᆷ으로뼈홈이러라

普大王이地形을擇ᄒᆞ야道를絶코셔ᄒᆞ야二十九日에五施希地方에達ᄒᆞ며其明日에步兵八大隊와騎兵十五大隊로뼈前衛를作ᄒᆞ야漆美洲에向ᄒᆞ며一隊ᄂᆞᆫ老施州에遣ᄒᆞ야將富羅雲의居處를偵察ᄒᆞ더니軍吏가回報호ᄃᆡ軍이河上에橋를架ᄒᆞ고將渡ᄒᆞ거ᄂᆞᆯ大王이直其橋를撤ᄒᆞ라命ᄒᆞ고步兵二大隊를遣ᄒᆞ야五施希村落을占領ᄒᆞ고又本隊ᄂᆞᆫ二縱線으로排列ᄒᆞ야三十日에其先鋒縱隊가漆美州에達ᄒᆞᆫ則厚禮와益大王이午前三時로뼈前衛를引ᄒᆞ고頂茶州를

初에 普大王이 以爲選皇公이 必畏怖ᄒᆞ야 直地屈降ᄒᆞ리라ᄒᆞ더니 故로 眼中에 索遜尼엽고 甫惠米亞를 直擊코져ᄒᆞ야 步兵三十三大隊와 騎兵五十五大隊를 大將壽匡獮에게 附ᄒᆞ야 那古道로브터 同國에 入케ᄒᆞ얏더니 索遜尼가 猶且外援을 恃ᄒᆞ고 不降ᄒᆞ則 普大王이 更히 以爲호ᄃᆡ 索遜尼軍을 驥坡河畔에 遺ᄒᆞ고 甫惠米亞에 入ᄒᆞ미 極히 危險ᄒᆞ다ᄒᆞ야 乃先索遜尼를 征服ᄒᆞ기로 定ᄒᆞ고 好德蘭公으로ᄒᆞ야 곰精兵을 率ᄒᆞ고 索軍의 來援홀 路와 甫惠米亞의 交通ᄒᆞ는 要害를 守ᄒᆞ고 且 壽匡獮으로ᄒᆞ야 곰柱益羅州의 前面에 陣ᄒᆞ야 ᄡᅥ 索遜尼의 外援을 絕케ᄒᆞ니라

第三章 老施州의 戰

此時에 墺女皇이 同盟諸國의 兵備整頓ᄒᆞ기를 待ᄒᆞ야 普大王에게 敵意를 示코져ᄒᆞ며 又其廷臣의 方針이 一定치 못ᄒᆞ므로 ᄡᅥ 甫軍을 進駐치 아니ᄒᆞ얏더니 普軍이 同地에 侵入ᄒᆞᆷ을 聞ᄒᆞ고 近隣諸州에 屯駐ᄒᆞᆫ 兵卒을 集ᄒᆞ야 大小二軍編制ᄒᆞ야 其大軍은 皮老古美尼公으로ᄒᆞ야 곰率ᄒᆞ고 柱益羅州에 留ᄒᆞ야ᄡᅥ 普의 大將獮을 當케ᄒᆞ며 小軍은 大將富羅雲으로ᄒᆞ야 곰率ᄒᆞ고 高隣에 集ᄒᆞ야 疾行ᄒᆞ야 ᄡᅥ 索遜尼軍을 應援케ᄒᆞ니 普大王이 荵那附近地에 陣ᄒᆞ얏시나 墺軍을 進擊ᄒᆞᆷ이 十分의

蕊那에 屯駐흔 陣營에 退ᄒᆞ야 一萬四千의 兵을 集合ᄒᆞ즉 蕊那ᄂᆞᆫ 本來 要害地라 侵擊ᄒᆞ기 難ᄒᆞ며 且 甫惠米亞와 交通이 甚 便ᄒᆞ야 援軍의 來助ᄒᆞᆷ을 待ᄒᆞ리라 普大王이 勸降ᄒᆞ되 選ᄒᆞᆫ 皇公이 不應ᄒᆞ니 此時에 波蘭王后ᄂᆞᆫ 道禮壽縈에 留在ᄒᆞ거늘 普大王이 其京城을 擊拔ᄒᆞ고 索遙尼 公文을 搜索홀ᄉᆡ 部下 將官에게 嚴命ᄒᆞ되 波蘭王后도 亦其公文의 緊要ᄒᆞᆷ을 知ᄒᆞ즉 其寢室에 秘藏ᄒᆞ얏시니 將官이 大王의 命을 受ᄒᆞ고 王后의 寢室ᄭᅡ지 搜索ᄒᆞ고져 ᄒᆞ니 王后가 其公文 藏置ᄒᆞᆫ 皮櫃上에 坐ᄒᆞ야 掩護ᄒᆞ고 將官을 叱ᄒᆞ야 曰 朕은 波蘭의 王后며 法國皇太子의 姑라 軍人아 雖曰 勇猛ᄒᆞᆫ들 何敢 朕의 身上에 侮辱을 加ᄒᆞ라 오ᄒᆞ나 普將官은 本來 大王의 命을 奉ᄒᆞ야 公文을 取ᄒᆞᆯ 職아 有ᄒᆞ즉 王后의 尊嚴ᄒᆞᆷ과 皇女 皇太子姑의 貴重ᄒᆞᆷ을 因ᄒᆞ야 其命을 不行ᄒᆞ며 其職을 中止 못ᄒᆞᆯ지라 雖 溫恭ᄒᆞᆫ 言詞로 無禮ᄂᆞᆫ 加치 아니ᄒᆞ야도 公文을 奪取ᄒᆞ여야 可ᄒᆞ即 乃 其皮櫃를 取ᄒᆞ야 普大王에게 獻ᄒᆞ고 詳細 點檢ᄒᆞ미 果然 普國 分割에 關ᄒᆞ 密書 數通이 其中에 在ᄒᆞ거늘 普大王이 遂 其緊要ᄒᆞᆫ 部分을 天下에 公布ᄒᆞ야 曲直의 在ᄒᆞᆫ 바를 示ᄒᆞ고 自己의 干戈를 先動ᄒᆞᆷ이 正當防衛로 得已치 못ᄒᆞᆷ에 出ᄒᆞᆷ 을 辯解ᄒᆞ더라

多惱河外지 至호는 線路를占領호얏실지어 는其計가 此에不出호얏다고後世兵家가評難호기不已호는者도有호나然호나大王은其慧敏홈이古今에卓絶호고又其股肱良臣壽厓獍은智勇兼備혼良將이라其利害를籌熟호야得失을講明호야此方略을拾호고索遜尼進擊호는計를先호所以는(第一)索遜尼를先擊호는時는多量의軍資를得호는便이有호고(第二)擊坡河의一方으로셔自國의最弱혼要處를防衛호는便이有호고(第三)索遜尼選皇公이敵의同盟에加호야신則其封內를進擊홈이可홀正當理由가有홈으로써라

是를由호야步兵七十大隊와騎兵八十大隊로써一軍을編制호야八月二十九日로써索遜尼에突入호시其右翼은富蘭士旭公好德蘭아率호고漢多堡等地를經호야道禮壽墩에進호며其中軍은普大王이自將호고藥坡河의左岸으로突古等地를經호야亦道禮壽墩에進호며其左翼은普大王이帶藩公이率호고烏達河畔으로老緬等地를經호야藥坂河右岸芯那의前面에進陣호야九月六日에諸隊가相合호야其軍을攻擊호나當時索遜尼에는僅一萬五千의兵이足지못호니選皇公이倉皇히京城道禮壽墊을棄호고야도普軍의一面을當호기에足지못호니選皇公이倉皇히京城道禮壽墊을棄호고

二四

英將甘波蘭公爵 三十六

第 二 章 七年戰의 端緒를 開홈과 厚禮斗益大王이 索
遜尼에 侵入홈

厚禮斗益大王이 危期가 目前에 迫홈을 察ㅎ고 且其防禦홀 機會가 一髮에 隔홈을 知ㅎ나 其英明剛毅홈이 秋毫도 挫折ㅎ는 色이 업고 以爲호디 防守홀 地位로 戰備를 徒 整ㅎ야 危難의 來侵홈을 坐待홈이 智者의 事아니라ㅎ고 乃敵軍의 戰備가 未整홈을 乘ㅎ야 其先을 制ㅎ기로 決ㅎ고 墺女皇에게 向ㅎ야 和戰間確答을 求ㅎ야 曰朕은 糢 糊曖昧흔 回答을 不要ㅎ노니 陛下가 萬一叡意의 在ㅎ바를 明示치 아니ㅎ면 朕은 即 開戰ㅎ기로 宣告로 見做ㅎ리라ㅎ는디 墺女皇이 傲慢無禮흔 答辭로 事를 左右에 托ㅎ고 隱然間에 戰備를 整코져 ㅎ거늘 普大王의 炯眼이 已 此意를 看破혼 故로 進擊ㅎ는 運動을 直行ㅎ기로 定ㅎ니 此時를 當ㅎ야 普軍은 十二萬이니 戰具가 皆備ㅎ얏고 墺 軍은 伊太利厚蘭突士及土耳其境界에 在흔 者를 維也納에 招集ㅎ야 未至ㅎ얏시며 露軍은 杜威那河外及其國內各處에 散在흔지라 普大王이 若此虛를 乘ㅎ야 沒多比 亞及甫惠米亞로 攻擊을 始ㅎ얏신則其弱兵을 壓倒ㅎ고 頃刻間에 維也納을 陷ㅎ며

英國王肇智二世 七十四
英國王肇智三世 十九
波蘭國王兼索遜尼國選皇公悟佳斯多三世 六十一
瑞典國王兼忽斯太仁公阿突華士 四十七
普將壽厓麟 七十三
賈伊周 六十一
支遁 五十八
普國王弟越利嚴 三十五
法國王孀品巴斗夫人 三十六
墺相高尼周 四十七
墺將富羅雲 五十二
茶 雲 五十二
英相老皮道 四十八
柳佳泄 四十六

大王이遂乃本心아니라事勢의自由치못홈을因ᄒᆞ야其同盟을英國에結ᄒᆞ고
普大王이謂ᄒᆞ되今英國이艦隊로뼈海上을覆ᄒᆞ야北美洲의島下濺河와印度의千
多士河兩處崖岸에同時開戰ᄒᆞᆯ期에迫ᄒᆞ則普澳의戰場에向ᄒᆞ나ᄂᆞᆫ大兵派遣ᄒᆞᆯ餘
裕가恐無ᄒᆞ다ᄒᆞ나當時英國의富饒홈이歐洲諸國의上에逈出ᄒᆞ며且其外務大臣
老皮道ᄂᆞᆫ健腕雄略으로政務處理홈이極히敏活ᄒᆞ야帷幄中에셔從容籌商ᄒᆞ고
其數年의軍費를支辨ᄒᆞ기에도聲色을不勞ᄒᆞ야帷幄中에셔從容籌商ᄒᆞ고
今此戰爭에重大關係잇ᄂᆞᆫ各國帝王將相의姓名等年齡을記ᄒᆞ야讀者의閱覽에供
ᄒᆞ노라

普國厚禮斗益大王 四十五
墺國女皇馬利亞多禮 四十
法國王路易十五世 四十七
露國女皇乙禮紫埤土 四十八
露國皇帝彼得三世 三十一
露國女皇佳太隣二世 二十八

援ᄒᆞ야 英將屈理夫와 法將杜布禮가 數回의 戰이 頗激ᄒᆞ며 各其本國의 民情을 衝傷
ᄒᆞ고 亞非利加洲의 西岸貴尼地方에셔 英法의 商人이 奴隸를 誘拐ᄒᆞ며 金砂를 採掘
ᄒᆞᄂᆞᆫ間에 彼此葛藤이 生ᄒᆞ니 其事가 雖小ᄒᆞ도 又 兩國의 感情을 不和케ᄒᆞᄂᆞᆫ 結末
이 前者에셔 反甚ᄒᆞ나 然ᄒᆞ나 爭亂의 最激切ᄒᆞ고 感情의 最大傷ᄒᆞ者ᄂᆞᆫ 北阿美利加
洲에 在ᄒᆞᆫ 英法殖民地의 事件이니 是時에 法軍이 北美大湖地方으로 브터 米施什被
河口에 至ᄒᆞ기ᄭᆞ지 戰線을 延長ᄒᆞ야 뻐 美國殖民地를 環圍코져 ᄒᆞᆫ즉 英國殖民도 其
防禦의 得已치 못홈으로 干戈에 訴ᄒᆞᆯᄉᆡ 美洲本土의 蠻族等은 或英人에 合ᄒᆞ며 或法
人에 附ᄒᆞ야 銀面銅額魚頭鬼形이 彼此陣中에 混同 出入ᄒᆞ야 各其 城邑을 毁ᄒᆞ며 土地를
略ᄒᆞ며 焚斬剝刮의 殘忍酷刑을 互相 行用ᄒᆞ니 此報가 本國에 聞ᄒᆞᆫ즉 本國의 人
民은 宿昔의 怨恨心과 平素의 憎惡念이 此로 由ᄒᆞ야 忽又 喚起刺衝홈이 倍高度에
達ᄒᆞᆫ즉 今此 普國이 厚禮ᄉᆞ益大王이 本來 乾坤을 向ᄒᆞ야 殷其雷의 鳴
動을 發ᄒᆞᆯ지라 蓋厚禮ᄉᆞ益大王이 本來 法國을 熱性嗜好ᄒᆞᄂᆞᆫ 人인즉 若 其同盟을 自
由選擇케 ᄒᆞᆯ진ᄃᆡ 願必法國에 左袒ᄒᆞᆯ지나 然ᄒᆞ나 法國宮廷及政府가 旣已 塊國의 甘
巧言手의 瞞著籠絡ᄒᆞᆫ 바 되야 其盟約上 操縱ᄒᆞᄂᆞᆫ 器具가 되기를 免치 못ᄒᆞᆫ즉 厚禮ᄉᆞ益

에는 紀律이 齊一치못ᄒᆞ야 猜忌不和ᄒᆞ며 且議論의 多端ᄒᆞᆷ으로 百事가 綏慢ᄒᆞ되 普
軍에는 上下가 同心ᄒᆞ야 謀計ᄅᆞᆯ 秘密히ᄒᆞ며 號令이 出一ᄒᆞ야 百事가 敏捷ᄒᆞ니 普大
王이 此 八得의 長이 有ᄒᆞᆫ 中에 智略과 果斷으로ᄡᅥ 時運의 推移ᄒᆞᄂᆞᆫ 機ᄅᆞᆯ 乘ᄒᆞ야 其助
ᄅᆞᆯ 求ᄒᆞᆫ則 或 一二合戰을 抗禦ᄒᆞ며 一二個月을 支過ᄒᆞᆯ지라 若能如是ᄒᆞᆯ진딘 其間에
或은 同盟軍이 其戰功의 大小와 掠取品 分排의 多少에 異議ᄅᆞᆯ 互生ᄒᆞᆷ도 有ᄒᆞᆯ지오 或
土耳其人이 其隙을 乘ᄒᆞ야 惱河畔에 來寇ᄒᆞᆯ 事도 有ᄒᆞᆯ지 오 又或은 法國의 政治家가
舊規ᄅᆞᆯ 背ᄒᆞ고 墺國과 同盟ᄒᆞᆷ을 悔ᄒᆞᄂᆞᆫ 事도 有ᄒᆞᆯ듯ᄒᆞᆫ則 此皆 普國에 利ᄒᆞᆫ바며 又 僥
倖을 萬一에 冀ᄒᆞᄂᆞᆫ바라
今此 歐洲四面이 皆 普國의 敵아닌者 업ᄂᆞᆫ中에 厚禮斗益大王이 一有力ᄒᆞᆫ 同盟을 得
ᄒᆞ니 此ᄂᆞᆫ 大王을 爲ᄒᆞ야 慶賀ᄒᆞᆯ지로다 盖 西曆 一千七百四十八年에 英法兩國이 媾
和ᄒᆞᆷ으로브터 其後 數年間에 名은 媾和라 雖謂ᄒᆞ나 實은 休戰과 無異ᄒᆞ고 且 其景況
도 歐洲에셔 만然ᄒᆞ다 他大洲에셔ᄂᆞᆫ 媾和라 稱ᄒᆞ기 難ᄒᆞ니 此際에 亞細亞洲 印度地
方에셔 阿那巴多汗과 燦多士俠의 兩人이 佳那特의 主權을 爭ᄒᆞ거ᄂᆞᆯ 印度에 在ᄒᆞᆫ 英
國殖民地의 仙造州ᄂᆞᆫ 阿那巴多汗을 助ᄒᆞ고 法國殖民地의 芬多水里ᄂᆞᆫ 燦多士俠을

厚禮斗益大王이亦其家의滅亡을自期ᄒ나安坐ᄒ야其亡을待ᄒᆷ으로는背城一戰ᄒ는計를行ᄒᆷ이可ᄒᆷ으로決定ᄒ고且其時勢가普大王의滅亡을救ᄒᆯ만ᄒ機會도업지는아닐지니(第一)普國이敵國의中央에居ᄒ매諸國이各遠隔ᄒᆷ으로ᄡᅥ大軍을同一信地에一時盡聚ᄒ는事가不能ᄒ고(第二)各國의氣候가互異ᄒᆷ으로ᄡᅥ甲國이干戈를用ᄒ기에便타ᄒ는時는乙國에便치아니ᄒ고(第三)普國이彼諸國쳐름鞏固치아니ᄒ憂가無ᄒ고(第四)兵의强弱은但疆土의大小와人口의多寡로推測ᄒᆷ이不可ᄒ니普軍이雖少ᄒ야도其意氣가勇銳ᄒ야遠外殖民地업시며防衛ᄒᆯ知ᄒ되退ᄒᆷ은不知ᄒ고(第五)普國에는償還ᄒᆯ國債업시며巨金消費ᄒ는宮官宮妾업고 當時法國宮廷의宦官宮妾이甚多ᄒ야其費用이五十大隊兵備養ᄒ資에及ᄒ야도其驍勇은幾倍에至ᄒ야兵卒이練熟ᄒ고將官이指揮에能ᄒ中에普大王은土卒의死心을得ᄒ事가古今에其比가無ᄒ고(第七)普國이國債의累업는故로其歲入은出入이相償ᄒ기에不止ᄒ고平時에在ᄒ야는常其若干의餘裕가有ᄒ니歐洲各國帝王中에貨財를蓄ᄒ야ᄡᅥ非常ᄒ困厄에備ᄒᆯ者가唯普大王一人에止ᄒ고(第八)普軍은一人의元帥를戴ᄒ고敵兵은數人의元帥를戴ᄒ니是로ᄡᅥ敵陣

곰悉皆愛國ᄒᆞ는 衷情에 薰染ᄒᆞ며 勤王ᄒᆞ는 精神에 皷發되얏실진ᄃᆡ 猶或彼離畔衰耗ᄒᆞᆫ 老大諸國을 抵敵ᄒᆞᆷ을 得ᄒᆞᆯ지나 然ᄒᆞ나 普國이 褊小ᄒᆞᆫ 國內에 不平黨의 多ᄒᆞᆷ이 敵國에셔 甚ᄒᆞ고 且其全國四分一되ᄂᆞᆫ 時에 禮沙의 人民은 元來墺女皇의 治化를 沐被生長ᄒᆞᆷᄋᆞ로ᄡᅥ 普國의 戰爭을 視ᄒᆞᄂᆞᆫ 事가 越人이 秦人의 肥瘠에 ᄒᆞ듯ᄒᆞᆯᄲᅮᆫ外에 禍亂을 貪樂ᄒᆞᄂᆞᆫ 徒는 蜂起騷擾ᄒᆞᆯ 憂가 不無ᄒᆞ며 且國이 小ᄒᆞ야도 其地利의 形便을 由ᄒᆞ야 能히 大敵을 防遏ᄒᆞ기에 事가 假令 英國은 四面皆海로ᄡᅥ 有時歐羅巴全洲를 相敵ᄒᆞ야 勝利를 得ᄒᆞᆫ 事가 有ᄒᆞ얏고 威尼斯政府ᄂᆞᆫ 陸上ᄋᆞ로ᄡᅥ 駈逐되여도 湖中의 武庫를 據ᄒᆞ야 甘富禮의 同盟軍을 拒ᄒᆞᆫ 事가 有ᄒᆞ얏고 瑞典의 牧人은 屢屢히 敵國의 大軍을 軋布山谷中에 誘破ᄒᆞᆫ 事도 有ᄒᆞ얏시니 軍事上에 地理를 豈可輕視ᄒᆞ리오마는 普國의 地形은 名山大川의 限이 업실ᄲᅮᆫ아니라 其版圖가 細長ᄒᆞ야 敵兵의 侵入이 七日을 蹂躪ᄒᆞᆯ 路程이 無ᄒᆞ고 其京城伯林도 一朝兵端이 開ᄒᆞ기에 主ᄒᆞ면 危險ᄒᆞᆫ 境을 免치 못ᄒᆞᆯ진則 今普大王은 地利人和가 皆無다 謂ᄒᆞᆯ지라 是以로 歐洲의 文武人이 萬口雷同ᄒᆞ야 皆謂戰爭이 一起ᄒᆞ면 虜賢卒連王室의 滅亡이 數日에 不出ᄒᆞ리라 ᄒᆞ더라

흠은 杨룰拉흠과 갓흐지나 其不意룰襲흠이 快호다호야 密議가 甚秘호나 然호나 普
大王이 本來間諜을 多派호야 各國宮廷의 動靜을 伺호흔則 巴里와 維也納과 道禮壽塾
等地로서 詳細흔 事情을 探來호야 其危難이 目前에 迫흠을 知호니 (第一) 法蘭西
墺地利露西亞索遜尼瑞典及獨逸聯邦의 諸國이 一時 大擧호야 普國에 侵入홀 事
(第二) 普國의 版圖가 太半은 敵國의 分割될 事 (第三) 法國이 其地理로 此分割에
直接參涉은 不與호야 도 尼多蘭地方中에서 分割혼 版圖룰受領홀事 (第四) 墺國은
時禮沙룰奪回홀事 (第五) 露國은 東部普魯士룰奪領홀事 (第六) 索遜尼는 漢多堡
룰貪慾호는 事 (第七) 瑞典은 布米羅尼亞의 一部룰要求호는 事라 盖此同盟은 歐洲
의空前絶後혼 一大聯合이니 是에 先호야 威尼斯가 富強홈極에 達호며 英吉利富禮同盟
軍이 征服호야고 法王路易十四世가 驕奢호야 各國을 慢侮호며 甘富禮同盟
和蘭諸國의 同盟軍이 討屈호야고 後又 拿破崙이 畢生의 勇을奮호야 決死猛戰호는
際에 各國의 同盟軍이 亦攻擊혼事가 有호얏시나 今日此同盟 갓치 大혼者는 眞未曾
有혼者라 當時厚禮斗益大王의 治下人民은 其數가 五百萬에 不滿혼則 同盟國人民
의 二十分一에 及지못호고 且其貧富의 差異는 尤甚호니 假令普國의 人民으로호야

隸의 口氣에 彷彿ᄒᆞ며 特又其巾幗社會를 罵倒ᄒᆞ기 已甚ᄒᆞ니 雖溫良恭謙ᄒᆞᆫ 婦人이라도 忍耐치 못ᄒᆞᆯ지어ᄂᆞᆯ 當時 歐洲大陸諸國의 政柄을 執ᄒᆞ얏ᄂᆞᆫ 一個國도 婦人아닌 者업고 且其婦人은 溫恭ᄒᆞ고 多情ᄒᆞᆯ ᄯᅮᆫ이라 稱ᄒᆞᆯ 者가 亦無ᄒᆞ니 墺女皇은 普大王의 無禮不實ᄒᆞᆫ 笑罵를 屢被ᄒᆞ고 露女皇의 多情ᄒᆞ은 又普大王의 嘲罵恥辱을 受ᄒᆞᆷ이 前二者의 比아니라 法國政府의 實權을 掌握ᄒᆞᆫ 品巴斗夫人은 其嘲罵恥辱을 受ᄒᆞᆷ이 前二者의 比아니라 品巴斗夫人이 普大王에게 諂을 納ᄒᆞ며 媚를 獻ᄒᆞ야 歡心을 務求ᄒᆞ되 普大王이 乃反 冷落乾燥ᄒᆞᆫ 侮弄口氣로 뼈 苔ᄒᆞ니 墺女皇의 平素에 高貴ᄒᆞᆫ 女性中 至嚴至驕ᄒᆞᆫ 人이 로되 其復讐心의 深切ᄒᆞᆷ을 因ᄒᆞ야 門地의 尊貴ᄒᆞᆷ과 品行의 端潔ᄒᆞᆷ을 頓忘ᄒᆞ고 素性 卑賤ᄒᆞᆫ 婢妾
품바두夫人
의 歡心을 求코져 ᄒᆞ야 親書로써 交誼를 通ᄒᆞᆫ則 品巴斗夫人아 大喜ᄒᆞ야 自己의 囊中物갓튼 法王路易十五世를 慫慂ᄒᆞ야 民路易王自家도 亦普大王에 게 魯鈍暗弱卑屈ᄒᆞ다 고 屢度慢侮를 被ᄒᆞ야 其心에 不平을 懷ᄒᆞᆫ 中이라 法墺兩國이 意外에 容易히 同盟을 結ᄒᆞᆫ則 瑞典도 亦法國의 例를 從ᄒᆞ니라
是時에 歐洲全幅이 皆厚禮와 益大王의 敵이라 若 一次 橫次ᄒᆞ야 進ᄒᆞ면 洪水의 汎濫ᄒᆞᄂᆞᆫ 勢갓치 普國山河를 懷襄ᄒᆞ야 能히 遏치 못ᄒᆞᆯ지니 故로 彼皆謂普國을 公然擊破

擊ᄒᆞᄂᆞᆫ下에屈服ᄒᆞ야 恭順을乞케ᄒᆞ기에至ᄒᆞᆯ지라兩國이始乃利益을共受ᄒᆞ야相
妬치말며相爭치말고威權을互增ᄒᆞ며平衡을互保ᄒᆞᆯ지오其損辱을招ᄒᆞᄂᆞᆫ者ᄂᆞᆫ唯
彼奸惡ᄒᆞᆫ鼠賊輩厚禮斗益뿐일지니是一擧兩全의策이아닌가ᄒᆞᆫᄃᆡ
法國의外交家가此說의新奇ᄒᆞᆷ에惑ᄒᆞ야妙案이라頻讚ᄒᆞᄂᆞᆫ者가一二에止치아니
ᄒᆞᄂᆞᆫ故로遂乃氷炭이相容ᄒᆞ야同盟을結ᄒᆞ기에至ᄒᆞ니盖兩國이宿怨을捨ᄒᆞ고此
同盟을結ᄒᆞᄂᆞᆫ所以ᄂᆞᆫ其眞情이政略에由ᄒᆞᆷ이아니오普大王一身上에向ᄒᆞ야嫌惡
ᄒᆞᄂᆞᆫ念을因ᄒᆞᆷ이多ᄒᆞ니此ᄂᆞᆫ普大王의自招ᄒᆞᆷ이라壞女皇이普大王을憎嫉ᄒᆞᄂᆞᆫ念
의深切ᄒᆞᆷ은今其喋聲ᄒᆞᆷ을不要ᄒᆞ거니와其憎嫉ᄒᆞᄂᆞᆫ事가此女皇만然ᄒᆞᆯᄲᅮᆫ아니오
自餘의各國帝王도亦皆然ᄒᆞ니是ᄂᆞᆫ何故로然ᄒᆞᆷ인가彼厚禮斗益大王을大體로評
ᄒᆞ면善良ᄒᆞᆫ君主라謂ᄒᆞᆯ지라隣邦의對手君王으로ᄂᆞᆫ無禮不良ᄒᆞᆫ人이라稱ᄒᆞ야도
亦可ᄒᆞ니其功名心의誇大ᄒᆞᆷ과政略의强硬ᄒᆞᆷ이며利益에赴ᄒᆞᆷ이銳敏ᄒᆞᆷ은各國宮
廷의目中에猶或寬恕ᄒᆞᆯ지로ᄃᆡ諷刺ᄒᆞᄂᆞᆫ詩와嘲罵ᄒᆞᄂᆞᆫ文으로決斷코容饒기難ᄒᆞ니其詩文及談話
ᄒᆞ야其名譽를汚損케ᄒᆞ며面皮를剝擦케ᄒᆞ니其詩文及談話
로各國君相을暗指ᄒᆞ야其侮辱中傷ᄒᆞᄂᆞᆫ惡事가帝王의言語에不似ᄒᆞ고寧興僅賤

一四

를 爲홈인가 厚禮斗益으로 하야 곰 時 禮沙를 統治케 하기에 止할뿐이오 法軍은 丸에
倒하며 鈥에 仆하야 死尸를 甫惠美亞의 野에 曝하고 空殼의 名譽만 貴重한 血雨로 買
함과 갓거늘 彼 厚禮斗益이 果然 能히 法國에 向하야 無二한 同盟으로 處함이 가 決斷코 아니하가
誼를 感하야 誠心眞意로써 法軍의 如此한 艱苦를 慰하며 貴重한 血雨로 買
니 彼 厚禮斗益이 巴里宮廷을 不信함은 事가 維也納宮廷에 不信함과 갓지 아니한가
且彼가 蚌鷸로 相爭케 하고 其隙을 乘하야 漁夫의 利를 取코져 함이 아닌가 是以로 蚌
鷸을 爲하야 計하건대 相顧相助하야 此 漁夫를 討滅함만 갓지 못하니 墺國의 主意는
時 禮沙를 恢復하기에 在하고 法國의 目的은 厚蘭道士 地方에 其 版圖를 拓擴하기에
在한자라 수兩國으로하야 곰 互相 仇視하야 數年間 兵連禍結하야 戰亂이 相續한則
外로는 將卒이 死亡하야 伏屍가 野에 蔽할지오 內로는 國庫가 空乏하야 負償가 山쳐
름 積하고 其 得하는 바는 顧하면 各尺寸의 利도 無하기에 此와 反하야 兩
國이 和親 協同하야 互相 提携한則 墺國은 快히 白耳義의 地를 法國에 與할지오 且時
禮沙는 自然 墺國의 手中에 復歸하리니 荷如是할진대 彼 厚禮斗益이 戰競懍慄하야
一隅에 蟄伏할지오 若彼가 自諒치 못하고 一生의 妄勇을 奮하야 抵抗코져 하거든 一

二三

法國政府가 如何히 輕率ㅎ며 感覺이업다ㅎ도록 如此適好ㅎ고 同盟을 疎斥지아니ㅎ듯
ㅎ事눈 如干 常識잇눈者라 도皆其 思想을 推及ㅎ더라
然ㅎ고 墺女皇의 巧俐ㅎ이 百方으로 其術을 盡ㅎ야 法國에 同盟코저 遊說ㅎ며 又墺
國의 外交家눈 新政略으로 勸誘ㅎ야 日歐洲의 諸大國은 其勢가 自然히 同盟이어눌
從來一種 幻想의 左右ㅎ바 되야 其相待ㅎ이 天生의 仇敵갓치ㅎ고 相容치 못ㅎ은 氷
炭에서 甚ㅎ야 二百年間에 砲烟彈雨가 開霽ㅎ는時日의 絶無ㅎ으로 歐洲의 土地돈荒
癈케ㅎ며 人口를 減損케ㅎ고 國本을 蓑耗케ㅎ야 政府로ㅎ야곰 財用이 匱乏ㅎ야 貢
償ㅎ 淵에 沈沒케ㅎ고 其得ㅎ바는 間ㅎ則 只其 繁殖ㅎ을 五害ㅎ기에 不過ㅎ니 今夫
向者 三十年戰 三十年戰은 即歐洲宗 敎上 三十年間의 大戰 及時禮沙戰의 其利를 收ㅎ은者는 法王도 아니며 獨
逸帝도 아니고 彼狐鼠갓든 小國이 獅虎의 相爭ㅎ는 機를 乘ㅎ야 其利를 占ㅎ은者는 墺國도 아
고 暗中에 其利益을 竊取ㅎ지라 故로 三十年戰을 由ㅎ야 其利를 獲ㅎ者도 亦 法國도
이며 法國도아니고 瑞典이乃是며 時禮沙戰을 因ㅎ야 其利를 獲ㅎ者는 墺國도아
니며 墺國도아니고 乃彼富蘭天堡의 突興者厚禮斗 益이라 夫時禮沙戰의 起ㅎ時에
法國이 奮擊健鬪ㅎ야 武功을 顯ㅎ고 本國의 公債는 山積되기에 至ㅎ者가 果然何事

며 激嫉ᄒ야 寸時도 忘却지 못ᄒ고 時도 禮沙地方 奪回ᄒᆯ 事와 普魯士王室 屈ᄒᆯ 計로ᄡᅥ 大目的을 삼아서 專心一意로 貫徹코져ᄒ민 十年이 一日 갓치 經營ᄒ야 歐洲 古今에 無比ᄒᆫ 一大 同盟을 結ᄒ면 北은 白海로브터 南은 亞得亞海에 至ᄒ며 西ᄂᆫ 斐西桂灣으로브터 東으로 東河에 至ᄒ기ᄭᅡ지 苟文明國이라 自稱ᄒ며 白人種이라 自誇ᄒᆞᄂᆞᆫ 國民은 悉皆 合從ᄒ야 一 新造ᄒᆫ 小王國을 討滅코져 ᄒᆞᆷ이니 是時에 墺女皇이 千計萬策으로 露女皇을 誘ᄒᆞ며 且波蘭王에게 厚利로 照ᄒ야 其應援ᄒᆞᄂᆞᆫ 諾을 得ᄒ고 只其 夫活ᄒᆞᆫ 同盟을 得ᄒ기 最難ᄒᆞᆷ은 法國이라 盖獨逸帝察士五世가 法王厚蘭昭亞一世 와 中原의 鹿을 相爭ᄒᆞᆫ 後로 凡 二百四十年 間에 兩國이 互相敵視ᄒ야 戰鬪가 不絕ᄒ 고 就中에 李世琉가 法國政權의 局을 當ᄒᆞᆷ으로브터 每事에 墺廷을 妨碍ᄒ면 今法相의 傳授ᄒᆞᆫ 政略과 其運用ᄒᆞᄂᆞᆫ 方策이 墺에 親ᄒ기 보다 普에 和ᄒᆞᆷ이 可ᄒᆞᆯ 듯 ᄒᆞ며 且普 國이 墺國과 仇敵되ᄂᆞᆫ 一事로 論ᄒ야도 普法의 相親ᄒᆞᄂᆞᆫ 原因이 됨이 庶幾ᄒᆞᆯ ᄲᅮᆫ더러 厚禮와 益大王이 法國에 對ᄒ야 爭端을 啓ᄒᆞᆯ 事가 無ᄒ며 普國의 位置도 法國에 妨害 ᄅᆞᆯ 加ᄒᆞᆯ 事가 無ᄒ며 普大王이 法文을 讀ᄒ기를 愛ᄒ고 草ᄒ기를 喜ᄒ고 法語ᄅᆞᆯ 善ᄒᆞ며 法人과 交遊ᄒ기를 好ᄒ고 又 法人의 讚賞을 得ᄒᆞᆷ이 無上ᄒᆞᆫ 名譽로 悅樂ᄒ면

(第五)第六戰及第七七年戰의第六及第七年(西曆二千七百六十一年及六十二年)是時에至ᄒ야普大王이萬死中一生을得ᄒ니一千七百六十二年에露國女皇이崩ᄒ고其從子彼得三世가位를嗣ᄒ며本來厚禮斗益大王을熱心으로賞感ᄒ며且友誼도親密ᄒ지라普國出征ᄒᄂ大軍을收回ᄒ고和約을修ᄒ올뿐더러又乃援兵을派ᄒ야相助ᄒ則瑞典도亦露國의例를做ᄒ야其兵을罷ᄒ고六十二年에英法이巴里에셔和約을結ᄒ約이普奧兩國이孤立相對ᄒᄂᄯᆞ롬이더니未久에兩國이休發堡에셔媾和ᄒᄂ約을修ᄒ야其條約을因ᄒ야獨逸은舊時의政體를變치아니ᄒ고時禮沙地方은依然히普國의有에歸ᄒ니라右ᄂ七年戰의梗槩라此戰의風聲으로厚禮斗益大王의古今卓絕ᄒ武名이全歐洲에震動ᄒ야各國帝王及人民의尊慕ᄒᄂ바되더라

第二編 七年戰의第一年 西曆二千七百五十六年

第一章 奧國女皇이歐洲諸國과聯合ᄒ야普大王을討滅코져謀홈

前編에旣述홈과갓치奧女皇이普大王의欺侮侵損을豪홈으로브터其心이憤怒ᄒ

袞一月에 老遊窘에셔 壞軍을 擊破ᄒᆞ야 時禮沙地方을 恢復ᄒᆞ니 其武名이 全歐洲에 轟振ᄒᆞᄂᆞ지라 英京倫敦에셔ᄂᆞᆫ 普大王의 戰捷을 祝賀ᄒᆞ고 又英國々會ᄂᆞᆫ 七百萬元의 金을 普大王에게 遺ᄒᆞ니라

(第三)第三戰及四戰 七年戰의 第三(西曆一千七百五十八年及五十九年)第三年에ᄂᆞᆫ 普王이 勝利ᄅᆞᆯ 獲得ᄒᆞ야 時禮沙地方을 保ᄒᆞ며 法軍을 獨逸以外로 駈逐ᄒᆞ얏시나 然ᄒᆞ나 四年에ᄂᆞᆫ 連戰連敗ᄒᆞᄂᆞᆫ 中에 露軍이 再出ᄒᆞ야 普大王의 軍을 富蘭天堡에셔 大破ᄒᆞ며 壞軍이 亦道禮壽察을 奪ᄒᆞ고 普將軍輩仍求가 甫憲米亞에셔 普軍의 圍ᄒᆞᆷ이 바되야 遂降ᄒᆞ니라

(第四)第五戰 七年戰의 第五年(西曆一千七百六十年)普大王이 如此히 窮迫ᄒᆞᆫ 苦境에 沈ᄒᆞ야 二十萬敵兵이 四面塵攻을 當ᄒᆞ야 도 意氣가 自若ᄒᆞ야 不動ᄒᆞ고 灣上에 陣ᄒᆞ야 突古의 激戰에 一捷을 奏ᄒᆞ야 普國의 將卒ᄂᆞᆫ 危機를 挽回ᄒᆞ얏시나 尙且 時禮沙中央에 在ᄒᆞ니 普大王의 位置ᄂᆞᆫ 堅壁自守ᄒᆞ야 敵軍과 相對ᄒᆞ야 立ᄒᆞᆯ 뿐이오 一髮의 危가 漸迫ᄒᆞ야 呼吸에 在ᄒᆞ니 普大王의 智勇으로도 其望을 大失ᄒᆞ야 與其屈辱ᄒᆞᆷ으로ᄂᆞᆫ 寧自殺ᄒᆞ기로 其心을 决ᄒᆞᆫ다 云ᄒᆞ더라

(第一) 第一戰 第一年 (西曆 一千七百五十六年) 厚禮斗益大王이 同盟諸國의 普國을 滅코져 ᄒᆞᄂᆞᆫ 謀를 知ᄒᆞ고 七萬의 兵을 率ᄒᆞ고 索遜尼를 擊ᄒᆞ야 道禮壽墊을 占領ᄒᆞ며 又墺軍을 老施州에 破ᄒᆞ고 公文數通을 奪ᄒᆞ니 諸國의 普國分割을 密謀ᄒᆞᆫ 此公文을 由ᄒᆞ야 盡露ᄒᆞᆫ지라 乃其文을 各國에 公布ᄒᆞ야 其干戈를 動ᄒᆞᆷ이 得已치 못ᄒᆞᆷ에 出ᄒᆞᆷ을 辨解ᄒᆞ니라

(第二) 第二戰 七年戰의 (西曆 一千七百五十七年) 第二戰은 七年中最大ᄒᆞᆫ 者ㅣ니 厚禮斗益大王이 甫惠米亞에 侵入ᄒᆞ야 墺軍을 大破ᄒᆞ얏시나 高隣戰에 其績을 敗ᄒᆞ며 且此時에 露軍은 普國의 東邊을 襲ᄒᆞ고 瑞軍은 布米羅尼亞로 從ᄒᆞ야 普京伯林에 進ᄒᆞ며 其同盟英國은 河老堡에셔 法軍의 駈逐ᄒᆞᆫ 바되고 法軍이 又索遜尼에 入ᄒᆞ니 普大王이 新敗ᄒᆞᆫ 餘에 四面으로 敵을 受ᄒᆞ야 泪喪ᄒᆞᆫ 殘卒로 進退維谷ᄒᆞᆫ 死地에 陷ᄒᆞ지라 或云當時에 普大王이 其煩懣ᄒᆞᆷ을 不勝ᄒᆞ야 自殺코져 ᄒᆞ기에 至ᄒᆞ다 ᄒᆞ나 未幾에 形勢가 一變ᄒᆞ야 彼東邊에 侵入ᄒᆞᄂᆞᆫ 露軍이 其本國女皇의 病篤ᄒᆞᆷ을 因ᄒᆞ야 其政府의 召還ᄒᆞᄂᆞᆫ 바 되면 普大王이 乃其意를 法墺兩軍을 防禦ᄒᆞ기에 專注ᄒᆞ야 兵二萬을 携ᄒᆞ고 索遙尼에 突入ᄒᆞ야 三倍되ᄂᆞᆫ 法墺兩軍을 破ᄒᆞ고 又其後

爾後八年의間에歐洲各國이和平을五守ᄒ야四方에一塵이不動ᄒᄂ지라普王이
此時로뻐國利와民福을增進ᄒ며各地의碩學博士等을厚幣聘附ᄒ야文學을務ᄒ
나然ᄒ나各國의干戈가早晚必動ᄒᆷ을察ᄒ고武備에至ᄒ야도砭々不息ᄒ더라

第三章 七年戰即第三時禮沙戰의梗槩

墺女皇이厚禮斗盆大王의時禮沙侵奪ᄒ事를深啣ᄒ야數年을經過ᄒ되忘却지못
ᄒ며且時禮沙人民은普王의善政下에立ᄒ야其繁榮ᄒᆷ이漸進ᄒᄂ지라墺女皇이
尤其嘆恚ᄒᄂ焰을燃ᄒ야奪回ᄒ일想ᄒ이盆熾ᄒᄂ中에歐洲諸大國도亦普魯士가一
新造ᄒ小國으로英主의治下에長足의進步ᄒᄂ景況을嫉妬ᄒ니普王의烱眼이早
已其等情形을察知ᄒ야戰備를嚴修ᄒ야各國抵抗의策을講ᄒ실시法國으로뻐可信
ᄒ가아니라ᄒ야其好를英國에求ᄒ니英國도亦過境의嫌怨을解ᄒ고西曆一千七百五十六年에兩國이同盟을結ᄒ
勢가自然眞實ᄒ同盟되며且露索兩國도其盟約에合ᄒ야普國을
則墺國은法國과仇敵이나今乃同盟國되며
滅코져ᄒ니未久에歐洲一圓이流血塲으로變ᄒᄂ七年戰이是를由ᄒᆷ이라其戰爭
의顛末을下編에詳叙ᄒ자나令其大綱을撮記ᄒ건ᄃ

憂ᄒᆞ야 一條勅令을 發ᄒᆞ야 自己晏駕後에 若太子가 無ᄒᆞ거든 長女로ᄒᆞ야 곰 封土를 繼承케ᄒᆞ니 是故로 及察士帝가 崩ᄒᆞ미 皇長女馬利亞多禮士가 其封土를 惠美亞의 王國과 墺地利公國等 地를 悉皆繼承ᄒᆞ고 匃牙利女皇이라 稱ᄒᆞ니 時에 巴威里의 選皇公札寶及索遜尼의 選皇公兼波蘭國王悟佳三世가 女皇封士의 全部 或 一部를 得코저 爭ᄒᆞ며 普國厚禮斗益大王은 女皇의 即位ᄒᆞᆫ數月後에 開戰의 宣告 도업시 突然히 墺國의 領地時禮沙를 襲ᄒᆞ야 四十一年 及其明四十二年의 戰에 兩回 의 勝利를 得ᄒᆞ야 時禮沙를 其版圖에 加ᄒᆞ니 此ᄂᆞᆫ 第一回時禮沙의 戰이라 名ᄒᆞᆫ者 라 盖普王이 其襲擊ᄒᆞᆫ口實은 曰時禮沙地方은 本來作普王의 先代가 獨逸帝로서 受 領ᄒᆞᆯ者라 ᄒᆞ나 此ᄂᆞᆫ 根據업ᄂᆞᆫ 飾辭에 不過ᄒᆞᆷ이러라
一千七百四十四年에 墺國女皇이 法國과 戰ᄒᆞ야 勝捷을 得ᄒᆞ미 其威勢가 漸盛ᄒᆞᄂᆞᆫ 지라 普王이 時禮沙를 見奪ᄒᆞᆯ가 恐ᄒᆞ야 乃一口實을 設ᄒᆞ야 獨逸新帝察士七世即巴 威里選皇公札寶를 援ᄒᆞᆫ다 名ᄒᆞ고 墺國과 戰端을 復開ᄒᆞ더니 其明年에 索遜尼의 察士七世가 崩ᄒᆞ되 其戰爭은 依然不息ᄒᆞ고 普王이 三戰大捷ᄒᆞ야 道禮壽螫의 首府의 和約으로 時禮沙의 保有ᄒᆞᄂᆞᆫ權을 確固케ᄒᆞ니 是ᄂᆞᆫ 第二回時禮沙의 戰이라 稱ᄒᆞ더라

ㅎ거니와 當初温和ㅎ고 柔弱ㅎ야 父王의 心을 如彼懊惱케 ㅎ든 太子厚利周가
庸凡ㅎ世主되기는 姑舍ㅎ고 即其父王보다도 更數層英傑ㅎ不世出大人이라 父王
의 生時에 和顔怡色으로 文雅寬仁ㅎ든 太子가 一朝父王의 晏駕ㅎ신後로브러 肅嚴雄
偉ㅎ야 尊重한 威儀를 保ㅎ고 前日東宮에 從衛ㅎ든 庸碌人輩를 抑ㅎ야 官路에 濫進
ㅎ는 弊를 杜絶ㅎ는 中에 도 財用을 節儉ㅎ며 武氣를 崇尙ㅎ야 絶大한 雄望을 懷ㅎ야 究
然히 墺利嚴一世가 不死ㅎ갓든지라 風雲의 機를 乘ㅎ고 尋又七年戰으로 歐洲를 震撼
計畫이 墺國의 虚隙을 窺ㅎ야 時에 禮沙의 土地를 奪ㅎ고 尋又七年戰으로 歐洲를 震撼
ㅎ며 聯邦同盟을 定ㅎ는 時에 墺國의 霸權을 減殺ㅎ야 百世의 大計를 確定ㅎ니 其
은 實로 父王의 志를 繼ㅎ야 父王의 業을 大케 한 者라 謂ㅎ지로다

第 二 章　七年戰의 原因其二第一及第二時禮沙戰

西曆一千七百四十年에 普王越利嚴一世가 崩ㅎ고 太子厚利周가 位에 即ㅎ니 是即
厚禮斗益大王이라 時에 墺地利에 도 獨逸帝察士六世가 崩ㅎ니 是에 先ㅎ야 獨逸에
封建法이 有ㅎ야 男子아니면 封土를 繼承ㅎ야 帝位에 即ㅎ는 事를 得지못ㅎ는지라
察士帝가 太子업고 二女만 有ㅎ則 其萬萬歲後에 帝位가 其家의 有홈이 되지못홈을

憂ᄒᆞ야 虐待ᄒᆞᆷ을 極히 ᄒᆞ고 一時에는 縊殺코져 ᄒᆞ는 事도 行ᄒᆞ기에 至ᄒᆞ얏서니 盖人이人
의 父되야 誰人이 其子ᄅᆞᆯ 愛치 아니ᄒᆞ리오마는 今 普王이 其子ᄅᆞᆯ 殺코져 ᄒᆞᆷ은 王이 其父祖
의 遺志ᄅᆞᆯ 成就ᄒᆞᆷ으로ᄡᅥ 屓賢卒遹家의 必要ᄒᆞᆫ 義務ᄅᆞᆯ 삼아서 若 成就ᄒᆞ지 못ᄒᆞᆷ인則 其
義務에 缺ᄒᆞᆷ으로 思ᄒᆞ며 且 其 事業의 重大ᄒᆞᆷ으로ᄡᅥ 一代에 全成ᄒᆞ기ᄅᆞᆯ 難必이라 是
以로 自己가 其 鴻業의 端緒ᄅᆞᆯ 先開ᄒᆞ고 後世子孫을 待ᄒᆞ야 其功을 竣ᄒᆞ기에 其望을
屬ᄒᆞᆷ이 甚重ᄒᆞ거늘 太子厚利周가 柔弱ᄒᆞ야 大事ᄅᆞᆯ 托ᄒᆞ기에 不足지라 然ᄒᆞᆷ으로 其望을 大
失ᄒᆞ야 以爲호ᄃᆡ 父子의 愛情을 祖先遺志에 比ᄒᆞᆷ인則 本來 甚 小ᄒᆞᆫ지라 小事ᄅᆞᆯ
不忍ᄒᆞ다가 大事ᄅᆞᆯ 不省子로 ᄒᆞ야 곰 大事ᄅᆞᆯ 誤케 ᄒᆞᆷ은 決斷코 英雄의 取치아니ᄒᆞ는 바라 ᄒᆞ
야 乃 其愛子의 生命을 奪코져 ᄒᆞ기에 至ᄒᆞᆷ이니 或 云 王이 其子의 生命을 個斷絕코
져 ᄒᆞᆷ이 아니라 如此히 脅激ᄒᆞ야 其心魂을 堅剛케 ᄒᆞ니 是로 由ᄒᆞ야 觀ᄒᆞᆫ則 王
雖 過激ᄒᆞ다 ᄒᆞᆯ지나 然ᄒᆞ나 其父祖의 遺事ᄅᆞᆯ 繼述ᄒᆞ야 一点 私慾 업는 達孝人이라 ᄒᆞ
더라
越利嚴一世가 太子ᄅᆞᆯ 如彼히 虐待ᄒᆞᆷ은 其 柔弱ᄒᆞᆷ으로 大事ᄅᆞᆯ 托ᄒᆞ기 不足ᄒᆞ야 眞個
絕憎ᄒᆞᆷ인가 又 其文學癖을 懲改ᄒᆞ야 英武性으로 陶冶코져 ᄒᆞᆷ인가 此는 詳知키 難

기 눈 臣姜만도 못하게 하며 且各國 등도 普王을 玩弄하야 其 狀이 宛然 都市의 輕薄兒가 田舍漢을 凌侮하는 듯하니 此時 歐洲의 形勢를 察하건디 法國路易大王이 其天資의 英邁함과 良弼의 啓沃함으로써 其威가 歐洲에 行하야 目中에 外國이 更無하거 눈 塊國은 徒然히 尊大各自負하야도 三十年 戰의 餘弊를 承하야 民國力이 衰耗하야 其部下에 附屬한 獨逸聯邦이 自分하야도 此亦 統一한 눈 事를 能치 못하고 越利嚴王一世가 普國에 君臨함이 正히 此時에 當한지라 是로써 王이 富國强兵을 擧하야 獨逸의 霸權을 握함을 俟하야 各國을 凌駕하야 法 墺의 妄尊함을 挫折하고 更一躍하야 쪠 備擴張의 實을 謀하며 殖產과 興業을 獎勵하야 國家富源의 開進하는 策을 講하는 緣由라 普國의 陸軍이 從來 四萬八千에 不過하더니 八萬三千五百人으로 增加하고 且其土官의 精選과 兵卒의 熟練은 當時 歐洲各國中可히 肩齒할 者가 無하기에 至하며 國則 此를 爲하야 財源이 涸渴할 듯하니 王의 勤儉을 由하야 乃 反舊來의 國債를 償淸하며 國庫에 剩餘額이 相因하니 其志의 在한바를 可히 知할너라 王이 又其太子厚利周 即 俄來의 厚禮斗徒 大王의 天性이 溫利太過함으로 其遺業을 繼承치 못할가

란者잇셔 獨逸皇帝 施智滿에게 封爵을 受ᄒᆞ야 富蘭天堡侯되니 此卽 普魯士王家의 祖先이라 其後 數世를 經ᄒᆞ야 富蘭天堡侯 軋寶가 波蘭王式滿에게 普魯士地를 受ᄒᆞ야 普魯士公을 封ᄒᆞ고 又 其後 數世에 皇公越利嚴에 至ᄒᆞ미 英邁ᄒᆞ고 雄略으로 大望을 夙抱ᄒᆞ야 西華利亞 嫦和ᄒᆞᄂᆞᆫ 際에 許多 壞地를 得ᄒᆞ고 中에 漢多堞는 公의 薨ᄒᆞᆯ 時 極豊饒ᄒᆞ고 且緊要ᄒᆞᆫ 地方이라 普國이 今日의 盛大를 致ᄒᆞᆷ은 實로 公의 遺業이니 公의 薨ᄒᆞᆫ 日에도 王國이라 稱ᄒᆞᆯ만호 廣大封土를 其 太子 厚禮斗益一世에 傳ᄒᆞ則 厚禮斗益一世가 王號를 遂稱ᄒᆞ야 普魯士國王位에 昇ᄒᆞ며 舊來의 大望을 達ᄒᆞ니 時卽 酉曆 一千七百一年이러라

厚禮斗益一世의 太子는 卽 越利嚴一世라 王의 性이 激烈ᄒᆞ고 且 節儉을 務ᄒᆞ야 軍備 擴張ᄒᆞ기에 其 意를 專注ᄒᆞᄆᆡ 史氏가 或 王을 目ᄒᆞ야 狂人이라 ᄒᆞᄂᆞᆫ 者도 有ᄒᆞ되 此는 誤評이라 當時에 普國이 王號를 稱ᄒᆞ나 其日이 猶淺ᄒᆞ고 其國이 甚小ᄒᆞ며 且 其威信을 各國間에 立ᄒᆞ지 못ᄒᆞ니 獨逸聯邦中의 小國도 普王國이라 稱ᄒᆞ기를 不肯ᄒᆞ고 視ᄒᆞᄂᆞᆫ 中에 墺地利皇帝는 元來 其系統의 崇高ᄒᆞᆷ을 特ᄒᆞ고 帝王中 帝王으로 自處ᄒᆞ야 英法 諸 大國의 帝王ᄭᅡ지 輕侮ᄒᆞ야 同等으로 視ᄒᆞ기를 不屑ᄒᆞᄂᆞᆫ 故로 普王을 見ᄒᆞ

普魯士國厚禮斗益大王의七年戰史

第一編　普國前史

第一章　七年戰의原因 其一 累代普王의政略

七年戰은西曆一千七百五十六年으로브터同六十二年에至호기까지凡七年間普魯士國의厚禮斗益大王이墺地利法蘭西露西亞索遜尼瑞典獨逸聯邦의諸國을敵호야絕倫호智勇으로普國의基業을定호야今日의强大喜을致호기셔者ㅣ라호느니此戰을起호호主旨는早晩間墺地利國을壓倒호고獨逸의霸權을掌握코져홈인則其後에彼鉄血宰相比思麥等이獨逸統一의大業을成就호이實로大王의遺志를繼承호아라故로此를由호야觀호則大王의政略은彼得大帝가露國에在호갓고大王의父祖의遺志를繼述호者ㅣ獨逸統一이大王의祖先以來大主義라故로此를舉호야論호則大王의政略은累代普王의政略이라云홈이可홈이라

蓋普國의起源을尋考호건디今을距호지凡五百年前에獨逸侯中伯爵屬賢卒連이

第三章　第七年의戰其一　歐洲에二大事件이新生홈
第四章　第七年의戰其二　普大王의智略이露將을左右ᄒᆞ고又時禮沙로
　　　　셔墺軍을駆逐홈

第八編　媾和並善後策

　第一章　媾和
　第二章　七年戰은各國의眞相을表顯홈
　第三章　厚禮斗益大王의善後策

普魯士國厚禮斗益大王의七年戰史目錄 終

四

第六編　七年戰의第五年

　第一章　普大王의境遇와時禮沙及索遜尼의戰
　第二章　露軍이伯林을陷ᄒᆞ고普大王이恢復홈
　第三章　桂茇의戰
　第四章　規列斯道의戰
　第五章　塢軍이道禮壽塾을陷홈

第七編　七年戰의第六年及第七年

　第一章　第六年의戰其一普大王의境遇와塢露兩軍이普大王을紛折威州에圍홈
　第二章　第六年의戰其二塢軍이時禮沙의太手을略ᄒᆞ고露軍이伯林에再入ᄏᆞ져ᄒᆞ고普國君民이一致홈

第一章　厚禮와益大王이甫惠米亞에侵入홈

第四編　七年戰의第三年

第一章　露軍이普國에再入홈과英國의動靜과富蘭士旭公이法軍을大破홈
第二章　土崙道의戰
第三章　混結縣의戰
第四章　高隣의戰
第五章　對普同盟軍이漸振ᄒᆞ고法軍이河老堡를襲홈
第六章　塊軍이時禮沙에侵入홈과富禮壽路의戰
第七章　老遊鞍의戰

第五編　七年戰의第四年

普魯士國厚禮斗益大王의 七年戰史

目錄

第一編 普國前史

第一章 七年戰의 原因 其一 累代普王의 政略
第二章 七年戰의 原因 其二 第一及第二時禮沙戰
第三章 七年戰의 梗槩 即第三時禮沙戰

第二編 七年戰의 第一年

第一章 墺國女皇이 歐洲諸國과 聯合ᄒ야 普大王을 討滅코져 謀홈
第二章 七年戰의 端緒를 開홈과 厚禮斗益大王이 索遜尼에 攻入홈
第三章 老施州의 戰
第四章 普軍이 索遜尼全國을 占領ᄒ고 索遜尼公이 波蘭에 退홈

第三編 七年戰의 第二年

超絶ᄒᆞ다ᄒᆞ나 孤立無援ᄒᆞᆫ 一小國으로 四面皆敵의 地에 立ᄒᆞ야 何術로 써 二十倍絶大ᄒᆞᆫ 同盟强敵을 壓倒ᄒᆞ얏시리오 盖大王의 內治ᄂᆞᆫ 至誠無僞ᄒᆞᆷ이 其外交의 狡詐ᄒᆞᆫ 手段에 比ᄒᆞ야 判然ᄒᆞᆫ 兩截人이니 宮廷의 經費ᄅᆞᆯ 節減ᄒᆞ야 剩額을 必儲ᄒᆞᆷ이 大王의 儉이며 國庫의 財用을 管理ᄒᆞ야 些毫ᄅᆞᆯ 無犯ᄒᆞᆷ은 大王의 廉이며 貧窮을 撫恤ᄒᆞ야 穀種을 給ᄒᆞᆷ과 租稅ᄅᆞᆯ 免ᄒᆞᆷ은 大王의 仁이오 産業을 奬勵ᄒᆞ야 草萊의 闢ᄒᆞᆷ과 工商의 殖ᄒᆞᆷ은 大王의 勤이라 其德이 如此ᄒᆞᆫ 故로 民이 亦愛戴ᄒᆞ야 其患難에 赴ᄒᆞᆷ이 父가 小ᄒᆞ에 趨ᄒᆞᆷ과 갓치 ᄒᆞ니 何戰ᄒᆞ야 勝치 못ᄒᆞ며 何征ᄒᆞ야 服치 못ᄒᆞ리오 是以로 國이 小ᄒᆞ나 能히 大邦을 對峙ᄒᆞ며 兵이 寡ᄒᆞ나 能히 諸强隣을 抗敵ᄒᆞ야 國家累卵의 危ᄅᆞᆯ 救ᄒᆞ고 萬世不拔ᄒᆞᄂᆞᆫ 大業을 建ᄒᆞ야 後代子孫의 富强ᄒᆞᆫ 洪緖ᄅᆞᆯ 遺ᄒᆞ니 普魯士國君民 갓ᄐᆞᆫ 者ᄂᆞᆫ 可히 是君이 有ᄒᆞ며 是民이 有ᄒᆞ다 謂ᄒᆞᆯ진뎌

後事를必先處置ᄒᆞ야王弟에게詔ᄒᆞ니其意思가何其遠ᄒᆞ고敵國의同盟을誘引ᄒᆞ야自己의援助를삼고及其解歸ᄒᆞ는際에도其將卒을牢籠ᄒᆞ야本國의命令을違ᄒᆞ고敵軍의攻擊에從케ᄒᆞ니其智術이何其巧ᄒᆞ고此를由ᄒᆞ야七年苦戰의餘에普軍의凱歌로大局의風雲을收ᄒᆞ야列國의舊好를復ᄒᆞ며奪領흔土地의保有權을確定ᄒᆞ야國威를宣揚ᄒᆞ며國權을伸暢ᄒᆞ나大王은間然ᄒᆞᆯ바가無ᄒᆞ나然이나大王을其外交上政略으로評ᄒᆞ면亦一狂暴흔人이라是故로七年戰은其實이大王의激成自取흔禍라謂ᄒᆞ지아니치못ᄒᆞ나大王의功烈이如彼其高ᄒᆞ며事業이如彼其大흠은其戰爭의倡起흔罪는亦大王에게歸ᄒᆞᆯ지로다且夫七年의戰에普魯士臣民의愛國ᄒᆞ는誠과勤王ᄒᆞ는忠은妬頓人種(普魯士)의堅紉剛毅沈勇信懇흔特質을出色ᄒᆞ야天下後世의感賞嗟嘆을喚起ᄒᆞ는者라兵連禍結흠으로全國의人口는丸雨釼霜과癘疫惡疾에仆斃흔者가十分의一에至ᄒᆞ고賦重歛苛흠으로民間의杼軸이俱空ᄒᆞ며瓶罍이皆罄ᄒᆞ야鶉衣菜色이比比皆然ᄒᆞ거늘困苦가甚흘스록敵愾ᄒᆞ는念이益壯ᄒᆞ고歲月이久흘스록親長ᄒᆞ는義가愈堅ᄒᆞ야大王의內顧ᄒᆞ는憂가無ᄀᆡᄒᆞᆯᄲᅮᆫ아니라外征ᄒᆞ는功을助成ᄒᆞ니不然이면大王의雄勇과智略이雖曰

擊ㅎ는下에其國을破ㅎ며其王을擄코져홈으로謀議가甚密ㅎ며計畫이極秘ㅎ나
大王도亦此同盟이早晩間必成ㅎ을料量ㅎ바諸國이秘密中秘密을又加ㅎ되其
見機ㅎ는炯眼을如何瞞過ㅎ가此時厚禮斗益大王의臨應ㅎ才畧을觀ㅎ건되果然
天生호英雄이라常人의企及지못ㅎ者로各國의宮廷에間諜을布置ㅎ야其陰事
를探ㅎ며一動一靜을洞然灼見지못ㅎ者가無ㅎ니其謀慮가何其密ㅎ고財費를貯
蓄ㅎ며戰具를整理ㅎ야不時의用을應ㅎ며凡事에窘跲홈이無ㅎ니其防備가何其
豫ㅎ고事起홀漸索遙尼에先入ㅎ야同盟中一國을擊破ㅎ미人을制ㅎ눈
地位에立ㅎ니其計畫이何其速ㅎ고二十倍의敵을當ㅎ야衆홈을擊ㅎ
거늘每戰에進擊ㅎ눈勢를必取ㅎ니其雄畧이何其堅忍이何其毅ㅎ고
失敗홈도不少ㅎ거늘百折에不屈ㅎ고必其敗홈恥를雪ㅎ時도何其多ㅎ는
戰陣鼓角의中에在ㅎ야若戰敗ㅎ야寸陰의暇라도得ㅎ詩什의詠述에從事ㅎ
니其心志가何其閑ㅎ고兵馬倥傯호際에他國의俘擄되면國家의羞耻라
ㅎ야危境을當ㅎ거든潔身自死홀意로其行에毒藥을必携ㅎ니其執見이何其介ㅎ
고自己가或兵敗身死호後라도國家에不利홀條約은勿結홀意로戰時를當ㅎ면其

四

野氣象의軒昻홈으로人에게屈ᄒᆞ기를不肯ᄒᆞ며性度의峻兀홈으로人에게下ᄒᆞ기를不甘ᄒᆞᄂᆞᆫ中에雄飛勃々ᄒᆞᄂᆞᆫ大志가其主權下의版圖를點視ᄒᆞ며眇小호一黑子가ᄀᆞᆺ고孔에未滿호지라乃其平日의果敢傑黠호情慾으로條約을違破ᄒᆞ며棄ᄒᆞ고墺地利의孤見新女皇을欺侮ᄒᆞ야開戰의宣告도업시突然히禮沙릴奪領ᄒᆞ고不當호托辭로其口實을維持ᄒᆞ니此ᄂᆞᆫ各國이大王을憎厭詬罵ᄒᆞᄂᆞᆫ바이늘大王의忌憚업ᄂᆞᆫ烈火性은畏聾修省ᄒᆞᄂᆞᆫ道를不思ᄒᆞ고右來石擊ᄒᆞᆫ報復妄想을發ᄒᆞ야詞鋒筆陣으로友邦의帝王將相을抗戰ᄒᆞᆯᄉᆡ其陰事를抉摘ᄒᆞ며微行을吹覓ᄒᆞ야或文或詩로嘲罵ᄒᆞᄂᆞᆫ惡評詬諀ᄒᆞᄂᆞᆫ醜說이輿儓의口氣에셔有甚ᄒᆞ니此ᄂᆞᆫ又各國이大王을仇疾ᄒᆞᄂᆞᆫ바라是故로大王이國交上에輔車相依ᄒᆞ야屋들逞得ᄒᆞ리오墺地上에膠漆相合ᄒᆞᄂᆞᆫ親友업시며各邦의和好를永久維持코져ᄒᆞᄂᆞᆫ與國업시며友交利의發議로法蘭西露西亞波蘭瑞典及獨逸의各邦ᄭᆞ지聯合ᄒᆞ야歐洲天地에前無後無호一大同盟을成ᄒᆞ야此新造叢衛호一小國普魯士를分割ᄒᆞ며年少狂勇호小王厚禮과益을屈辱ᄒᆞ기로謀ᄒᆞᆯᄉᆡ兵卒의數로論ᄒᆞ則二十倍ᄒᆞ며貨物의資ᄂᆞᆫ百倍에且過ᄒᆞᆯ지로ᄃᆡ同盟諸國이其戰意를公然泄露치아니ᄒᆞ고不意를襲ᄒᆞ야猝然一

물 威嚇ᄒᆞ며 弱者를 壓伏ᄒᆞ고 勢適力均ᄒᆞᆫ 者를 當ᄒᆞᆫ則 互相上下 치아니ᄒᆞ야 脚々睥睨ᄒᆞ면서 釁隙을 互伺ᄒᆞᄂᆞ니 近世達觀의 士가 云호ᄃᆡ 公法千言이 大砲一門만 不如ᄒᆞ다ᄒᆞᆷ이 可ᄒᆞᆫ가 亦此를 慨嘆ᄒᆞᆷ이라 如此ᄒᆞᆫ 時에 處ᄒᆞ야 其國을 欲保ᄒᆞᄂᆞᆫ 者ᅡ 如何ᄒᆞᆫ 道를 用ᄒᆞᆷ이 可ᄒᆞᆫ가 其道를 善ᄒᆞᆫ則 伊太利의 統一ᄒᆞᆫ 業이 成ᄒᆞ고 誤ᄒᆞᆫ則 波蘭의 分裂ᄒᆞᄂᆞᆫ 運이 至ᄒᆞᄂᆞ니 益塊地利가 伊太利의 自由를 壓制ᄒᆞᆷ과 露西亞가 波蘭의 改革을 阻 遏ᄒᆞᆷ은 其故가 自己의 利를 是計ᄒᆞ고 他國의 害를 不顧ᄒᆞᆷ인則 今에 普魯士國 厚禮와 大王의 現當ᄒᆞᆫ 境遇가 伊太利의 統一ᄒᆞᄂᆞᆫ 大業을 成就ᄒᆞ지 못ᄒᆞ면 即 波蘭의 分裂ᄒᆞᄂᆞᆫ 悲運에 陷落ᄒᆞᆯ지니 此乃 七年戰의 得已치못ᄒᆞᆷ으로 國小兵寡ᄒᆞᆷ을 不拘ᄒᆞ고 振作 奮起ᄒᆞ고 諸强國의 間에 介在ᄒᆞ니 新造ᄒᆞᆫ 王國이라 地方이 廣大치 못ᄒᆞ며 人口가 衆多 치못ᄒᆞ야 依附ᄒᆞᆯ 念으로 齊楚의 適從을 不知ᄒᆞ지며 溫良ᄒᆞᆫ 中主로 當ᄒᆞ야도 大國의 强者에게 仰ᄒᆞ며 强隣에 是ᄒᆞ야 氷淵戰競ᄒᆞᄂᆞᆫ 謹愼으로 四面春風의 政略 鼻息을 是仰ᄒᆞ며 僅其獨立이나 自保코져ᄒᆞᆯ지어ᄂᆞᆯ 厚禮와 益大王이야 豈其此等 人이리 을 憑依ᄒᆞ야 其雄勇의 神變은 法帝拿破崙을 頓碩ᄒᆞ고 沈毅ᄒᆞᆫ 智略은 英將軍 越仍敎와 彷彿ᄒᆞ 오

普魯士國厚禮斗益大王의 七年戰史

序

國이小ᄒᆞ다고自縮ᄒᆞ지말며兵이寡ᄒᆞ다고自弱ᄒᆞ지어다殷湯의七十里와周文의百里ᄂᆞᆫ中古의大璞이未散ᄒᆞᆯ時代에同族人民의間에立ᄒᆞ야仁義로써暴虐을代ᄒᆞᆷ이니此ᄂᆞᆫ王道의自然ᄒᆞᆷ이어니와人智가漸長ᄒᆞ고時勢가隨異ᄒᆞᄂᆞᆫ丹田裡에其根據을想과不法의利慾이圓腦方趾者流의靈臺上에其基礎를定ᄒᆞ며强勝弱敗ᄂᆞᆫ力을殺伐叢播ᄒᆞᆷ으로브터優存劣滅ᄒᆞᄂᆞᆫ理를爭奪場邊에誤用ᄒᆞ고强勝弱敗ᄂᆞᆫ力을殺伐叢中에轉向ᄒᆞ며蒼然塊然ᄒᆞᆫ兩間이一大錯亂ᄒᆞᆫ邊廬를化成ᄒᆞ니夫個人人을云ᄒᆞᆷ與ᄒᆞᆫ際에ᄂᆞᆫ德義로써薰陶ᄒᆞ며法律로써管轄ᄒᆞᆫ則猶且薄弱ᄒᆞᆫ圈限이라도設ᄒᆞ야其濫越ᄒᆞᆷ과橫逸ᄒᆞᆷ을豫防이나ᄒᆞ되國과國의交際에至ᄒᆞ야ᄂᆞᆫ剛力이正義라ᄒᆞ며權能으로實德을삼ᄂᆞᆫ故로和好條約에平時閑話에止ᄒᆞ며萬國公法이紙上空文에不過ᄒᆞᆫᄂᆞᆫ지라是以로各國의外交政略을說ᄒᆞᆫ則假裝ᄒᆞᆫ慣手段을巧弄ᄒᆞ고別樣의眞面目은潛隱ᄒᆞ야惟其利害의在ᄒᆞᆫ바로左右取舍의趣向을定ᄒᆞᆷ이니小者

3

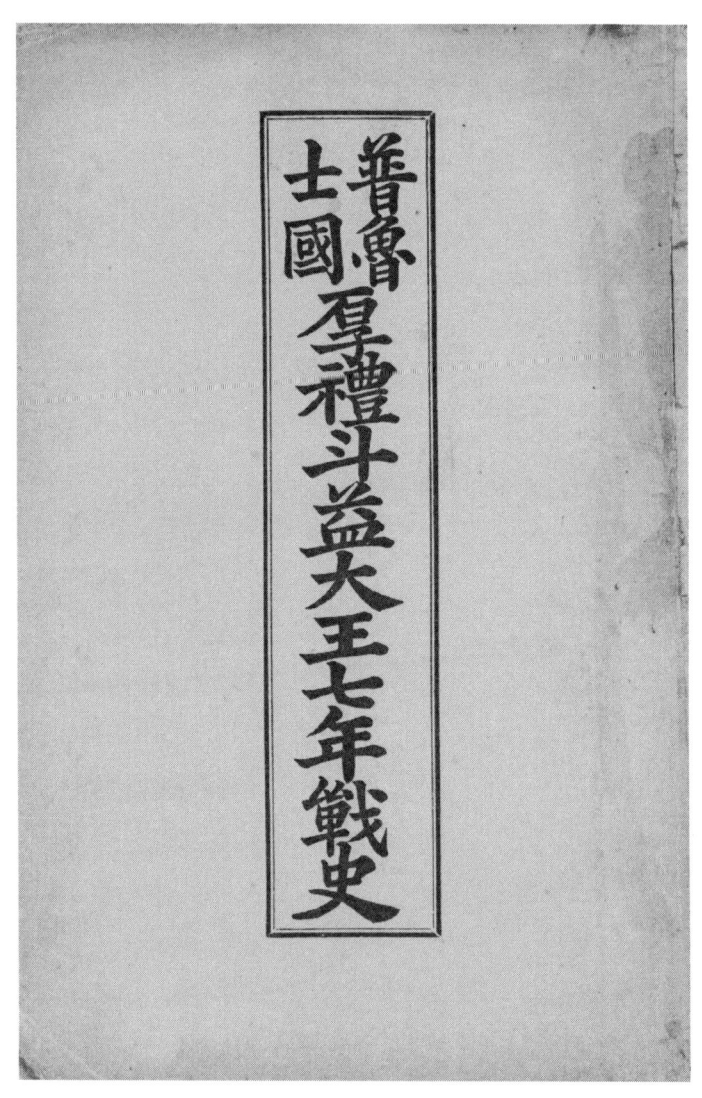

영인자료

厚禮斗益大王七年戰史

- 『보로사국 후례두익 대왕 칠년 전사』
  유길준 역, 광학서포, 1908.

여기서부터 영인본을 인쇄한 부분입니다. 이 부분부터 보시기 바랍니다.

유석환

성균관대학교 동아시아학술원을 졸업했고, 현재 성균관대학교 대동문화연구원의 연구교수로 재직 중이다. 주요 논저로 「식민지시기 책시장의 동향과 지식·문학의 관계」, 「한국문학 및 독서문화사 연구의 새로운 미래를 향하여」, 「지식문화사의 근현대와 삼천리사의 출판활동」, 『완역 태극학보』(공역), 『완역 서우』(공역), 『이주홍일기』(공편), 『대한제국기 학술장의 조감도』(공저) 등이 있다.

근대계몽기 서양영웅전기 번역총서 12
보로사국 후례두익대왕 7년 전사
: 프로이센 계몽 군주 프리드리히 2세 전쟁기

2025년 4월 25일 초판 1쇄 펴냄

옮긴이 유석환
발행인 김흥국
발행처 보고사

책임편집 이경민
표지디자인 김규범

등록 1990년 12월 13일 제6-0429호
주소 경기도 파주시 회동길 337-15 보고사
전화 031-955-9797
팩스 02-922-6990
메일 bogosabooks@naver.com
http://www.bogosabooks.co.kr

ISBN 979-11-6587-845-0 94810
      979-11-6587-833-7 (세트)
ⓒ 유석환, 2025

정가 17,000원
사전 동의 없는 무단 전재 및 복제를 금합니다.
잘못 만들어진 책은 바꾸어 드립니다.

이 책은 2018년 대한민국 교육부와 한국연구재단의 지원을 받아 수행된 연구임
(NRF-2018S1A6A3A01042723)